民族英雄

鄭成功

泉州市政协文化文史和学习委员会◎编

中国文史出版社

编辑委员会

目录
Contents

第一章　习文练武，少年才俊志存高远

第二章　抗清北伐，力图收拾破碎河山

第三章 驱逐荷夷，一举光复宝岛台湾

第四章 追思缅怀，民族英雄彪炳史册

第一章

习文练武 少年才俊志存高远

郑成功家世简介

李龙抛

郑成功，祖籍原是河南光州固始县。钦宗靖康元年（1126年），金兵攻陷汴京（今开封），宋室南迁。先世随南下入闽，由莆田迁居漳州，又居粤之潮州。后郑隐石，乃移居福建省泉州府南安县石井乡，则石井郑氏始祖，遂世为南安人。

数传至八世郑乐斋，娶妻郭氏，墓葬在南安康店乡覆船山（又名橄榄山）。后来至康熙三十八年五月二十三日卯时，将郑芝龙、翁氏、郑成功、董氏、郑经、唐氏等灵柩，附葬此茔内。墓碑上则阴刻："明石井乐斋郑公淑慎郭氏、桥梓五世孙、六世孙、七世孙茔域。"

九世：郑于野。

十世：郑西庭。

十一世：郑象庭，生有四个儿子，长者郑芝龙（即郑成功之父）、次是郑芝虎、郑芝凤（鸿逵）、郑芝豹。

十二世：郑芝龙，乳名一官，字四甲，号飞黄（或写鸿）。十七岁往日本经商，娶日妇田川氏（即翁氏，郑成功生母），在海上谋生，后又参加颜思齐一伙，曾劫富助贫，以台湾为根据地。至崇祯元年（1628年）郑芝龙接受明朝招抚，先任游击，后升总兵，管理沿海一带的贸易，遂致巨富。官至平南公、太师、平国公，后因降清，被扣押北京，于清康熙元年（1662年）与入京省亲的老四郑恩、老七郑脉等，一齐被清廷诛戮。

郑芝龙先后娶妻三人，是陈氏、翁氏、彦氏。置妾两名，李氏、黄氏。三妻二妾共生有七个儿子：即长者郑成功，次是七左卫门（日本名字）、郑渡（世忠）、郑恩（世恩）、郑荫（世荫）、郑袭（世袭）、郑脉（世脉）。

翁氏（田川氏，即郑成功生母）是郑芝龙第二位夫人，比芝龙大三岁。她是一个中日混血儿，她的父亲是福建泉州人翁翌皇。母亲是日本女子田川氏，后来她随她母亲姓田川，其实是姓翁才对。至郑成功赐国姓，封忠孝伯，中外尽知，日本人亦为之起敬，乃送田川氏回安平。后来芝龙降清，清兵进安平，田川氏死难。田川氏生于壬寅年八月十八日未时，卒于丙戌年十一月三十日巳时，享年四十有五。亲生有两子，长是郑成功，次是七左卫门。

郑芝凤（鸿逵）受隆武帝封为靖西伯，晋封为靖西侯、定国公。曾劝兄勿降清，被拒，暗与成功渡海起义，合作相当密切，后因在厦门纵放敌将马得功，自此，失去军权。其子郑耀基幼时，也跟着郑成功受隆武帝同样赐国姓等等，早夭。

郑芝豹，受隆武帝封为澄济伯。后因芝龙降清，芝豹在家留守。后居厦门，因与施琅关系密切，因见施琅叛明降清，不能自安，遂偕嫂彦氏（芝龙妻）降清。后来郑成功拒清招降，芝龙被禁锢于高墙，芝豹被流放宁古塔。

十三世：郑成功，诞生于日本肥前平户千里滨，乳名福松，七岁回归祖国住安平（今晋江安海镇），就师业，取名森，字明俨，号大木。十五岁进秀才，二十一岁入南京太学，明末隆武帝御赐国姓，改名成功，封忠孝伯，授招讨大将军，因清兵入闽，父降清，母死难。焚青衣于孔庙，率志士起义，抗清复明，屡拒父拒清招降，明永历帝诏封延平郡王，大举北伐，逼南京，东南震动。深得民援，率众收复台湾。荷兰降，改台湾为东都，置府县，编户籍，务屯垦，兴学校，开辟疆土，对台湾的开发功极大焉。十余年汗马积劳，后又夜以继日开发台湾，兼事家事，积劳忧愤成疾，病逝于台湾。

郑成功生于明朝熹宗天启四年（1624年）即甲子年农历七月十四日辰时，卒于明永历十六年，即清康熙元年（1662年）壬寅年农历五月初八日未时，享年三十有九。葬台南。至清康熙三十八年，迁柩回祖家南安，于农历五月二十三日卯时，附葬覆船山郑氏祖茔。

郑成功娶妻董氏。后又娶了庄氏、林氏、史氏、蔡氏、曾氏、蔡氏。共生有十个儿子：即长子郑经，娶妻唐氏，先卒。次郑聪，娶故明鲁王二郡主朱氏。郑明，娶林氏。郑浚，早夭。郑智，娶洪氏。郑宽，娶林氏。郑裕，娶王氏。郑温，娶刘氏。郑柔，娶洪氏。郑发，立克圭为嗣。

董氏：名酉姑（郑成功妻），系明崇祯丁丑进士礼部侍郎董扬先（别号沙筑）胞侄女，晋江永宁后山村人。辛卯（永历五年）清将马得功攻入厦门之乱，独包裹姑之神主出逃，贤惠孝义可见也。生于癸亥年九月二十四日酉时，卒于辛酉年六月十六日巳时，享年五十有九。

七左卫门（日本名字）：是郑成功同胞亲弟，二人都出生在日本肥前国河内浦千里滨，手足情深。郑成功七岁离别回国，直到身死之前，这两兄弟不但鱼雁相通，且互诉衷曲。郑成功在军事旁午之时，也托人带钱到日本供给他的生活费用。日本酒井景光氏曾经珍藏了一封《郑成功复与弟书》，可算是唯一传世的真情流露之作。

七左卫门大概是在日本正德年间（康熙五十年至五十五年，1711年至1716年）由长崎迁居江户，后卒其地。遗有一子（郑成功的胞侄）则已改用中国人的名字叫郑道城。

郑渡（世忠）：是郑成功的五个同父异母之弟之一，郑渡是随其父郑芝龙投降清朝的，他还奉清廷之命，带着老五郑荫到厦门劝郑成功降清，被拒，两兄弟又被同行的清吏押回北京。明永历十六年，即清康熙元年（1662年）跟他的父亲郑芝龙，以及入京省亲的老四郑恩、老七郑脉等被清廷诛戮。

郑袭（世袭）：同父异母之弟中唯一参与郑成功民族革命大业的。而当郑成功逝世，命他护理大将军印，代摄政王，一度参与阴谋自立为王，及郑成功长子郑经从厦门袭台湾继位。郑袭便移居厦门。明永历十七年，即清康熙二年（1663年）十一月，他终于向清廷称降。

十四世：郑经，乳名锦，字式夫，号贤之。郑成功进军台湾时，郑经留守金厦两岛，直到郑成功在台湾逝世，其叔郑袭阴谋自立为王，经则兴师袭台湾，即延平郡王位，改台湾东都为东宁，分遣将士屯耕荒地。造亭馆以安置宗室遗老。后意志消沉，无意西返，将政权交给世子郑克臧，整日借酒解愁，沉迷女色，致害身体。逝世于台湾承天府行台。

郑经生于明崇祯十五年（1642年）壬午年十月初二日未时，卒于明永历三十五年，即清康熙二十年（1681年）辛酉年正月二十八日寅时，享年四十。葬台湾，至郑克塽降清，康熙三十八年（1699年），奉旨同成功灵柩俱迁回南安，五月二十三日卯时，附葬覆船山郑氏祖茔。

郑经娶妻唐氏，生有七个儿子。郑克塽，娶妻冯氏、史氏。次郑克壆，娶许氏。郑克均，娶柯氏。

唐氏（郑经妻）：先卒。为明进士兵部尚书唐显悦孙女，生于壬午年十二月十二日未时，卒于丙午年七月二十四日丑时，享年二十五。

十五世：郑克臧，是以“监国”名义摄理政事，由他岳父陈永华辅助，精明能干，不畏强权，因此开罪了许多人，董太妃听信冯锡范的话，免去克臧的监国，下狱处死。

十五世：郑克塽，继承延平郡王位，年仅十二岁，政事都由他岳父冯锡范所控制，兵事都由刘国轩主持。因郑氏部将死者死，先后降者也不寡，至克塽仅十五岁，清廷遣施琅等打入台湾澎湖，冯、刘因见大势已去，则劝克塽于七月二十三日向清投降。

自郑成功初起义抗清，至克塽归降，延续明正朔者凡三十八年，台湾才归于清朝版图，而明祀告绝。

郑成功少年读书处——星塔

陈增荣

闽南文化名镇晋江市安海镇区的龙山路中段东侧、坑哈村南，有一座五层四角的砖塔名为星塔。塔身坐东朝西，砖构实心四方五层阁式。边长2.4米，通高16.6米。层层缩小，置瓦出檐，四面作假门，第四层嵌有石刻“星塔之塔”，塔刹为葫芦形。明崇祯二年己巳年（1629年）建，取名星塔，乃表示高可接星辰，含有安海文明可炳星日之意。星塔造型展现了小巧玲珑的姿态，成为安海镇区的一个景观，一直为人们所称道。在星塔附近的一个村落，也以塔为名，称星塔村。

明朝崇祯十六年（1643年），因星塔颓废，郑成功的叔父郑芝鹏纠众集资重建。星塔三层西面还有当年郑芝鹏所书《重建星塔小引》碑记一方，碑高约30公分，宽42公分。

郑成功的父亲郑芝龙，早年赴澳门投奔其舅黄程，受命往返日本经商，并与日本妇女田川氏结为夫妻。田川氏在日本产下一位男孩，取名福松——他就是日后闻名中外的民族英雄郑成功。

明崇祯三年（1630年），郑芝龙委托其堂弟郑芝燕到日本接郑成功回归祖国。郑成功回国后，在晋江安平的郑芝龙府第居住。郑成功的叔父郑芝鹏建在星塔村的府第，花石繁美，幽静异常，是个读书的好去处。郑成功很喜爱这个地方，就寄居在郑芝鹏家中。郑芝龙聘请苏厝村宿儒曾其五为其授课。

郑成功“至乐无如读书”。他经常到星塔读书，在名师的指导下，专心致志，习文演武，进步很快，深受老师和亲朋好友的好评。他八岁时，已能通读四书、五经。十岁时，能撰写八股文。其叔父郑芝凤（鸿逵）高兴地抚其头赞道：“此吾家之千里驹也。”郑成功深受忠孝节义等儒家思想的熏陶，思想逐步成熟，这为后来反对其父郑芝龙降清，高举复明义旗及东征驱荷复台，奠定了牢固的思想基础。

星塔就是这样因郑成功而闻名，成为郑成功少年读书处的名胜古迹。晋江人民政府已把星塔列为县级重点文物保护单位。改革开放初期扩建城区时，安海镇政府为了永远纪念郑成功的英雄业绩，就将新建东西走向的最繁荣大街，定名为“成功路”，并在星塔附近兴建一所小学，取名为“成功小学”，用郑成功的精神来培养孩子们的爱国思想。

星塔郑成功少年读书处，年年都接受络绎不绝的游客们参观游览，缅怀郑成功的光辉业绩！

郑成功焚青衣处

伍天辉 *

南安古称武荣，是泉州府重邑。武荣古邑早设于丰州。丰州位于泉州西门外数里，是晋江下游冲积平原，钟灵毓秀，物阜年丰。有著名的九日山，历代文人墨客多汇于此，或赋词作诗，或题字勒石，尤其是十方海交祈风石刻更使丰州名闻海内外，是泉州历史上著名海外交通港口的有力物证。在丰州有一处“郑成功焚青衣处”，使丰州古邑增添一处让人凭吊英雄，缅怀其丰功伟绩的旅游景点。

明隆武元年（1645年），明王朝已摇摇欲坠，隆武帝南逃福建。郑成功由其父郑芝龙引见隆武帝，受隆武帝敕封，赐姓“朱”，封为忠孝伯，御营中军都督，授招讨大将军。这就是“国姓爷”的来历。在风雨飘摇、清军压境之际，此时郑成功受此高规格的礼遇和封赐，使他深感隆武帝恩重如山。面对如狼似虎的清军，郑成功决心要杀出一条血路，救民于水火之中。明隆武二年（1646年），郑芝龙为了保存自己的利益，实现“南面而王”的野心，不顾郑鸿逵和郑成功的反对，屈膝降清。郑成功苦劝其父无效之后，毅然与其决裂，成就了他一生轰轰烈烈的伟业。

郑芝龙降清不久，清军破仙霞关，大举攻入福建，不久隆武遇难。

* 作者系泉州郑成功学术研究会副会长。

郑成功在叔父郑芝凤（鸿逵）的帮助下，带一旅之众逃离郑芝龙到金门，竖起抗清义旗。明隆武二年（1646年）十月，落入清军圈套的郑芝龙被挟北上。十一月三十日，清军袭击安平古镇，郑成功之母田川氏自杀身亡。十二月初，潜师金门岛（浯州）的郑成功得悉母亲殉难噩耗，大为悲愤，从金门缟素飞师杀回安平。清军头目韩代见郑成功率军来攻，船只塞海，只好弃之逃回泉州闭城喘息。郑成功殓葬其母田川氏，含泪收整城池，会同洪旭、陈辉、张伯进、万年英等部将，择日起兵誓师。部将九十多人愿听其指挥，一起抗击清军。郑成功慷慨陈词："本藩乃明朝之臣子，缟素应然；实中兴之将佐，披肝无地！冀诸英杰，共伸大义。"为表其雪国仇家恨的抗清决心，郑成功携诸将来到丰州孔庙（今属丰泽区北峰招贤村），在至圣先师孔子的神像面前，双手捧着儒巾青衣，叩首四拜，泪湿衣襟，然后把儒巾青衣投入熊熊烈火之中。并仰天曰："昔为孺子，今为孤臣，向背去留，各有其是，谨谢儒服，惟先师昭鉴！"说完，祃旗纠族，高揖而去，身后诸将紧紧跟随。青衣儒巾在烈火中化为灰烬，这标志着儒士身份的文人，投笔从戎，从此走上一条永不回头的武装抗清道路。

人们没有忘记孔庙前郑成功焚烧儒巾青衣的壮举。1953年，晋江专署文管会于焚青衣处建立纪念碑，碑底砌方形基石，中筑束腰碑座，石碑竖立在座上，高2米，刻楷书"郑成功焚青衣处"，背面刻《郑成功传略》，让人们缅怀民族英雄郑成功的丰功伟业，现为泉州市市级重点文物保护单位。

第二章

抗清北伐
力图收拾破碎河山

桃花山与郑成功

郑炳山 *

桃花山，在丰泽区东海街道北部，东近后渚，西接大坪山，南向法石石头街一带，北与丰泽区城东街道南部的几个社区相接壤。

桃花山，其山脉从双阳山经清源山而来，至桃花山呈带状分布，由西北向东南逐渐下降没入泉州湾的后渚港。

为什么叫桃花山？据《泉州府志》和《晋江县志》记载："桃花山，在三十二都，距郡城东南二十里。山土色似桃花，故名。"桃花山，海拔不是很高，仅124.8米。

桃花山古道，是古代往来于泉州市区与后渚之间的古驿道，是"海上丝绸之路"的一条古驿道。

桃花山，更因我国民族英雄郑成功于清顺治四年（1647年）在此屯兵一个月而闻名遐迩，使其知名度更高。郑成功为反清复明，除占据金门、厦门外，还准备夺取漳州和泉州，以控制整个闽南，建立其根据地。泉州城当时是晋江县的县城，也是泉州府的所在地，是泉州府政治、经济、文化的中心。如能攻下泉州城，对控制整个泉州府非常有利。

明永历元年（清顺治四年，1647年），郑成功与诸将领商谈后，决定攻取泉州城，乃于是年七月二十二日，与其叔父定国公郑鸿逵亲率兵

* 作者系泉州郑成功学术研究会副会长。

将，屯兵于泉州城涂门外的桃花山，做进攻泉州城的部署。

当时，清军的泉州提督赵国祚看不起郑成功的军事力量，率骁骑五百，步兵一千五百人，分为两队，一队从涂门出征，一路从东门出发，直冲郑成功的营垒。郑成功令洪政、陈新二将统众御之。从上午打到中午，不分胜负。郑鸿逵料难取胜，乃派遣林顺两面夹攻；郑成功亦令余宽出奇兵截杀，把清军杀得大败，直追至泉州城下，才鸣金收兵。

从晋江县境横穿的晋江下游南岸，有个溜石村，它与晋江下游北岸的法石隔岸相望。溜石的村落虽然不大，但在溜石村附近的溜石山上，却建有一座"溜石铳台"，周围二十余丈，高一丈四尺，下层有铳眼十八个，配备大发煩、大神飞炮十八门；上层设铳眼二十个，配备百子铳佛朗机四十门，可以居高而发。塔畔列营房、宿军士三百名，被称为"郡城山水第一关"。

郑军从桃花山下来进攻泉州城时，经常被"溜石铳台"的清兵发觉并加以夹攻和阻击，使郑军的进展很不顺利。要进攻泉州城得以顺利进行，首先必须消灭这只拦路虎。因此，郑成功与其叔父郑鸿逵商议说："解应龙（镇守溜石铳台的清军参将）在于溜石寨作犄角势，此城（指泉州城）难攻，叔父可督兵攻城，解应龙必来援，侄（郑成功自称）遣水师一阵，由桑一�同杜辉暗袭其寨（指溜石铳台，下同）；另令郭新、余宽暗伏其寨中途，俟彼回救，齐起夹攻，擒其必矣。"郑鸿逵赞同郑成功的意见，立即进行部署。然后掌号进兵，由郑鸿逵率领进攻泉州城。解应龙果然率溜石铳台的精兵再来援助泉州城内的清军，至中途，解应龙忽见流星飞马前来禀报，郑军已在溜石铳台攻击甚急。解应龙赶快回师，郑军郭新、余宽的伏兵突然冲出，把清兵杀得大败，解应龙亦被杀死。由桑一�、杜辉率领的郑军也将溜石铳台攻破。

经此战斗后，郑军士气大振。泉州城内已故乡绅郭必昌之子郭显也表示愿做郑军的内应。这件事因保密工作没有做好，被清政府的密探所侦知。泉州提督赵国祚立即带兵到郭宅要抓郭显，进宅时，发现只有空宅，大为骇异。经威胁利诱，郭显的老婆眷姐乃向清兵自首和告密，在后花园的井中旁石有门，赵国祚令人扳开，果然里面有一大穴，郭显家的十三人都躲在里面，赵国祚遂将他们全部抓捕并加以杀害。这件事还累及阁部黄景昉。当时泉州城的西门守将杨发义与郑军诸葛斌通，要为援助郑军。适赵国祚召杨发义改守东门，诸葛斌不知道这一改变，与副将蔡参临城池，全部被歼，这些对郑军都是重大损失。

是时，清军的漳州城守王进（诨号老虎，河南省人），闻知泉州城被围，不久又报溜石铳台被破，顿足说："泉州城危矣，吾当往救。"漳州总兵杨佐阻挡说："各有汛池，且未奉总督令，胜败干系，是谁担之？"王进说："公言差矣，贼（指郑成功部）今从中截杀，制台之檄，安能飞过。徜途坐视，一旦泉州城破，贼势愈炽，吾城（指漳州）其能保乎？此所谓唇亡齿寒也。公（指杨佐）善守城池，吾当往救。"遂将骑兵五百，步兵千人，分为三队：第一队由总领旗赵英、左哨千总杨得功会同同安营游击廉郎，声言要攻取晋江安平（安海）。王进认为安平是郑成功的老巢，听说要攻取安平，郑成功必定回救，这是采取"围魏救赵"的办法，以分割郑成功的兵力。第二队由王进亲自率领，相机而动。第三队由右哨千总李玉、游击祁先秋作援兵，先遣人声称："本镇统领大军合潮州援兵数万，即日抵达泉郡，破贼解围，并直捣其穴。"

王进这种虚张声势的宣传，果然起了作用。郑成功闻报，迅速找其叔父郑鸿逵说："王老虎（王进）接连潮师救援，不日即到。泉郡坚而未破，倘以一旅扼五陵，而改安平，则首尾受敌。"郑鸿逵说："如此奈何？当且暂退。"郑成功说："安可退师？可令杨才、张进先去蓟园守据，林习山与杜辉整备船只，泊浔尾，以防不测。叔父可督林顺、洪政等急攻其城（指泉州城），侄领郭泰、余宽据营五陵，作两边救援。"郑鸿逵表示同意。

王进率漳州清兵到南安大营，侦知郑军在各处联营把守，不敢走大路，而是抄小路前进，并遣人夫备草束接应，诈称要攻取安平，着第一路的左哨千总杨得功去负责这件事，而自己却带领骑兵和步兵，乘夜由冷水井过何坑，出南安，突到泉州城下，与郑军的洪政交战，洪政战败。泉州提督赵国祚在城上遥观，知道救兵已到，以此四面呐喊，虚作相助势。郑鸿逵心虚，赶快退往金门。而郑成功则认为援兵要攻取安平，赶到安平准备应战。郑军攻取泉州城之围遂解。王进进入泉州城时，赵国祚非常感激地说："非公来速，此城危矣！"

泉州城之围解后，王进恐怕郑成功乘势攻取漳州，急忙向赵国祚告辞回漳州。

郑成功因得报其叔父郑鸿逵已从浔尾遁金门，也就不再发兵去泉州援助，并将杨才等兵抽回，把守五陵要口。

郑成功回归安平后，侦知王进仅来一千五百人解围，知道受其虚张声势所骗，非常后悔。随唤洪政、余宽二将，领兵从小路埋伏青石宫，又令杨才、郭新二将，领兵埋伏蓟园；另令张进带兵接应，准备袭击王进的漳州清朝援军。五将出发后，不日回禀，王进的援军已撤回两天了。

清朝道光年间，地方官员编纂《晋江县志》时，对这段长达一个月的史实不敢不写，也不愿多写，只在该志第十八卷的《武功志》中轻描淡写地记载：国朝顺治元年（应系明永历元年、清顺治四年之误）八月，郑鸿逵攻泉州，列营于桃花山。九月，漳州王进来援围解。溜石铳城被破，参将解应龙死之。

现在，泉州市委、市政府已在桃花山的西侧大坪山顶，塑一尊雄伟巨大的民族英雄郑成功骑马铜像，塑像高30米，基座平台高8米，总高度38米。这是目前亚洲最大的骑马座像。同时，还准备在周围建设一座郑成功文化公园，桃花山也准备建设为城市森林公园。

桃花山上，过去交通不便经济落后，居民贫困。如今，山上的水泥公路已四通八达，经济开始繁荣，居民逐步走上小康之路。桃花山、大坪山的建设如能再与"海上丝绸之路"（往来于泉州市区与后渚的古驿道）和郑成功这两个内容结合起来，一定可以建设得更加美好，成为泉州市和丰泽区参观、旅游、度假、休闲、娱乐、锻炼的好景点。

郑成功争夺漳州纪实

张家瑜　王双山

满洲贵族自1644年定鼎燕京之后，大举进行扫除全国各地反清力量。1645年至1646年先后攻下南明福王政权、浙江鲁王政权、福建唐王政权；紧接着又以优势兵力向西南以桂王为首的抗清武装发动进攻。为了配合以大顺、大西等农民军为主体的抗清斗争，为了反对父亲郑芝龙出卖唐王投降清廷，郑成功决心以死报国。“大会文武群臣于烈屿（小金门），设高皇帝神位，定盟恢复”，起兵抗清。接着，招兵南澳。1647年先后攻占了同安、泉州、金门、厦门等沿海许多地方，并以金、厦为抗清根据地。

一

郑成功选择金、厦为抗清根据地，局促东南一隅，是由于形势所逼，要保住金、厦，就必须经略漳州地带，因为此地西北多山，地势高耸，山峦起伏。特别是漳州“地极七闽，境连百粤”。“自汀赣而下延绵三百余里至是豁为平川，两溪合流，四山环胜。”“地旷土沃”，是全省第一大平原。特别是“控引番禺，襟喉岭表”。从西南向广东，从东北向晋江发展；海路利用九龙江下游入海处，与厦门隔海相望的月港，东向可达台湾海峡。战略上决定郑成功必须夺取漳州，以为犄角，才能保全和巩固金、厦根据地。

在经济上，也需要漳州的大力支援，因为金门、厦门乃弹丸之地，且当时尚未全面开发，一时容纳众多的抗清武装是根本做不到的。而漳州气候温和，雨量充沛，土壤肥沃，四季常青，素称“鱼米之乡”“花果之城”，是大军粮食、蔬菜的重要接济地区。特别是当时的月港“贾舶鳞次”，中外商船，日月穿梭奔忙，沿岸“贾肆星列”，“商贾辐辏”，“居民数万家”。东南亚各地的物产，全国各地的手工业品，琳琅满目。五方之贾云集，是当时闻名世界的商港，这不仅是军需的供给地，而且也是一个重要出海口。

正因此，郑成功父子一直把漳州视为兴复中华、关系大局的重要基地。在南澳起兵不久，郑成功就直截了当向诸将宣布说：“欲图进取，先从漳泉下手，此番杀他一阵，则漳虏慑服，集兵裕饷，恢复有基矣。”这就不难看出，郑氏为什么要争夺漳州，而争夺又是那么激烈的原因。

二

争夺漳城也不是一帆风顺的。郑成功为了夺取漳州，在金、厦经过近两年的招兵买马，训练士卒，制定了“先吞小后吃大”的正确策略，即先扫除周围残敌，后集中兵力，夺取漳州。经过近三年（1651年12月15日—1654年11月1日）的战斗，才胜利完成了预期的目的。现将其经过归纳为三个阶段：

（一）消灭残敌　形成包围

1651年12月15日，郑成功秣马厉兵，率军突从漳浦旧镇港登岸，迅速围攻漳浦县城。清守将陈尧策仓皇应战，由于众寡悬殊，只好献城纳降。接着，郑成功派右先锋黄廷率军于12月16日攻占了诏安，派中权镇黄兴率军于1652年1月1日攻占了平和。于是在1月3日乃亲率大军扬帆进入月港（今龙海市海澄），守将赫文兴在大军压境下无法应战，只好开城纳降。这样郑成功一举进取漳浦、平和、诏安、海澄四城，初步形成对漳州的钳形攻势。为了截断漳城敌军退路，阻击敌军南下救援，扎紧对漳州的包围，郑成功于1652年1月10日，乘胜率军进入江东（九龙江东面），并选派将领进攻长泰县，于是漳城已陷入岌岌可危的局面。

漳城倾危，清廷大为震惊，立令各地派兵全力救援。1652年3月，清闽浙总督陈锦亲自率军两万多南下解救。郑成功为了截断来援之敌，采取以逸待劳的战术，趁陈锦未到，移军设伏于江东桥（又名虎渡桥，该桥横跨九龙江，扼漳、泉、厦交通要冲，形势险要），据险迎敌。3月13日，两军会战于江东桥。在战斗中，由于郑成功处处运用设伏制胜的战略，短短不到一天就把敌军全部击溃。敌军伤亡惨重，俘虏不计其数。陈锦最后只率部分残兵败将向同安败逃，在灌口（现同安灌口镇）被他的侍从李进忠杀死，把首级献给郑成功，这就是郑成功亲自指挥、举世闻名的江东桥大捷。

长泰县守将杨青得知陈锦损兵折将，自知寡不敌众，亦连夜弃城逃跑。这样，郑成功仅仅用三个月时间，就形成对漳州的包围。漳州这座孤城已是危在旦夕了。

（二）清军援救 初战受挫

漳州城是闽南政治、经济、军事的重镇之一，所以城墙坚固，将领配备较强，粮食储藏充足。守将王邦俊虽是屡战屡败，但以此有利因素，据城固守，负隅顽抗。为此，郑成功于1652年4月对围攻漳州城做了周密的部署。在战术上采用灵活机动战术，特设二十八宿营，能独立行动轻便迅速。在战略上，采用“分兵重围数匝，困之”和“各处应援游兵”，互相联络，互相救援。估计通过长期困守，孤城会因粮尽弹绝而不攻自破。同时，严明赏罚，采用分段负责，如“北门有失，则罪黄廷……东门有失，则罪黄山”。自己坐镇南院，指挥围攻。

漳州城陷入重围，清政府急忙再次调兵遣将，于1652年5月，令金衢总兵马进宝率军来漳援救。郑成功综观全局，作出果断决定，“纵之入城，然后围之。城内多添人马，必多粮食，外调即迟，内势窘促，破之必矣”。乃让马进宝军马进城，然后再次围困。马进宝虽与守将王邦俊会合，从东门出击郑军；由于郑军经过严密部署，作战英勇，不几回合，清军就溃败退入城中，从此再也不敢出战。

清廷派军救援漳城无效，便改变策略，采用围魏救赵伎俩。于5月底，调遣几百艘战船南下进攻郑军基地——厦门，企图吸引郑军主力回救厦门，以解漳城之围。郑成功侦知其诡计，便将计就计，立命陈辉为总督，率水军和战船一百多艘北上阻击。双方会战于惠安崇武海面，虽众寡悬殊，但陈辉等身先士卒，英勇善战，利用潮势和风向等有利条件，奋勇撞杀，清军大败，兵船除逃走和被击沉外，郑军缴获清兵船几十艘，粉碎了清廷的阴谋。从此，郑成功便命水师继续封锁海面，以防清军故技重施。

时至9月，漳城已被围困达四个多月，城中粮食奇缺，“城中兵尽刮乡绅富户及百姓粟食之”。百姓只吃草根、树叶、水萍，甚至罗雀掘鼠和杀人为食。城中“饿死男女数余万”。人心惶惶，将士锐气尽失，清军忧虑漳城指日即陷。在这关键时刻，清政府又再次调兵南下救援。9月18日，骑兵统帅固山金砺率一万多精骑抵达泉州。郑成功得讯后，立即召集将领商议，都认为对付适于平原作战的精锐骑兵，可继续采用江东桥伏击办法，“如杀陈锦一样，则漳城亦如长泰，不攻自下矣”。但固山金砺已吸取陈锦失败的教训，从长泰抄小路日夜兼程进入漳州地面。郑成功眼看清援军不上钩，两军会合后力量过于悬殊，只好于9月26日撤掉对漳城的包围，引军退据地势险要的古县，准备据险迎敌。

固山金砺会合漳城诸将，率领一万多步兵、骑兵，于10月1日向古县进攻。郑军用火箭、火炮向清军射击，当时西风很大，郑军处在风下，火箭、火炮的硝烟倒回，呛得郑军眼泪横流，睁不开眼。清军乘势攻击，郑军失利，只好退回海澄，伺机再起。

（三）里应外合 夺取漳州

古县一战，清军反败为胜，便滋长起骄傲轻敌思想，因此1653年5月出兵围攻海澄，相持两个月，结果清军是精锐尽丧，连夜逃回漳州，固山金砺也因此而被调回北京。

固山金砺一走，郑成功乘胜再次围困漳州，这时漳城人心涣散，不少将士“慕义欲归藩下”，只因未得其便。1654年清廷又把久战无功的总镇王邦俊调走，新任张世耀人地两疏，一筹莫展。于是城内将士见机思变。漳州协将刘国轩通过舅父江振曦、江振晖到厦门与郑成功密商，愿为内应。在这千载难逢的有利时刻，郑成功审时度势于1654年11月1日夜密令甘辉、林胜、戴捷等将领，率军突袭漳城。在刘国轩里应外合配合下，很快进入城中，队伍迅速包围了府衙、县衙。总镇张世耀见大势已去，只好俯首投降。知府房星烨、理刑王元衡、知县周琼等在睡梦中成了俘虏。郑成功“入城安辑，秋毫不扰”。随后，“漳属十邑，以次归附”。郑成功争夺漳州的夙愿初步得以实现。

三

郑成功争夺漳州初获胜利，不能看作一般战役的胜利，应该说是他戎马生涯中的一次重大转折，具体表现在以下几方面。

第一，漳州是郑军命脉所系，此后郑军很多战役都和漳城得失有很大关系。这次夺取漳州，解除了金、厦抗清基地的威胁，使漳、厦连成一片，进可攻，退可守，奠定了郑成功长期采取的水陆两栖战略的基础。郑军在漳城稍为整顿后，就挥师北进，不到一个月便夺取同安、南安、惠安、安溪、永春、德化等六县，以后的誓师北伐和收复台湾，都和漳城有直接间接的关系。所以，郑氏父子二代对漳城都极为重视。

第二，夺取漳州对郑成功的领导能力是一大锻炼。郑成功原是习文的，为了抗清救国，他焚青衣，投笔从戎。从南澳起兵，但从未经历战争烽火大场合的锻炼。经过夺取漳州，反复争夺，从中看出郑成功在指挥上灵活机智果断，是一位雄才大略的好统帅，因此，不少抗清志士慕名纷纷来归，壮大了队伍，也使自己在实践中增加了统帅经验。

第三，广大郑军通过战争洗礼，从一支纪律松懈、号令不一的乌合之众，逐渐成为一支军纪严肃、步伐一致、所向披靡的抗清重要队伍。这支队伍屹立在东南沿海三十多年，经历了抗清兵、战荷兰等大小数百战，这些战绩的获得，首先应归功于初创时期战斗中的锻炼。

小盈岭关隘

伍天辉

小盈岭关隘位于南安市水头镇与同安县交界处，水头镇劳光村西南的小盈岭谷口。岭顶群峰叠翠，悬崖峭壁嶙峋，山林深处，飞泉流瀑。小盈岭是泉州通往漳、厦一带的唯一关隘，古驿道从此穿过。扼守此隘，可保泉州南海都一带平安。所以小盈岭自古以来是兵家必争的要塞。

在小盈岭关隘上，设有一个墩台，周围14丈，高1.5丈，上下营房五间，驻兵20名。现仅存杂石筑砌的残墙，东西宽4.6米， 南北深5.6米，墙厚0.6米，高3.5 ～ 4米不等。墩分上下两层，每层高2米许，楼板已毁。南墙上下各有一门，宽0.6米，高1.8米左右。

距墩台遗址北15米处，有宋朱熹担任同安县主簿期间建造的“同民安”石坊一座。清乾隆三十三年（1768年）改坊为关。现仅有关门一座，坐北面南，宽9米，高5米，厚1.35米，系用花岗岩石砌成。

明永历四年（1650年）八月，郑成功接受叔父郑芝鹏的劝说，袭杀郑联，夺取厦门作为抗清基地，四处招兵，扩大军事编制，并设坛礼祭生母翁氏（即田川氏），以表孝心，激发广大壮士的抗敌热情。

翌年五月，郑成功督师海澄，九月率师入漳浦，大败清将王邦俊，缴获马匹兵器衣甲不计其数。清福建省陆路提督杨名高闻讯，亲自率领清兵数千人，从福州赶赴漳浦救援。郑成功闻报后集合诸将曰：“名高轻敌，我须诱其来战，先据险处而击之，必获全胜。”于是分兵先夺同安海边要塞刘五店、丙洲、石浔等地。自率大军随后登岸，以部将蓝衍、杜辉为先锋，令苏茂、郭仪带精兵暗伏于小盈岭之左；杨祖、蔡禄带精兵暗伏于右；又令甘辉、余新两将接应，陈魁带兵在其后为救援。分兵布阵妥当之后，郑成功亲自率领林明、刘巧、林胜等将带精锐亲兵登小盈岭督战。

自恃兵强马壮的福建陆路提督杨名高气势汹汹，兵分三路向南安、同安一带进犯。时值隆冬，天寒地冻，杨名高谓诸将曰：“海贼赤脚，吾部可乘今日于小盈岭险隘处冻栗击之。”两军相遇于小盈岭下，激战惨烈，胜负难分。郑成功令林明发炮击敌，杨祖率兵奔来，清提督杨名高兵力充足，分兵顽抗。郑成功令苏茂、郭仪悄悄绕过山中密林从后抄杀。清军腹背受敌，乱了阵脚。郑成功令亲兵迅速投入战斗，亲自率军奔杀清军。霎时清军四面被围击，横尸遍岭。杨名高带精兵拼命厮杀，才杀出一条血路，弃大军遁逃，龟缩泉州。郑成功各部将歼敌数百，缴获武器盔甲无数。

小盈岭大捷振奋人心，海都百姓欢欣鼓舞，数百人挑酒载肉到岭上关隘处慰问郑军。郑成功与故乡父老一起欢庆抗清大捷，不禁热泪满腮，感谢故乡父老的大力支持。从此，小盈岭抗清大捷，成为海都人民的美谈。

崇武海战

郑炳山

崇武位于惠安县治东二十五公里处，东面为浩瀚大海，西为陆地，南峙祥芝，北接湄洲，系海防之重地。

宋时曾置小兜（斗）巡检所于崇武。明朝洪武二十年（1387年），江夏侯周德兴经略海地，在崇武设立城池，移巡检司于小岞，置崇武为守御千户所，隶属于晋江县的永宁卫。

崇武城，周长737丈，基厚1.3丈，高2.1丈，窝铺26门。城四方，各辟一门，建楼其上。东、西、北三门有月城。

由于崇武战略位置的重要，郑成功曾多次进驻崇武，并在崇武海面打了一次非常漂亮的海战。《崇武所城志》在《城池》中记载："顺治八年辛卯（应系辛巳之误，明永历五年）四月二十五日，所城复为海藩郑成功所破。"

明永历六年（1652年）五月，清廷决定集中舟师数百只战船，南下进攻中左所（厦门）。郑成功闻讯，立即令一镇陈辉为总督，率右军闽安侯、后军周崔之、左辅明侯、前镇阮骏、后镇施举等水师百余号前往迎战。

清、郑两军在惠安县崇武的海面上相遇。当时，清军的舟师在上流，顺风冲下；郑成功的水师在下流，逆风而上。郑军水师先予退却，待潮退风转时，郑军水师总督陈辉立即下令冲锋攻击，后军周崔之、后镇施举二将亦坐驾扬帆，冲入清军舟师阵营，英勇奋战，势不可当。郑军其他水师各船涌进协助攻击，两军在崇武海面上展开了激烈的战斗。结果，郑军水师大胜。清军舟师无法抵挡，大部分由崇武登岸逃跑。郑军夺取清军的大船十余只凯旋。

崇武古城自明、清到现在，已有600多年历史，现仍保留完好。经整修后开辟为泉州旅游风景区，供游人参观。

围头海战

鸣岩*

顺治十三年（1656年）清廷派遣郑亲王乌金世子济度，统率三万兵马进抵福建。三月，济度调集各澳船只，命令泉州守将韩尚亮统领，准备对郑成功的屯兵基地思明州（厦门）发起进攻。

十六日，清军出泉州港，向郑军发起进攻。郑成功命水师左右军和援剿左镇黄昌、信武营陈泽、水师内司镇左右协铳船在围头外迎敌。清军前䑸被左协王明铳船先发一炮，一船被击沉，其余船只不敢前进，信武等镇营乘势追击。时海面狂风大作，阴雾迷蒙，对面不见船䑸。郑军船只顺水而流，收泊回围头。但清军船只因狂风而无法返回泉州港和深沪港，有些漂入围头，被郑军收俘；有些漂到青屿、金门，登岸逃命或乞降；还有的漂到广东。清军统领、泉州守将韩尚亮也沉溺淹死。这一战役结束，郑军缴获大船十多只，焚毁敌船三十余只，逃回的只有十多只，郑军获得全胜。班师后，郑成功一一论功行赏。

现在，围头建起了万吨级码头，台湾和金门同胞的船只经常来围头进行小额贸易。围头已成为泉州市对台贸易的港口之一。

* 作者系泉州郑成功学术研究会理事。

郑成功驻师南田林门

张利民　邵　鹏

顺治十六年（永历十三年，1659年）四月，郑成功与张苍水会师于象山南田湾，亲统大军北伐南京。

十五日，郑成功召集各提督统领商议军务曰："大师进取南都，定关尚有虏船百只，万一出没，阻我往来船只，或拥集尾后，使我长虑却顾，亦非全胜之道。我欲先取定关，牵其船只，用藉配兵，资其粮饷，赖以饱腾，起手制胜，先声夺人。"（杨英《先王实录》）郑成功此举一在于制造进攻宁波假象，吸引江苏、浙江清军支援宁波，待清援兵赶到，则扬帆直取金陵，使清军疲于奔命；二在于消灭定海阻击的清军，以解除后顾之忧。由于定海有二炮城，又有"滚江龙"（拦江船，用铁索或铁锁拥缚巨舟横于江面而成）横江为限，郑成功亲自督师由梅山港登岸，二十八日到达定海（今镇海），经过两天激战，全歼镇守定海清军，焚毁清水师船只一百余艘，夺取定海城。清侦知郑成功大军要犯宁波，预请浙直之兵集至。而郑成功于五月初，以己为招讨大元帅，张苍水为监军，率兵马号称十八万、大小战船三千余艘，从定海北上，挺进长江，大举北伐。

大军直逼瓜州，切断清兵南下增援的要路。张苍水率领本部六千将士冲锋在前，截断清军锁江防线"滚江龙"，焚毁清军江上浮营三座，使清军江上防线全部瓦解。郑军攻克瓜州、镇江，张苍水于六月二十六日带领一只舟舰直抵南京城下。

郑成功本可以以迅雷不及掩耳之势立即攻打南京，但可惜的是他在六月二十四日占领镇江后，在二十八日才召集各提督、统镇会议，讨论进攻南京事宜，而且又不接受中提督甘辉“兵贵神速，乘此大胜，狡虏亡魂丧胆，无暇预备，由陆驱，昼夜倍道，兼程而进，逼取南都。倘散迎战，破竹之势，一鼓而收”的建议，采取水路行军，在七月初九（十天之后）才到达南京凤仪门。七月十二日部署“围城”，安营扎寨，却没有组织攻城。对于这种围而不攻的现象，张苍水在《北征录》中云：“然延平大军围石头城者已半月，初不闻发一镞射城中。”时清师郎廷佐、管效忠等采用缓兵之计，纳款伪降，又借口“奈我朝有例，守城者过三十日，城失则罪不及妻孥。今各官眷口悉在北京，乞藩主宽三十日之限，即当开门迎降”。一方于兵临城下时，麻痹敌方，调兵遣将，部署反击；一方在孤军深入中，却自我陶醉，消磨士气。郑成功把战争主动权让给了清方。

七月下旬，清方援助，南京兵力大增，他们认为时机已到。二十二日晚上，他们出凤仪门突袭郑军营垒，驻守在此处的余新等部连盔甲器械都来不及披挂就仓促上阵。郑成功重新部署军队，以观音山至观音门一带为集结地点，准备与清军决战，但移营未妥。二十四日清晨，清军倾城而出，郑军大将甘辉突入敌阵，勇不可当，但不幸战马被绊遭擒。郑成功懊悔之余，不及深思，传令“出师镇江”，收拾残兵。郑成功叹曰：“是我欺敌之过，轻信余信所致也。然胜败常事，亦何虑焉。”七月二十八日，郑成功退出长江，八月初一师回狼山上沙；初四，师泊吴淞港；初八日，舟师至崇明港；八月十八日，郑成功“回到林门”，并传令：“左虎卫、左武卫、中、后提督等各协营将所拾将领官兵，并配执军器造报，查点操练，查报阵亡将领官兵家眷，安顿给赡。”

郑成功在南田林门驻扎，主要整顿军队，重新调整人事。据杨英的《先王实录》记载，郑成功到了林门之后做了如下安排：

左武卫前协裴德收管中协并后协官兵，副领兵林瑞收管领旗协、骁翊营、火攻营、正领兵下官兵，左协萧泗收管右协并候缺官兵，随征营刘国轩自收，并同张魁收左右协理官兵，一营洪善收二、三营直库。

赦左先锋杨祖、后劲杨正，准革职戴罪暂管镇事。援剿右镇现在拟罪，其官兵船只拨归后冲镇黄昭管辖。正兵镇韩英已故，全镇官兵，未有管束，传令集诸将令推一员以代。时会推裴德、洪羽、萧泗、刘国轩、郑仁、杨富、张志等以进，惟右武卫独保张志堪任，杨祖惟荐杨富。藩谕曰："二员俱各堪任，但思功次，则杨富系洪益进亲随，从桃花山以来，历有战绩尤多；张志以施郎时到，功次尤（按，当作"犹"）较不如，当以杨富惟（按，当作"为"）是。"于是诸将跪谢曰："藩主照功次升授，诸将益当励效矣。"

八月二十七日，郑成功委杨富管理正兵镇事，派各地主发各镇官兵休养训练：

援剿后镇刘猷、后提督右镇颜望忠扎右提督原扎温州、石塘一带地方。宣毅后镇吴豪、中冲镇萧拱宸、宣毅左镇万义扎原左武卫清江一带地方。亲军、右武卫并左武卫裴德等扎原前锋镇金乡瑞安一带地方。左先锋、右冲镇扎蓁屿一带地方。后劲镇、后冲镇、中提督右镇李昴扎三都地方。左提督、正兵镇扎兴化南日一带地方。忠靖伯陈辉督水师前镇阮美并都督罗蕴章、李顺等水师，泊住舟山，防御各港，抗掣上流。右提督马信同左冲镇黄安为陆师，镇守舟山应援。

以挂印都督李必管舟山地方事。

郑成功在林门完成了长江兵败后军队的整顿、人事的调动、部队在浙江沿海岛屿的布防，于九月初三日下令"各镇驾归汛地"，才离开林门。十月初七，郑成功回到思明州（厦门）。

从八月十八日到九月初三，郑成功在南田林门驻扎了半个月之久。

以上史料，出自杨英的《先王实录》。杨英，籍贯无考，据实录文字，大体可推定为福建漳、泉一带人。1649年九月初一向郑成功献策，“藩批着来见，随录任户科”。永历九年（1655年）二月，任户官加衔司务，后改称户都事。在郑成功亲自指挥的南下粤海、西取漳泉、北上江南、东复台湾诸大战役中，杨英几乎无役不从，颇著劳绩。郑成功死后，杨英颇受郑经宠信，在永历十八年（1664年）或二十三年（1669年）出任台湾天兴州知州；继又在永历二十八年（1674年）十二月擢任重新设置的户官。在永历二十八年至三十四年（1674—1680年），郑经西渡大陆期间，杨英以识途老马，随军同行，筹措粮饷。杨英追随郑成功征战期间，即有心搜集郑军史料，挨年逐月，扼要记载。据史家考证，此书最后编成当在永历二十八年（1674年）十二月至永历三十五年（1681年）。本书主要依靠郑氏六科案卷，亦有出于杨英本人的耳闻目睹，史料价值极高，向为史学界所珍视。历史学家朱希祖先生认为本书最大特色，在于大量使用郑氏六科案卷材料，其篇幅几占全书百分之六七十。书中叙述郑成功亲自统率指挥的各次重要战役，举凡战前的策划部署，战争的具体历程，战后的整编赏罚，行军中的军令条款、注意事项，旁及平时军制的改革，兵种的训练，将领人事的更动等等，不论时间、地点、人名、职衔，都记载得相当翔实。本文所述郑成功驻扎林门一事就是证明。

郑成功抗清复台的几次战役

吴堃

民族英雄郑成功，在反对侵略、收复台湾的伟大斗争中，南征北讨，挥军东渡，大小战争不下千百次，兹参考各书及摘录抄本，将其战绩卓著的铨次而录之，然亦仅叙其大凡而已。

泉州桃花山之战

清兵入闽，隆武驾陷汀州，成功劝其父拒绝清的诱降，不听。遂焚青衣，收兵南澳，旋取金厦为根据地。桂王在肇庆即位，改元永历，成功遂奉朔提师，于永历元年七月，进兵海澄，攻澄城未下，撤归两岛。

八月与其叔父鸿逵合攻泉州，泉绅沈佺期（南安人，癸未进士）、林桥升（晋江人，丙子举人）、郭符甲（晋江人，癸未进士）、诸葛斌（晋江人，监纪推官）相率响应。守泉的清军提督赵国祚，率骁勇骑兵五百、步卒一千五百人，分两支，一出东门，一出涂门，扼守泉州东涂郊外的桃花山，任险御战。成功令洪政、陈新为前锋，双方交绥，冲突肉扑，自晨至午，相持不下。鸿逵遣林顺夹攻，同时成功出奇兵截杀，清兵才溃。这一战被成功消灭数百骑兵，斩获无数步卒。国祚狼狈逃入城内，紧闭城门。而成功的围攻泉城开始了。先是桃花山之役，清军尚有一部兵力，驻扎在溜石村，以参将解应龙统率，未曾出兵，迨国祚战败入城，成功屡次围攻，国祚披甲登城指挥抵御，解应龙每领其军前来救援，彼此联络，成为犄角之势，成功攻愈急，应龙援愈频，而国祚守愈力。攻克泉城，大受阻碍，于是改由鸿逵攻城，诱应龙来援，遣桑一筠同杜辉领水师袭溜石村，设伏途中。果然应龙见泉城被攻，领兵来援，忽报溜石村被袭，回救，途次遇伏而战死。这时泉城孤城待援，国祚仍欲死守。城中有缙绅之子名郭显，愤清兵残暴，人心归向成功，将做内应，不幸密谋泄露，显全家十三人被杀，攻泉之计又受阻。泉城被围将达一个月之久，清副将王进才自漳州带兵来救援。泉解围，成功撤兵回厦，留鸿逵的战舰泊泉港，封锁泉州海道，自冬季到了隔年春间，泉州郡城和所属的县邑都紧张戒严。成功仗桃花山这一战役的声势，到越年三月即进攻同安，同安守将在紧急关头，曾诱骗同安九都好斗的无赖协助他们作战，在店头山做了剧烈的扑斗，结果被成功杀得大败而崩溃。同安守将王彪、林光秋、知县张效龄弃城遁走。成功既得同安城，令叶翼云驻守，遂再攻泉州，到了七月，清将佟国器、陈锦、李率泰三师的援兵赶到，成功才放弃攻泉回归厦岛。封锁泉港的鸿逵的战舰转入潮州。成功两次攻泉，清方两次调了大兵解围，但始终都是成功掌握战略主动，桃花山这一战役，教训了清方，使其对这一支阵堂旗正的义军不敢藐视。

海澄之战

永历六年正月，成功进兵攻海澄。这次的攻海澄，是在前一年五月攻南溪，打败了漳镇王邦俊，十一月大败清提督杨名高于小盈岭，十二月攻漳浦，漳浦守将杨世德、陈尧策归降，行军往返漳泉之间，连战皆捷，声威大振的优势下进军的。成功进攻海澄，城守郝文兴首先投降。成功授以左都督，即转攻长泰，兵至北溪，以雄健著名的中提督甘辉与绰号老虎的清副将王进，格斗了半天，两人俱工武艺，一往一来，纵横厮杀，直至双方的援兵都赶来，才各自分开，转入全面战斗，结果王进败入长泰，坚守城池，甘辉日夜攻打，清总督陈锦驰援，就在江东桥北，掀起一次鏖战，陈锦不支，溃败走泉州，长泰城遂被攻下。号称老虎的王进带了数十骑突围，逃入漳城。除了漳城还在清方固守而外，漳郡的属邑都被攻克。是年十月，金固山率领的援军涌到，解了漳城的围，隔年（永历七年）五月，金固山进犯海澄，这次双方战斗，最为猛烈，海澄城墙被清方坏了百余丈，成功亲自站立城上，指挥堵御，在他的左右死伤相继，仍从容镇定，指挥自若，忽而箭炮交集如雨，成功刚离开座位，敌炮把他的座位轰碎了。又一会敌方连发空炮，成功急令兵士拿起斧头等待，俟敌众到时砍杀。这里清方官兵已越过城壕，大喊登城，果然争相爬登。有个马夫首先抡起大斧，众斧手跟着砍杀，把登城的敌兵杀得尸填城濠，清兵大败，金固山乘夜逃走，海澄的防守益加巩固。成功兴兵以来，军纪严肃，秋毫无犯，行军所到，妇人孺子争相迎接，这次巨大胜利，人民的支持，也是其中重要因素之一。

兴师北伐，瓜州、镇江之战

永历十三年，桂王遣漳平伯周金汤由海道来厦，册封成功为延平郡王，成功调南北出征舟师回厦，挑选各提督壮勇士兵为亲军，在厦门港筑演武亭操练，会文武官员议大举北伐，部署诸将，挑选一大批能举五百斤重石力士，令工官监造铁盔、铁铠、铁鞋等那些箭穿不入的御具，特制一种仅露眼、耳、口、鼻的铁面，画上朱碧彪文，披铁的力士拿着斩马大刀。战时，在行伍前列，看了马足便砍，叫作“铁人”，令左虎卫陈魁统率。这时准备北上的军旅，其中甲士十七万、习流（善泅水）五万、习马（马兵）五千、铁人八千，合其他兵种，号称八十万。八千船只，扬帆北上，至浙江攻陷乐清等州县。舟师抵羊山，突遇暴风，飘没八千余人，成功的幼子从军，也在这次溺死。乃停泊瀚州整理舟楫。十三年五月，舟师抵崇明，清总兵梁化凤收兵坚守，不敢出战，诸将请先取崇明为老营，成功欲顺风入瓜州，以“崇明城小而坚，攻取必延时日，反使瓜州的敌人得从容准备，若乘势先取得瓜州，破了江南要隘，崇明可不攻自下”晓示诸将。于是移吴江港口，抵永胜，达江阴，至焦山，告诸将以瓜镇为金陵门户，非先攻破不可。时清军在江南，结大木为筏，盖上土方，上面可跑马，旁立木栅，穴孔架大炮，名叫“木浮营”，船碰到立即破碎。又于金、焦间用铁索拦隔，为拦江坝，名叫“滚江龙”，清镇江操江军门朱衣祚防守极为严密。成功察敌情，授诸将机宜，令程应璠督右提督马信、前锋镇统领余新等，进夺潭家洲，清巡江营都司罗明昇，列炮于瓜州柳埕炮台相对轰击，马信奋勇环攻，明昇分头死拒，双方奋战，明昇全师覆没。但前进之军，又被拦江的滚江龙所阻，乃令材官张亮，督善泅水勇士荡小舟，冒死斩断“滚江龙”。此时张煌言会同水师提督罗章蕴督率所部，进踞瓜州上游，焚夺清兵的“满洲木城”，另以大船由北港，小船由南港策应，成功自督亲军，及中提督甘辉、左提督翁天祐、先锋镇杨祖，建大将军旗鼓，直捣瓜州。清操江朱衣祚、城守左云龙，率满汉骑兵一万，背港而阵，奋死作战，炮石交击，冲杀猛烈，未久，张亮已斩断滚江龙，成功军扬帆鼓勇直前，两岸对击，更加激烈，成功挥军大进，右武卫统领周全斌率兵带甲浮水，登岸直破清阵，身中五箭，而气更锐，斩左云龙于桥下，朱衣祚奔入城，正兵镇韩英夺门而入，登城树帜，这时周全斌在江介的山上，望着韩英登城，挥所部猛进，陷西北隅而入，歼尽清兵，生擒朱衣祚，押见成功，成功以其腐儒，不杀，与以衣服，放其归。守潭家洲及满洲木城的清兵全崩溃，后提督万礼，绕出瓜州后，复败清的余卒，杀伤无数，全瓜州遂下。瓜州之役是成功北伐进军中一次猛烈的大决战。

瓜州既得，遂趋江，清提督管效忠，率领滇南换班的精锐，分遣抵御不逞。成功军扎银山，列阵以待，清军又分五路，三次猛烈反攻，成功令发火炮，助以鼓声，瓦屋震动，清军俱下马作殊死战，而成功军则越战越强，清军大败，管效忠仅以身免。镇江既克，大军进逼南京。后因受挫，乃回师两岛。

厦海之战

永历十四年，清朝令将军达素、总督李率泰，进军图取金厦。达素于是年三月到泉州，会同李率泰并提督马得功和献海澄降清的黄梧，计议就漳泉各港口大造乌船、贡船，部署军事计划，以大船出漳州，以小船出同安，另檄驻广东碣石的总兵苏利、驻广东南洋的总兵许隆，会师岛上，又调宁波、温州、台州各港船只齐下。先时成功得侦报，即作出防敌布置，驰檄南澳忠勇侯陈霸敌苏利、许隆，又檄铜山忠匡侯张进出贡船游弋于官仔前以做援应南澳，严守八尺门炮台以备陆路渡江，令工官冯澄世监工赶速修整战舰以备杀敌。既而情势日紧，即令建威伯右提督马信同、忠定伯林习山守烈屿，任辅明侯林察为水师总督、中冲镇萧拱震等往崇武，抵御泉港水师。忽报泉港水师船二百余号，开抵祥芝，陆兵登岸，又开泊围头，成功遂驰令林察将所率战船返泊刘五店，以控制围头的清军水师，截断其与同安港联络（时同安城复被清占据），饬陈鹏督诸部守高峰，遏同安的舟师。令郑泰出语洲，遏广东之敌，自率诸部扼海门。某日平明，漳船因风利直迫海门，成功令陈尧策传令诸将，将船只下碇海中，按兵不动，但扬旗鼓噪，听令行动。令传未毕，漳船突至，诸将仓促受命，无敢先发，闽安侯周瑞的贡船被海门的水军淹至，尧策方传令，快哨船不及驰开，与周瑞督战，逾时被焚，全船沉没，瑞与尧策俱死，旋陈辉的船赶至，挥众死拼，死伤过半，辉见情势危急，下舱发火，清兵绕过船时，碰着舱中火药冲起，被烧死甚众，辉得乘机砍断碇索逸出。既而黄梧率舟师云涌而至，时近中午，东风吹猛，又值潮平风转，成功反得上游优势，自己提旗挥师，引巨舰横击，郑泰从浯屿继至，会合马信、洪旭、黄廷、林顺、周全斌等大船，横攻焚杀，时风怒涛立，一海皆动。北人不谙水，眩晕不能战，僵尸布海。

是日同安船迫高崎，陈鹏约投降于清，令所部勿动，清兵以陈有约，船未抵岸，争先涉水上陆，鹏部陈蟒未与鹏同谋，见清兵骤至，且已登陆，认是危急时候，应与之决一死战，督队向前，清兵误认为陈鹏之部前来迎接，猛不提防蟒的发炮，以致死者过半。殿兵镇陈漳闻炮响，又误会为陈鹏发令，亦与蟒合击，清兵陷于泥而死的十有七八，被杀一千六百余人。战后，成功收杀陈鹏，以陈蟒代其职。清军以成功北伐失利，江南无忧，遂挟其全力南下进攻，冀一举而消灭抗清义师，结果丧师败绩，几于全军覆亡，清将军达素羞惭自杀于福州。厦海一战，使清朝终成功之世不敢有妄想复岛之图。

复台之战

台湾为我国东南大岛，被荷兰殖民者窃踞，成功早有收复领土之志。永历十五年，率领马信、周全斌、萧拱震、陈蟒、黄昭、林明、张志、朱尧、罗蕴章、陈泽、杨祥、薛进思、陈瑞、戴捷、黄昌、刘国轩、洪暄、陈福、张在、何祐、吴豪、蔡鸣雷、杨英、谢贤、李胤、郑袭等，于是年四月，从金门料罗湾出发，越日未刻抵澎湖，下令："本藩矢志恢复……尔从征诸提镇营将，勿以红毛火炮为畏，当遥观本藩鹢首所向，衔尾而进。"初八早成功座驾，竖起帅旗，号炮金鼓，高响震天，以洪暄引港船向东疾驶，诸提督依岸鱼贯前进。至未刻已遥见鹿耳门，令人探水浅深，回报骤涨一丈多高，于是大小战船衔尾而渡，纵横尽入，荷兰大惊，以为自天而下。守赤嵌荷兰酋长描难实叮一面遣人向其主揆一请援，一面发炮射击，终不能阻成功前进，援未至而赤嵌城已被成功攻下，描难实叮降。揆一得赤嵌之告急，即挑选排枪手准备前赴决战。成功料知荷兵将至，他们专靠大炮轰击，为对顽强敌人，必须用奇兵才能制胜，遂令黄昭带枪手五百名、连环熕二百门，分为三队前往鲲身尾，列阵以待；令杨祥带藤牌手五百名，绕鲲身之左，横冲截击，令萧拱震整艍子二十只，侦敌队伍将过七鲲身时，随即摇旗呐喊，佯作将转攻台城之状，使其慌乱，不敢恋战。部署既定，果然荷兵至七鲲身尾，见赤嵌前哨摇动，心遂虚怯。杨祥所领的藤牌手突然袭至，跳跃横冲，荷兵全溃，死亡过半，乃退守台城。成功挥军围攻，揆一主死拒，大炮频发，成功兵难以逼近，乃筑篷，环绕七鲲身作长期围困之计，即改赤嵌为承天寺，设天兴、万年二县。

是年八月揆一尽倾其众，分水陆两路，水路进攻赤嵌，陆路进攻鲲身，成功令黄安统众御陆，自已统陈泽等左右戎旗，配船合击；俘获荷兰甲板一、小艇三，荷兵又败，仍死守台城。十一月，成功令宣毅前镇陈宣、右虎卫左协陈冲，驾小船数十只，装硝磺引火诸物，乘北风烧甲板，又令黄安从鲲身夹攻，荷兰夹板被烧三只，死伤无数。

这一次胜利，使负隅顽抗的揆一气馁。于是成功乃遣人贻书促其投降。书中理直气壮地说：

执事率数百之众，困守城中，何足以抗我军？而余怪执事之不智也。夫天下之人固不乐死于非命。余数告执事，盖为贵国人民之生命，不忍陷之疮痍尔。今再命使者前往致意，执事孰思之！执事若知不敌，献城降，则余当以诚意相待。否则，我军攻城，而执事始揭白旗，则余亦止战以待后命。我军入城之时，余严饬将士秋毫无犯。一听贵国人民之去，若有愿留者，余亦保护之与华人同。夫战败而和，古有名训，临事不断，智者所讥。贵国人民远渡重洋，经营台湾，至势不得已而谋自卫之道，固余之所壮也。然台湾者中国之土地，久为贵国所据。今余既来索，则地当归我，今瑶不急之物，悉听而归。若执事不听，可树红旗请战，余亦立马以观，毋游移而不决也。生死之权在余掌中，见机而作，不俟终日。唯执事图之！

永历十六年十二月十三日（1662年2月1日），荷兰降。台湾收复改为东都。台湾人民欢欣鼓舞，高山族箪食壶浆以迎。被荷兰殖民者占据三十八年的我国领土台湾重归祖国版图。

郑成功早期在延平的抗清活动

郑俊杰 *

伟大的民族英雄郑成功，福建南安石井人，1624年农历七月十四日诞生于日本平户市的千里滨。父郑芝龙，母日本人田川氏。七岁随父回国，居于安平（今晋江市安海镇），原名森，字大木。15岁补南安县弟子员（秀才），17岁入南京太学深造，师从名儒钱谦益。

1644年，明福王朱由崧即位于南京，1645年五月，南京被清军攻破，弘光政权垮台。同年闰六月十五日，握有兵权实力的郑芝龙、郑鸿逵兄弟，与明朝遗臣黄道周、张肯堂、吴春枝等，在福州拥立唐王朱聿键，改元隆武。封郑芝龙为平虏侯，寻封平国公。封郑鸿逵为定虏侯，寻封定国公。是年，成功母由日本长崎归泉州，成功也从南京返回福建。八月受隆武帝召见，封忠孝伯，赐姓朱（后人咸称国姓爷），改名成功。

此后，郑成功英勇战斗的一生，做了两件轰轰烈烈的大事。一是坚决抗清；二是打败荷兰侵略者，收复我国领土台湾。因而，彪炳千秋，举世公认他为我国的民族英雄。三百年来，台湾人民一直尊称他为“开台圣王”。

郑成功初期的抗清活动，是在福建延平（今南平市），时间虽只有

* 作者系泉州郑成功学术研究会理事。

8个月，但意义非凡。犹如一部英雄史诗的开篇、一部大型历史剧的序幕由此掀开。古人说“千里之行，始于足下”。他是在内外交困、举步维艰的窘境下，开始抗清的。外有清军压境，兵临福建。内则其父动摇背叛，密谋降清。1646年（隆武二年、顺治三年），隆武帝封郑成功为御前营内都督，赐尚方宝剑，挂招讨大将军印，镇守闽浙赣边界的浦城仙霞关。郑成功向隆武帝奏陈“治兵、筹饷、精气”三项要策，深受嘉许。但当时军国重权，控制在郑芝龙手中，隆武帝没有实权，经常愁叹不安。成功见状即面奏曰：“陛下郁郁不乐，得无以臣父有异志耶。臣受国恩，义无反顾，誓以死报陛下。”表明坚决抗清的态度。郑成功在仙霞关整领军纪，严守关隘。但其父郑芝龙却釜底抽薪，拒发粮饷，还下令调回守将施天福。又派其心腹蔡辅往见郑成功，企图授意他撤守仙霞关。蔡辅尚未开口，成功即厉声责问曰：“敌师已迫而粮不继。空釜司爨，吾将奈之何耶。速请太师（指芝龙）急发饷济军。慎勿以封疆付之一掷也。”蔡辅回报芝龙，并说“向若道及纳款（其时芝龙已密派亲信，与清军首领暗中洽谈降清条件），吾此头已断矣”。芝龙说：“痴儿不识天命，固执乃尔。吾不给饷，彼岂能枵腹战哉。”成功屡请，芝龙皆不发饷。守军无粮，纷纷逃散。成功无奈，不得已退回延平。仙霞关失守，罪在芝龙。郑成功至延平，登城周视，叹息而归。

隆武帝决意亲征御敌时，在福州南台祭江，忽风雨骤至，不能成礼。成功跪于榻前，泣奏曰：“臣父已有异志，陛下当善自为计！”伏地呜咽。隆武师在延平，因清军追至，乃仓皇出奔，欲往江西，在赴将乐途中被清军追杀，隆武政权遂亡。

清贝勒入闽进军泉州，郑芝龙已决意降清。但尚未接到洪承畴、黄熙允的书信，未敢贸然迎师，暂退回安平。既得贝勒招降书信，以闽总督为钓饵，芝龙大喜，不听成功谏阻，投降清朝。十一月将往福州晋见贝勒，差人到金门，寻成功同行，成功不从，并上书说：“从来父教子以忠，未闻教子以贰！今吾父不听儿言，后倘有不测，儿只有缟素而已。”芝龙见之，嗤其狂悖。芝龙不听劝告径往福州，欢宴后即被贝勒挟往北京。清兵攻取兴化、漳、泉，进劫安平，成功母切腹殉难，成功闻讯急归安平葬母后，转至南安文庙，焚青衣儒巾，泣拜先师，仰天叹曰："昔为孺子，今为孤臣，向背去留，各有其是。谨谢儒服，唯先师昭鉴！"揖别后与陈辉、张进、洪旭、陈霸等往南澳招兵抗清。闻知南明桂王朱由榔在粤西即位，改元永历，即奉为正朔。其后15年，始终在闽粤沿海各地与清军抗衡，历经无数次的战斗，愈战愈强，终于1661年（永历十五年，顺治十八年）三月，亲率郑军两万五千人从金门出发东征，由鹿耳门登岸包围赤嵌城，迫使荷兰总督揆一投降，收复我国神圣领土台湾，立下不朽的功勋。

郑成功高举抗清的旗帜，始终如一，矢志不移，百折不挠。首先是出于他有高度的民族责任感，有忠君报国的思想感情。他原来是一个儒生，从少年起就深受孔孟之道的熏陶，青年时国家处于危亡之际，他受到南明隆武、永历帝的恩宠和器重，知恩图报。始终奉明朝年号为正朔，不苟同其父所谓"天命"、顺应时势的主张，反对他的变节行为。在忠孝不能两全的情况下，郑成功毅然决心移孝作忠，与其父分道扬镳。郑芝龙秉承清廷的旨意，数次派亲人持家书企图劝郑成功改变立场，归顺清朝。成功不为所动并据理批驳。另外，清王朝替代明王朝，也只是改朝换代，在经济、文化上无先进性可言。而且，满洲八旗入关后，以征服者自居，对占我国人口大多数的汉族，实行严酷的统治压迫，稍有违抗就蛮横镇压。如强令人剃发，"不剃发就得杀头"。同时因连年战乱，赋税负担奇重，迫使许多汉人流离失所。而不少的满族官僚穷奢极欲，引起汉人的反感。郑成功抗清具有广泛的群众基础，郑军英勇善战，军纪严明，很有号召力。因此，沿海人民投奔郑军的很多。地理条件，也有回旋余地，能够长期坚持。

清朝政权对郑成功，当然视为心腹之患，但又不敢等闲视之。郑成功收复台湾后不到一年，就英年早逝。其子郑经继承他的遗志，继续经营开发台湾，与清廷抗衡。及郑经死后，郑成功的孙子郑克塽年幼无能，于清康熙二十二年（1683年）归清。康熙三十八年奏请朝廷同意，将原葬于台湾武定里洲仔尾的郑成功、郑经父子骨骸，迁葬于南安县水头康店村覆船山。康熙皇帝比较明智，顺应民心，感叹地说：“成功乃明室遗臣，而非乱臣贼子也！”并赐对联：“四镇多二心，两岛屯师，敢向东南争半壁；诸王无寸土，一隅抗志，方知海外有孤忠。”

郑成功在南平抗清史实初探

何丙仲*

南平古称延平，是闽江的重镇，又是古代由浙、赣到福建的重要交通枢纽，明末清初，民族英雄郑成功曾一度在延平进行抗清活动，1654年又被南明永历帝（朱由榔）封为延平王。至于当时为什么将延平这个地名当为郑成功的封号，目前还缺乏第一手资料加以考证。不过与郑成功同时代的，便有以不相干的地名取作封号的例子，如郑氏部将甘辉之受封崇明伯，黄廷之受封永安伯等等。虽然如此，郑成功在延平的抗清活动，却是他反抗民族压迫的斗争中不可忽视的一个部分。

本文试以有关文献的记载，对郑成功在延平的一系列抗清史实进行初探。

1646年（清顺治三年），清军逼近福建，南明在福建的隆武小朝廷陷入危机，隆武帝（朱聿键）不得已于当年二月[①]由福州匆促移跸延平。隆武帝一面"亟催芝龙（郑成功的父亲）造艘"，一面"擢

* 作者系厦门市郑成功纪念馆副馆长。

① 关于这个时间，江日昇的《台湾外记》和彭孙贻的《清海志》一致载为顺治二月，当为可信，阮旻锡的《海上风闻录定本》语焉不详。夏琳的《闽海纪要》却一异诸说，定为同年九月，显然有误，因为隆武帝于八月就遇害了。

吴炳为福建布政司，提调棘闱。以编修刘以修为主考，诏如两都例，各省士子得与试。取中举人叶瓒（原注：福州府人，原姓万）等二百一十七名”（《台湾外记》卷二），大有志图匡复的气象。时年二十三岁的郑成功于前一年九月受隆武帝赐姓，封拜御营中军提督、仪同驸马、宗人府正等职，斯时护驾到延平，追随隆武帝身边是完全可信的。

1646年三月，“赐姓成功条陈：‘据险控扼，拣将进取，航船合攻，通洋裕国。’隆武叹曰：骍角也！封忠孝伯，赐上方剑，便宜行事，挂招讨大将军印”（《台湾外记》卷二）。足见郑成功受封忠孝伯、招讨将军的地点是在延平。他所上的这个条陈，充分表现了他在政治、军事和经济等方面卓越的天才，基本上奠定了他日后抗清、驱荷诸斗争的精神。郑成功在延平时，备受隆武的倚重。《思文大纪》记载：“（隆武帝）敕国姓成功招致郑彩（隆武朝副）元帅（1645年领兵出江西抗清借口粮饷不足、畏葸不前的动摇派）”；四月，“著国姓、辅臣速约各镇鼓锐前进，铅山告警，必行兼顾，以巩崇关”；“新抚永安、沙县山寇头目一万十三名……听国姓节制”；“敕国姓成功兼顾大安关，仍益兵防扼，恐有清骑突入”等等，可知郑成功当时非但出谋划策，且已手握重兵，负责闽赣交界诸关的防务重任了。同年六月间，郑成功曾有一个月时间回到安平故乡，其原因《台湾外记》载为“驰驿省母”，《思文大纪》则载为“（隆武帝）命国姓成功亲到漳泉，精募兵将”，两说不一，但郑成功暂时离开前线却是事实。

郑芝龙趁此机会卖关降清。目前较一致的看法是郑芝龙诈称夫人田川氏染疾，诱郑成功离开，代之以爪牙施天福守关，遂开门揖盗。1646年八月十三日，清军贝勒罗托部由闽浙交界的仙霞关攻入福建。据厦大陈碧笙教授考证，当此之际郑成功已返闽北防地，奈清军已蜂拥而入，郑成功猝然未及和清军接触，加之后方已被清军包抄，情况危急，所以他不得不撤兵沿江而下。[①]《清史稿》载："图软等败明阁部黄鸣骏于仙霞关，遂克浦城、建宁、延平"，可见清军按此路线，攻到延平。八月二十一日，隆武帝逃出延平（《台湾外记》《所知录》），"二十三日，贝勒至延平"（同上），郑成功行抵延平时，隆武帝已先两三日取道顺昌，准备由汀州遁江右（江西）。郑成功在延平附近猝遇清军，"交锋不利，率师南下"。这时，他遇到从福州沿闽江准备到延平投奔隆武帝的南明大臣、惠安王忠孝，郑成功告诉他"上已先四日行，剑南（南平）皆北骑，公将安之"（《惠安王忠孝集》）？可以考证那天是八月二十五日，清军已攻占延平二日了。郑成功握着痛哭流涕的王忠孝的手，遥望虏尘滚滚的延平山城，坚定地说："哭无益也！吾叔侄在，且为后图！"（温睿临《南疆绎史》）王忠孝深为感动，也赋诗明志，表示要"毁家振一旅，同仇修矛戟"（《惠安王忠孝全集》）！

可惜延平一破，八闽已难固守。隆武帝在八月二十八日逃至长汀县，终被清将李成栋追杀。郑成功率领从闽北带回来的一支队伍，经延平抵福州，与王忠孝等一批富有民族气节的志士"订举事"，于九月上旬回到家乡，最后于1646年阴历十二月，在安平（今安海）揭起反抗民族压迫的大纛，开始了十五年之久的抗清斗争。

笔者1983年春在南平市文化局的帮助下，对该市峡阳公社民间流传的郑成功"战台鼓"进行调查。据当地父老介绍，前清道光年间，峡阳的拔贡应蔚华曾著有《随手笔录》一手抄本，记载郑成功收复台湾以后，其部下有一位原籍峡阳姓薛的旗牌官解甲归乡，将当时郑军所用战鼓和鼓谱带归。之后，峡阳民间遂组织"战台鼓会"，代代传习，借以纪念民族英雄郑成功的爱国业绩。

现在，峡阳尚有不少人能按谱击鼓。观其击法甚为特殊：鼓手以左臂抱鼓于肩，右手挥槌，想见是取便于行军，且声响浑厚雄壮，渊渊

① 陈碧笙：《一六四六年郑成功海上起兵经过》，载《历史研究》，1978年第8期。

雷鸣。每队或24面、或36面、或48面鼓不等，一时齐击，每每地动山摇，鼓手队列循鼓谱进退有序。综上可见“战台鼓”是军鼓，非舞台所用者。《小腆纪年》有郑成功北伐长江口时以鼓指挥作战的记载，嗣后不久郑氏的驱荷复台战役，当也用之。根据郑成功曾在延平进行抗清斗争，佐证以南平峡阳民间的传说，“战台鼓”有理由定为郑成功军队的战鼓。

郑成功在延平抗清时间不长，但它是研究郑成功历史的重要篇章。本文意在抛砖引玉，故不揣寂陋，愿就正有道。

倚剑东南势独雄

——郑成功固守金厦及复台战略战术

潘北铭

郑成功尽毕生精力，为复兴明朝做了不懈的努力。他早年受儒家思想教育，循守“忠君”之纲。又得隆武帝之殊恩，自然而然须要士为知己死，万难不辞。

清兵进入福建后，成功的母亲田川氏被清兵困逼，坚贞不屈，愤而自裁，表现了崇高的节烈行为；隆武帝在汀州被俘，囚送福州，绝食而死。面对这不共戴天的“君、家之仇”，郑成功决计反清复明。

一、郑成功在攻守中的战术运用

自1651年起，郑成功杀败郑联，夺取厦门为根据地，招抚南澳诸岛、闽安义军，承明制，建五军，用明侯林察为左军，闽安侯周瑞为右军，定西侯张明滇为前军，平夷侯鹤芝为后军，自为中军元帅，用蔡福为中司中军镇。每军大小船一百号。凡有原镇，各分隶之。郑成功军队编制以镇为单位，开府思明（厦门）后，分陆军为七十二镇，水师为二十镇。到1659年北伐时，发展成为一支有二十万大军的熊罴劲旅。为保卫金、厦中心的“抗清复明”根据地，南征北战，与清军进行58次大小战斗，其中41次是郑成功主动出击，17次是对清军的反击。这是清王朝入主中原后，西南多事，无暇顾及东南，对郑成功采取诱降、陈兵使之瓦解而降、迫降三种手腕交错使用的绥靖政策。清王朝军力在东南有漫长时间的军事空隙。而郑成功的战略原则是“固本蓄锐，近取远略”（杨英《从征实录》）。所谓“固本”是力保金、厦根据地。“蓄锐”是保持军队的有生力量。近取漳州、惠州等地作为金、厦的屏障，是长期持久战的策略，远略南京等地。基于这种战略的考虑，郑成功采取下列诸种形式的战术，兹分述如下。

（一）外线攻势代替内线防守。郑成功金甲戈船十年，波涛一生于金、厦外围，几乎无月不攻，无日不战。永历五年二月，清将马得功袭击厦门，郑部守将郑芝莞无备怯战，临阵脱逃，厦门被马得功轻易攻下。郑成功主力在外，不过数日从揭阳回师，乘清军据厦立足未稳，郑成功即加以克复；又永历十五年，因铜山守将蔡禄、郭义以岛降清，亦因其主力在外线，致铜山失陷，后主力回击，旋又克复。上述二例是郑成功“守险于险外”以外线攻势代替内线防守的明证。

（二）两栖的攻、守战术。郑成功认为“度闽粤海疆，不比北方得任意驱驰，任意恃险。设伏以御，虽有百万，亦一时难飞渡。收拾人心，以固其本。虎不离山，鱼不离渊，设险以守，观衅以动，逸则进，劳则退”。这是说，东南沿海，利于舟楫，不利戎马，运用舟师水战之长，则不会重蹈是陆非水的其他义军失败的覆辙。郑成功以漳泉为攻守重点。在那里连续作战八年多，其进退未离海滨地区，中经两次南下勤王，其进退均由海不由陆。

（三）纵深梯次配备设伏的诱敌野战。郑成功深谙兵法。所谓“纵深梯次配备设伏诱敌”战术，即布兵设阵，要经得起敌人左、中、右的袭击，敌人不管从那方面袭击，兵阵都能首尾相应。郑成功的很多战役都运用此战术。现择著者说明之：永历六年正月，郑成功督师围攻长泰，清将陈锦率潮州、汀州两路兵马及水师共两万多人要来救援。郑成功立即布兵设阵打援，部署如下：遣派沈明、沈奇等将士屯扎诏安，以拒抗潮州清兵；遣派黄兴、黄悟、陈尧策等人屯扎南靖、平和，以拒抗汀州清兵；遣派黄大振拒截泉港敌水师；遣派陈六、陈泽伏守海澄。郑成功自统大军在江东山埋伏待敌。江东山东北隅山下有路直通漳州，郑成功部将先据占此险道。再派遣黄廷、杨奇、杨祖扑空营于江东山上，多树旗帜，伏精兵于山傍。另选壮勇三百人，埋伏在虎渡桥南北，与杨奇为应援犄角，长泰东南一带山埠及堪战之地，郑成功派遣苏茂伏扎在东尾寨内，派遣甘辉、陈俸扎在清兵必经之地的当头叠，并派万礼、陈埙左右道接应之。施昱、沈明、王奇秀、黄安、蔡文等伏巡各阵地，应援首尾。再派遣赫文兴设兵伏于树林，以为各路军的冲突应援。派黄山埋伏于深青桥鸿渐尾一带，截敌归路。郑成功调遣屯扎已定，各镇将领兵进入阵地待敌。清将陈锦尽率马步兵由东南山埠一带而来，见各营地寂然不动，不敢贸然轻进，只望山顶旗帜飘扬，便率兵沿山傍呐喊前进，正进入杨奇所布精兵包围圈内，郑成功即发第三枝火号，各镇蜂拥而出，清兵分路迎战。郑成功亲督虎渡桥壮勇三百人奋勇向前。陈锦部将稍退却，埋伏在当头叠和东尾寨的陈俸和苏茂首尾奋力夹击，埋伏在树林中的赫文兴领兵直捣其中。敌遂披靡溃退，退至江东山东南的牛蹄山，各镇奋起一齐追杀，敌积尸遍野，陈锦溃部尽弃衣甲辎重而走，至夜时，又被埋伏在深青桥鸿渐尾的黄山部将所截击，陈锦本人夺山逃遁至同安，为其部属杀头呈献郑成功。此一役，陈锦全军覆没。这种纵深梯次配备的设伏诱敌战术，包含着左右夹击战、首尾抄袭战、合围战、中央突破战和步步为营的战术综合运用，是郑成功惯用的战术。

（四）“以动制动”的防守战术。郑成功对于金、厦的外围保卫战，并非制敌心腹之战。对于防御战，利于野战（即进攻中的打援防御战），而不利于坚壁战。因此，金、厦外围城邑的防守，是以坚壁与机动并重的战术结合，而尤重以外线的以动制动的防守。他对于守岛战是“邀击于海外，紧歼于海上”。也即孙子所说的“绝水必远水，客绝水而来，勿迎之于水内，令半济而击之”的防守（孙武《孙子兵法·行军篇》），是与陆战防守的“以动制动”的战术原则一样。现举一例以证其对城邑的机动防守观。永历十一年三月，提督余程守闽安城的兵力部署，专恃守寨，不设游兵应援。郑成功于黄岩军次闻报惊曰：“似此提调，闽城危矣。清将李率泰颇能知兵，今其开路调梢，必水陆协攻数寨，分兵齐击，使我左右支吾，首尾不能相顾。岂有专攻一寨，俾我得全力抵御。我不设游兵应援，就守兵移动往来，兵心未免惊惶，虏知我虚实，声东击西，使我奔驰不暇，坐受其害。”可见他重视“以动制动”的守卫战。非不得已不作“以守为守”的守卫战。试看郑成功在永历六年九月之退守古县，他不据城以守，而是于郊野设伏严阵以待，是其重视机动防守的又一明证。

二、郑成功东征复台的战略战术

郑成功东征复台，是军事战略的大转移。在何斌的启迪下，他认为东征复台才是唯一的出路。郑成功复台计划，是经过一段曲折过程而实现的。我们可以从他在1661年正月召开将领密议复台会议上看出，他说：“天未厌乱，闰位犹在，使我南都之势，顿成瓦解之形。去年，虽胜鞑虏一阵，伪朝未必遽肯悔。则我之南征北驰，眷属未免劳顿，前年何斌所进台湾一图，田野万顷，沃野千里，饷税数十万，造船制器，吾民所麟集，所优为善。近为红夷所占据，城中夷伙不上千人，攻之唾手可得矣。我欲平克台湾，以为根本之地，安顿将领眷属，然后南征北伐，无内顾之忧，并可生聚教养也。”郑成功对东征复台在战略上提出三方面的思想：（一）敌情严重存在，清朝入主中原（即“闰位犹在”，“闰位”典出《王莽传》），天下是不会太平的（即“天未厌乱”）。清王朝时刻想方设法瓦解我们，从不放弃用武力来征服我们（即“伪朝未必遽肯悔战”），使我们陷于南征北驰劳累局面。（二）台湾有优越的自然经济源泉，可供我们“所优为善”，可收到“生聚教养”的硕果，台湾才是“根本之地”。这是从经济战略上解释必须东征取台。（三）台湾为我故土，被红夷占据，红夷不满千人。我们是正义之师，必能得到台湾百姓的拥护，平克台湾唾手可得。这次会议得到各部将领的拥护。

要收复台湾就要驱逐荷兰殖民者。荷兰自1624年入侵台湾，先后修建台湾城堡（热兰遮城堡）和赤嵌城堡（普罗文查城堡），这两个城堡隔着大员港相望。“台湾城堡建在一鲲身上，又绕其麓而周筑之为外城。城垣用糖水调灰叠砖，坚埒如石，凡三层，下一层入地丈余，而空其中，凡食物及备用物皆悉贮之，雉堞俱钉以铁。广277.6丈，高3丈1有奇，女陴更寮，星联内城。楼屋曲折高耸，栋梁坠巨，灰饰精致，瞭亭、螺梯风洞机井，鬼工奇艳。瞭亭五处，各置红夷炮，射程火力控南航道。”“台湾西南沿岸自凤山（今高雄一带）之打鼓山起，有沙丘七座，相联如贯珠，状若大鲸鱼，自北而南称鲲身：一鲲、二鲲、三鲲……直至七鲲身。”成为台湾城堡的天然屏障。二鲲身与北线尾屿之间的水域宽且深，俗称南航道，海上有荷船监视，陆上有红夷炮控航道，外船难于进入。

根据上述地理形势，郑成功制定了在北线尾与外沙线之间的鹿耳门作为攻克台湾的突破口；在禾寮港登陆，占据赤嵌街攻打赤嵌城堡；最后攻下台湾城堡的三个战役的军事行动路线并采用三种不同的战略战术，分述如下。

第一战役：巧闯鹿耳门，直达禾寮港，勇登占领赤嵌街。

在台湾岛西南部要登陆台湾本岛主要有三个地点：一处是通过北线尾屿、二鲲身之间的南航道，直攻赤嵌城堡，但南航道是荷军防备最严的水域，郑军船队首先要受到在航道上荷巡视炮火的阻击，进入南航道，更要受到台湾城堡上猛烈炮火的袭击，势必延误登陆的军机，在军事行动上不足取。一处是直接攻打台湾城堡，以强火力突破南航道，以攻坚战的战术，强行在一鲲身登陆，这不但需要经过一场剧烈的战斗，而且还不是在台湾本岛直接登陆，要在台湾本岛更纵深发展，势必受到赤嵌城堡的顽强反击，有战果难期之忌。一处是何斌事前测量过，在鹿耳门作为登陆的突破口，鹿耳门是在北线尾屿与外沙线之间一条狭小浅隘的水道，俗称北航道，这条水道“海道纡折，仅容数木筏，水浅沙胶，虽长年三老，也难保舟之不破”。“荷兰人又沉夹船于鹿耳港口，以为大船无从出入，不甚防备。”郑成功事前认真查阅了何斌所献的海图，“知此航道不从炮台前经过，胸中已有成算”。何斌也探得在污泥中有一条港路，“可自鹿耳门直道赤嵌城堡，水深有四尺余”，四月初一日，正值大潮涨至丈余，郑军船队由何斌导航和训练有素的水师驾驶下鱼贯般顺利通过了这条险阻的航道，并在申酉风扬帆直达禾寮港，迅速登陆抢占了在台湾本岛上的赤嵌街，包围了赤嵌城堡。这闪电式进军、登陆，使荷夷“疑兵自天而降”。

郑成功在这次登陆战役中采用了“出其所不趋，趋其所不意”的战术，只一天半的时间就迅速占领了战略要地赤嵌街，取得了能在台湾本岛上开展广阔军事活动的根据地，使荷军难以出击，为攻克赤嵌城堡的第二个战役，建立了牢固的桥头堡。切断了赤嵌城堡与台湾城堡的联系，使两城堡的荷军都面临着强敌，但又无法集中兵力抵抗，只得分兵把守。这次战役为以后郑军各个击破创造了极有利的条件，是具有决定意义的战役。

第二战役：攻克赤嵌城堡。

“赤嵌城堡，在台湾本岛海边，其城方圆不过半里。城堡西南隅赤嵌街，与台湾城堡隔大员港相向。”郑军既已占领赤嵌街，功令陈泽坐铳船扎鹿耳门，牵制红夷甲板船，并防北线尾。守赤嵌城堡夷长描难实叮发炮击盘并焚马厩粟仓，赐姓恐焚及赤嵌街，令杨朝栋督张志官兵防御看守。

郑军团团将赤嵌城堡围之，周围堆柴薪，欲以火攻迫降。台湾城堡“夷长揆一遣战将马斯·贝德尔上尉率鸟铳兵二百四十人乘快哨板来冲杀，陈泽率兵迎敌，一鼓而歼，夷将贝德尔战死阵中，夷兵阵亡一百八十人，许多人因跳水逃生而淹死海中，生还者仅八十人”。描难实叮眼见城堡被围，孤城援绝，城中乏水，欲降。先一日，其弟同妇外游，被我兵捉获解藩，藩慰谕：“令加意待之，送归赤嵌城，与兄实叮道述德意，至是日议降。藩遣通事吴迈、李仲同杨戎政诏谕之，誓无杀害之意，遂赴藩前纳降，仍令原驻城中，并厚赐唐山土仪。”郑成功于1661年四月初五日接管赤嵌城堡。郑成功在第二战役中，采取了“十则围之，五则攻之”的战略战术（孙武《孙子兵法·谋攻篇》），此战术系用法兵则之一。当时在兵力数量上，郑军有万余人在赤嵌街，超过荷军之十倍多。但面对武器精良的荷军，郑成功为把伤亡减轻到最低程度，占据赤嵌街后，对赤嵌城堡不直接发起攻坚战，而采用“十则围之”，示以武力，采用攻心为上的战术，使荷军“感到束手无策，进退维谷，无力抵抗如此强大的敌人”。赤嵌城堡与台湾城堡之间的联系被郑军切断。台湾城堡夷长揆一虽多次救援，皆被“围城打援”郑军的看家本领所击退。在海战中，郑军水师“在惊涛骇浪中，无异平地，跳踯上下，矫捷如飞”。荷军非其对手。此次战役，把荷兰殖民者的兵力压缩在一鲲身上的台湾城堡内而动弹不得。郑成功如何攻下荷兰殖民者在台湾最后一个据点——台湾城堡，以完成“复先基”的历史使命？

第三战役：围困台湾城堡、逼敌投降。

郑成功接连二次战役胜利，士气大振，完全有力量一鼓作气攻下台湾城堡。但他并没有这样做，而是自1661年四月下旬用大军围困台湾城堡，直到1662年2月1日逼揆一投降，经历九个月的时间。在这期间，郑军很少主动出击，战斗多是揆一为突围而打起来的，如八个月间的一次互相炮击，是揆一为摧毁郑军在北线尾、一鲲身、七鲲身的大炮阵地而发起的。“赐姓督师移扎鲲身，筑土台驾炮攻台湾城堡，揆一在附城的铳城齐放大炮”，使郑军的炮阵地“顷刻土台崩坏，官兵退回”，郑成功“遂令赤嵌降夷架铳击其铳城，崩之”，这是此次炮战的记录。另一次是在十二月间较大规模的海上战斗，“在海战失败的荷舰‘马利亚号’逃回巴达维亚报告不利消息，巴城总督立即派了十艘兵舰及七百士兵，由一名叫卡尤的司令官率领前往台湾救援。到达台湾海面后，望见成功部队如火如荼的阵势，感觉进退两难，一个月后才开入内港，企图偷袭郑成功的水师，未及措手，遭到迎头痛击。郑军击沉和捕获荷船各一艘，俘敌百余名，另有一艘荷舰，被炮弹打中火药舱，全舰炸毁，卡尤终此惨败后，率残部逃回巴达维亚”。揆一为配合卡尤的救援，也率领“甲板船来犯”，郑成功令“陈泽同戎旗镇左右协水师击败之，获甲板二只，小艇三只。自是甲板退入大员湾，不敢复出”。自此以后，

"藩以台湾城堡孤城无援，攻打难免有杀伤，遂令围困待自降，并将各镇分派汛地屯垦"。

揆一在非常懊丧的心情下，于1662年2月1日签订了投降书，把最后一座城堡交给郑成功。双方订立十八条条约，主要内容表现了给荷军"体面地退出台湾"，也体现了郑成功对待表示屈服的敌人的宽容风格。号称当时西方资本主义强国的海上霸王、"海上警察"的荷兰殖民主义者，如此垂头丧气地被驱逐出台湾，郑成功成为倚剑东南独雄。这也是西方资本主义国家侵略中国的第一次失败。郑成功之所以成为伟大的爱国主义者，其意义即在于此。其复台事迹在史册上永放光芒！一代武功，千秋成颂！

郑成功完成复台的历史使命后，写了有名的《复台诗》，诗中首二句表达他复台的思想动机，是全诗的中心思想。"开辟荆榛逐荷夷"是很重要的一句。郑成功到台湾主要目的是从事垦植，就是要把经济基础从单纯的海上贸易转到多元的农业生产上来。

论明郑政权的历史贡献

郑栋梁*

明郑政权是明末清初一个相对独立的政治、军事、经济集团和地方势力。明郑政权自郑芝龙开创“郑氏海商军事集团”起，至郑克塽归清止，前后历经六十年，记载着以郑成功为核心的明郑四世的传奇历史，也是中华民族史上一段令人难以忘却的光辉历史。

著名的历史学家萧一山在《清史大纲》中指出：“在中国历史上有一个人不能不大书特书的，就是郑成功。”郑成功是中国历史上杰出的民族英雄。他反抗民族压迫，反抗外来侵略，大义抗清，驱荷复台，捍卫海权，通洋裕国，为中华民族建立了不朽功勋。郑成功的父亲郑芝龙开启台湾，打破“海禁”，抵御外夷入侵，发展海上贸易；郑成功的儿子郑经，继承先王遗志，坚持抗清斗争，守护台湾，建设台湾；郑成功的孙子郑克塽顺应历史，率众归清，推进祖国的和平统一。郑氏四世在不同的历史时期，都为中华民族做出了重要的贡献。明郑政权对中华民族主要有四大贡献：

一、忠心报国 大义抗清

1644年，清兵入关，攻克北京，进犯中原。这是中国历史上一

* 作者系泉州郑成功研究会会长。

个落后的奴隶社会性质的民族，对一个先进的封建社会性质的民族的武力征服。清兵入关之后，推行着一系列残暴的民族欺凌和民族压迫政策。“剃头易服”，“留头不留发，留发不留头”，就是这种压迫政策的集中体现。“扬州十日”“嘉定三屠”，就是这种残暴手段的历史见证。

面对清兵入关，民族蒙难，郑成功挺身而出，焚烧青衣，背父报国，大义抗清。郑成功起兵之时，全国抗清形势已经十分严峻：北京失守，南京失守，南明王朝岌岌可危。但是，郑成功坚贞如一，义无反顾，坚持抗清整整十六年。十六年间，郑成功以金门、厦门为基地，多次粉碎了清兵的进攻，发动了声势浩大的北伐战争，收复了南至广东南澳、北至浙江舟山等大片土地，撑起了东南抗清的一片天。虽然郑成功最终未能打倒清廷，但也未被清廷所征服。即使北伐南京失利之后，郑成功还以大无畏的精神，在厦门海峡大败兵力数倍于己的清四省水师。郑成功的抗清斗争，是反对民族压迫的正义斗争。列宁指出：“反对一切民族压迫是绝对正确的。”郑成功的抗清斗争，与历史上岳飞的抗金斗争、文天祥的抗元斗争一样光荣、一样伟大。

郑成功逝世之后，其子郑经继承王位。他坚持“先王之志不可坠”，将抗清斗争作为一生的重要事业。他多次拒绝清廷的招抚，奋力反击清兵的进攻。特别是永历二十八年（1674年），清廷发生“三藩之乱”，郑经乘势亲率大军，西征抗清。郑军迅速攻占厦门、金门并挺进闽粤，收复“七府”（即广东的潮州、惠州，福建的漳州、泉州、兴化、汀州和邵武等），声势浩然。后来，由于“三藩之乱”平息，清廷举兵南下，双方力量悬殊，郑经被迫退居台澎，严加防守。

郑经固守台湾，坚持抗清长达二十年。二十年间，清廷多次企图攻台灭郑，但终未得逞。明末清初，正因为有郑成功、郑经以及史可法、李定国等抗清力量的顽强抵抗，才迫使清统治者逐步认识到光凭武力不能征服一切，光凭武力不能持久统治中国，迫使清统治者逐步调整民族压迫政策，逐步缓和满汉矛盾，从而推进了祖国的统一和社会的发展。因此，郑成功、郑经的抗清斗争，对历史的发展起到了积极的推进作用。

二、开发台湾　建设台湾

郑氏开发台湾，建设台湾，如同郑氏收复台湾一样功勋卓著。郑氏四世（主要是前三世）对台湾的开发和建设，都做出了重要的贡献。

首先是郑芝龙。天启四年（1624年），郑芝龙随颜思齐等人自日本抵达台湾，即以北港为基地，将台湾的开垦发展作为其一生的一大事业。他多次入闽招募移民至台垦荒。特别是他接受明朝招抚之后，“言于巡抚熊文灿，以舶徙饥民数万至台湾，人给三金一牛，使垦岛荒，渐成邑聚”。同时，郑芝龙运用“郑氏海商集团”的强大力量，积极推进台湾的海上贸易，将台湾融入中国发展和世界发展的轨道，为台湾的开拓发展奠定了重要基础。郑芝龙是开启台湾的第一人。

其次是郑成功。郑成功在复台之前，就制定了“十年生聚，十年教养”，将台湾开辟为新的抗清基地的战略方针。复台之后，他又精心谋划制定发展蓝图。他在台湾设府置县，建立政权机构，台湾按照明朝的体制进行设置和管理。他实行“屯田”制度，寓兵于农，鼓励文武官员招佃垦荒，永为世业。他“招徕漳、泉、惠、潮之民，达数万之众”，为台湾的开拓发展打开了崭新的局面。

再者是郑经。郑成功收复台湾不到半年即不幸病逝。其子郑经继承遗志，励精图治，建设台湾，政绩斐然。他认真执行郑成功制定的发展规划，大力推行台湾的政治、经济和文化建设。他重用陈永华，进一步巩固完善按明朝体制在台湾建立的政权，进一步健全“屯田”制度，致力拓荒，兴修水利。明郑治台时期，台湾“开辟耕地达18453甲（一甲相当于11亩）”，“兴修水利达23处”。其生产的粮食，不仅满足台湾十多万军民的需求，而且远销漳、泉及东西洋。台湾从一个满目苍凉的荒蛮之岛迅速变成一个物产丰饶的富庶之地。同时，郑经十分重视中华文化的传播，倡办学校，兴建圣庙，实行科举制度，大力发展文教事业。郑经主政台湾，还有特别值得一提的是他十分重视迁徙汉人入台定居。他利用清廷“禁海迁界”，多次派人潜入沿海各地，组织难民入台。“十数年间，移民大至，多至数十万人，拓地远及两鄙，台湾之人以是大集。”在郑经时代，汉人已成为台湾的主体人群。台湾的快速发展和巨大变化，主要是在郑经主政期间。因此，郑经建台之功，不可泯灭。

三、收复台湾　归顺一统

自古以来，台湾就是中国的神圣领土。1624年，来自西方的荷兰殖民者武力占据台湾，这是赤裸裸的殖民侵略。为了“复其故土”，为了把台湾开辟为新的抗清基地，1661年4月21日，郑成功亲率大军两万五千人，战船四百多艘，浩浩荡荡，渡海东征。经过九个多月的浴血奋战，郑军不仅打败了荷兰在台湾的驻军，而且打败了荷兰从巴达维亚（今印度尼西亚雅加达）派来的援军，驱逐了荷兰殖民者，收复了台湾，结束了荷兰在台湾长达38年的殖民统治，确保了台湾纳入中国的版图，为中华民族建立了千古奇功。

郑成功逝世之后，台湾内外交困，安全形势十分严峻。对内清朝大军压境，时时伺机攻台。对外列强环顾，虎视眈眈。当时，北面有日本，早有谋台野心。南面有荷兰占据印尼，西班牙占据菲律宾，葡萄牙占据我国的澳门，英国占据新加坡、马来西亚，法国占据越南、柬埔寨。他们都心怀不轨，企图占据台湾，垄断控制中国的海上贸易。特别是荷兰殖民者，被郑成功驱逐出台湾之后，时时企图东山再起，卷土重来。永历十七年（1663年），荷兰人勾结清军，合力进攻郑军。荷清双方盟约：待剿灭郑氏，厦门、金门归清廷管辖，台湾归荷兰管辖。后来，荷清联军攻台未遂，荷兰则独自行动，偷袭台湾的基隆，并在基隆建设城堡。郑经奋力还击，“令勇卫黄安督水陆诸军攻之，荷人战败遁逃”。郑经主政台湾二十年，守土有责，英勇地守护着台湾及周边列岛，捍卫祖国的领土和领海，功不可没。

郑经病逝之后，其次子郑克塽继位。其时，郑克塽只有十二岁，主政时间也只有三年，对台湾的开发建设谈不上什么功绩。然而，郑克塽顺应历史，率台归清，为祖国的和平统一也做出了重要贡献。当时，清朝入主中原已有四十年，清初的民族矛盾已逐步缓和，大陆一统也基本形成。特别是康熙亲政之后，平息了“三藩之乱”，调整了民族政策，社会逐步稳定。而台湾的明郑政权，则军心民心涣散，“反清复明”已没有希望，也没有意义了。康熙为了一统天下，即派施琅进攻台湾。1683年6月，郑军于澎湖战败之后，台湾一片混乱，是战是和，面临抉择。当时，明郑文武众官意见纷纭不一：以刘国轩为首的一方主张归顺清廷；以冯锡范为首的一方主张抗争到底。在这关键时刻，郑克塽选择前者，顺应历史，率台归清，从而避免了台海一场战争之灾，推动了祖国的和平统一。

四、捍卫海权　通洋裕国

明郑政权是以海上贸易为经济基础建立的政治、军事集团。明郑四世视海如家，以海为本。明郑四世打造的“郑氏海商军事集团”，横空出世，驰骋蓝疆，开创了中国海权史上最鼎盛的时代，也开创了中国“海丝之路”史上最繁荣的时代。

郑芝龙，号称“东海枭雄”。他二十一岁抵达台湾，即着手打造“郑氏海商军事集团”。当时，明王朝实行闭关锁国的“禁海”政策，中国的“海丝之路”几乎断绝，为了打开“海禁”，郑芝龙精心打造了一支强悍的武装力量。他们打着“劫富济贫”的旗号，“不许掳妇女，屠人民，纵火焚烧，榨艾稻谷”，查获官豪财务，赈救饥民。因而，“归之者如流水也”。不到两年，郑芝龙的水陆两师已达万人之多。1626年，郑芝龙亲率船队，向明王朝发起进攻，连战皆捷，彻底打开了明王朝长达两百多年的“海禁”大门，中国的“海上丝路”重新开航，重振雄风。1628年，郑芝龙接受明朝招抚之后，又平靖海盗，平靖外夷。特别是1633年，郑芝龙率军在金门海面毁灭性地打败了荷兰舰队。从此，“海氛颇息，通贩洋货，内商外客，皆用郑氏旗号”。“船舶不得郑氏令旗，不能通行，每一舶例入三千金，岁入千万计，芝龙以此富可敌国……，故八闽以郑氏为长城。”郑芝龙成为东西洋名副其实的海上霸主。

郑成功是中国历史上杰出的民族英雄，也是中国历史上杰出的海洋英雄。他二十二岁时，就向隆武皇帝进谏提出“通洋裕国”的战略构想。他起兵之后，十分重视“海上水师”的建设，“拥有舳舻数千艘，战将数百员，雄兵二十余万”。他的军队纪律严明，英勇善战，多次击败清兵的进攻，收复了东南沿海大片土地，控制着东南沿海的制海权。1661年，郑成功又渡海东征，驱荷复台，从而牢牢地控制着台湾海峡及东洋、西洋的制海权，开创了中国海洋史上空前的、东西洋面往来船舶“非持国姓票必不能行”的辉煌局面。郑成功捍卫海权，维护海疆，归根到底就是为畅开海道，通洋裕国。他十分重视海上贸易，继承和发展了其父郑芝龙的海上霸业，开设“五大商”“十大行”。“五大商”分别设在日本京都、杭州、苏州和山东等地。“十大行”又分为“山五行”和“海五行”。“山五行”的总部设在杭州，主要是负责商品采购；“海五行”的总部设在厦门，主要是负责海上运输和商品交易，从而构建一个东洋、西洋海上贸易的巨大网络。同时，郑成功利用制海权，对东西洋面往来船舶收取“牌饷”。据泉州学者杨彦杰研究测算，郑成功在1650年至1660年的十年间，每年海上贸易收入可达白银二百五十万两左右，加上“牌饷”收入，每年海上收入可达白银四百万两，开创了中国“海丝之路”史上最繁荣的时期。

郑经继位之后，仍然十分重视发展海上贸易。郑经赴台初期，由于清廷实行“海禁”和迁界政策，台湾内外商贸一度受阻，物资紧缺，兴贩维艰。郑经即在大陆东南沿海的一些岛屿开设商业贸易点，内地货物通过这些贸易点源源不断地流向台湾。台湾商品日见充裕，市场繁荣，不亚于大陆商市。而且，郑经发挥郑氏海商贸易的优势，将台湾的鹿皮、白糖以及内地的丝绸、瓷器、茶叶等贩往东、西洋诸国，然后购回铜、铁、船料等，台湾依然成为海上贸易的重要基地和中转站，有力地推进了台湾的繁荣和发展。

综上所述，明郑政权于明末清初在抗清斗争、收复台湾、建设台湾、和平统一以及捍卫海权、通洋裕国等方面，都为中华民族做出了不可磨灭的重大贡献。我们必须铭记他们的历史功绩，弘扬他们的爱国精神，坚持“以史为鉴”，为中华民族的统一大业和中华民族的伟大复兴而努力奋斗！

第三章

驱逐荷夷
一举光复宝岛台湾

十七世纪荷兰殖民统治下的台湾

柯文宝　洪瑞生

台湾，古称瀛洲、夷州、澶州、蓬莱、琉球。史传，秦代就有汉人入台。《三国志》中《孙权传》记载："黄龙二年（230年）遣将军卫温、诸葛直率甲士万人，浮海求夷州。"隋大业三年（607年）羽骑尉朱宽从福建入海探琉球。大业六年（610年）炀帝遣虎贲郎陈棱，朝请大夫张镇周率东阳兵万人，泛海前往慰谕。到了唐代正式建制，归泉州府晋江县管辖。宋元时闽南人陆续移居台湾，各地族谱均有记载。有史可查，台湾自古以来就是中国的领土，而且同闽南有着血缘地缘密切关系。

1595年后，荷兰大批商船东进爪哇，排挤了葡萄牙人，占据巴达维亚，垄断了印尼香料的贸易，殖民主义爪牙伸进了东南亚。十七世纪初，荷兰在政治、军事、经济、海运各方面迅速强大起来。1601年荷兰人攻占葡萄牙在南洋群岛的重要据点——马六甲。1602年，荷兰人在巴达维亚成立"东印度联合公司"，取得了独占印度洋区域的贸易和航行权利。并且得到议会特许：可以在东方维持自己的海陆军队，修筑要塞，设立法庭。1605年大败西葡联军，从葡萄牙手中夺取安汶。1619年又大败英军。那时的荷兰已拥有商船16000艘，船员10万人（而英国仅有1500艘，法国1000艘）。在军事和海运上确立了海上霸主地位。荷兰的东印度公司，就是在国内外取得了绝对优势的历史条件下，更加疯狂地进行对外扩张和海盗掠夺。1624—1662年（明天启四年至清康熙元年）荷兰殖民主义者在台湾历经长达38年的殖民统治。那时台湾的社会经济也随之发生了急剧的变化。

一、荷兰殖民者侵占台湾

中国的丝绸、瓷器和茶叶等特产在当时欧洲市场上需求量很大，利润也很高。勤劳的中国人民又是他们开发殖民地不可缺少的劳动力。因此，他们力图夺取一个足以控制对华贸易和掠夺中国财富的基地。这样，祖国宝岛——台湾就首当其冲了。

台湾地处我国东南海道要冲，东与琉球群岛为邻，南与菲律宾群岛相望，西北隔着台湾海峡与祖国大陆相联系。台湾气温高，湿度大，雨量充沛，对农业的发展十分有利；而且水产资源、地下矿藏也很丰富，在战略地位上显得特别重要，所以被称为“东南之锁匙，七省之藩篱”。

1624年9月，荷兰人借着明朝允许在台湾经商为由，在台南沿海登陆，占领了安平港至台南地区作为立足点，并在安平赤嵌设置商馆，以贸易做幌子，设立了军事设施。

1625年1月，荷兰殖民者首任台湾长官宋克，亲自访问新港社，用15匹棉布向平埔族人（高山族支系）骗取了他们所需要的一大片土地，这就是后来建筑普罗文查要塞的地方。这暴露了资本主义殖民者以最小代价，谋取最大利益的殖民占领侵略野心。

在赤嵌建根据地后，他们又采取种种威胁利诱手段，把统治势力逐渐扩展到邻近的肖垅、麻豆、目加溜湾、哆罗国、诸罗国、放索、琅峤等平埔族人住居地区，以及嘉义北港汉族人新开垦住居地区，强迫其缴纳地租、实物和人头税。经过十多年的经营，基本上实现了对台湾南部的占领。

1642年荷兰人又出兵攻打鸡笼（即基隆）、淡水等台湾北部重要港口，赶走了西班牙人。其侵略势力又扩展到台湾北部沿海地区。这样，荷兰殖民者就牢固地占据整个台湾岛长达38年之久。

二、荷兰在台湾的殖民统治

荷兰统治台湾的历史，就是一部荷兰人的殖民掠夺的历史。诚然，在荷兰殖民者统治台湾时期，台湾由原来单一、封闭、落后的经济转变为殖民地经济。

（1）荷兰殖民统治下的台湾社会组织机构

荷兰东印度公司在台湾设置行政长官和评议会，对全岛实行统治。他们任命各社、各村的头目叫“长老”，并授予有公司徽章的藤杖一根，作为权力的标志，每年在赤嵌召开一次地方长老会议，宣布公司的方针政策。据《彰化县志》卷九记载，这长老被汉族人称为土官，有大土官、副土官职位，以“分掌其权，不相统摄，且易为制”。荷兰殖民者在台湾全岛统辖有45个部落，193个社，分成7个行致区，三个在赤嵌东部，一个在南部，一个在东南部，两个在北部。其中以赤嵌、肖垅、麻豆、新港、法尼兰等地为主要据点。

荷兰殖民者在许多重要地区建筑城堡和要塞，以防备人民的反抗。1624年建造热兰遮城堡（即安平城），1636年又在鹿港建造费里辛根堡，1653年在赤嵌附近建造普罗文查堡。阿姆斯特丹总公司董事会决定：台湾平时守军不得少于1200人，最多时达2200多人，有三分之一的兵力驻守在热兰遮城及其附近，他们对各族人民的反抗，采取极其残酷手段镇压。1652年郭怀一聚众起义驱赶荷兰人，终被歼灭。一遇汉人反抗，动辄“剿灭无余”，致整社整村绝人。

（2）荷兰殖民者对台湾的土地垄断

荷兰殖民者占领台湾后，发现本地农作物有很高的商业价值。于是有计划地进行大规模垦植，并设立“王田”制度，以东印度公司占领区的土地为基础，形成一种新的剥削关系。规定“公司在台湾本岛有明确的财产所有权”（曹永和《台湾经济史初集》）。实际上台湾农民的土地所有权全部被荷兰殖民者剥夺了，处于被奴役的地位。据《凤山县志》卷四记载："就中土遗民（指明末移台汉人），令之耕田输税"，"以受种十亩之地，名为一甲，分别上、中、下等则征粟"。又据《彰化县志》卷六田赋志所载："台湾田赋与中土（指大陆）异者，自红夷至白，就中土遗民，令之耕田输租。以受种十亩之地，名为一甲，分别上、中、下三则征粟。其陂塘堤圳修筑之费，耕牛农具种子，皆红夷资给，故名曰王田。亦犹中土人，受田耕种，而须纳租子之义，非民自世其业也。"汉人在荷兰殖民者统治下开垦荒地，一旦可以耕种，必须向荷兰当局实行缴纳高额赋税的义务。其王田制征税规定如下：

水田一甲租率：上田18石（每石为120斤），中田15石6斗，下田10石2斗。园地一甲租率：上园10石2斗，中园8石，下园5石4斗。这种租税包括地税、赋税、防御税（即军费）的综合租税。按其生产能力测算，农民只得20% ~ 30%，公司当局却获得70% ~ 80%的高额税收。从这种王田制的生产关系来看，台湾农民开垦田地，自己没有土地所有权，处于佃农地位；而荷兰殖民当局以军事占领剥夺了农民的土地所有权，成为封建地主。这种封建地租剥削比大陆封建时代的地租剥削更厉害，暴露了荷兰殖民统治者对台湾土地垄断的残酷程度。

（3）荷兰殖民者对台湾人民的残酷盘剥和掠夺

荷兰殖民者对台湾各族人民征收各种繁重捐税有：一是人头税，凡七岁以上男女，每年每人缴一里耳（荷币，折合英币一便士半）。据《台湾岛史》第八章记载：自1624—1644年这期间，每年征收人头税达33700里耳。二是狩猎税，据东嘉生《台湾经济史·概述》记载：设网捕的发给许可证，每月交一里耳。设陷阱的每月交15里耳，其岁入达28000里耳。三是渔税，渔民捕获鲨鱼，每条要纳税一个斯揣卫（荷币）；中国人在沿海捕鱼，要获得该公司的准许，并须缴纳十分之一的鱼税。

荷兰殖民者还巧立名目，肆意加派各种贡物，他们向长老宣布：各村、社必须缴纳鹿皮、稻谷等贡物。据《巴达维亚城日志》1644年12月2日记载：这一年台湾各种贡物总数价值4万里耳。他们对高山族的特产鹿皮更是贪得无厌，以缴饷形式大肆搜刮。据康熙年间的《诸罗县志》记载："台湾南北番社以捕鹿为业。仆社之商，以货物与番民交易。肉与脯发卖，皮则交官折饷。以鹿皮为饷，即取社商投标包干之法，称仆社。"社商一方面是荷兰殖民者的代理人，另一方面则是依靠荷兰人的势力，对番社农民进行赤裸裸的剥夺。荷兰殖民者为了控制农民剩余农副产品外运的权利，特别规定苛重的关税。据日本窦田或曾叙述这种情况："台湾农民的剩余农产物及狩猎所获，受荷兰人的命令，每年五月一日，在被指定的场所进行交易。农民不接受荷兰人的货币，只是选取必要的日用品。"这种交易是由官员自定价格，以贱买贵卖的手段，任意对台湾农民进行残酷的劫掠。

海盗的掠劫，特别是贩卖奴隶，这是殖民者普遍使用的灭绝人性的行径。荷兰殖民主义者不但霸占了我国领土台湾，而且利用台湾作为掳掠中国商船的根据地。据甘为霖《荷兰侵略下的台湾》和《郑成功收复台湾史料选编》等书所载：被荷兰威廉·庞德古海轮掳劫去的中国商船，不但货物被劫一空，而且船上的旅客和水手被运到巴达维亚城拍卖为奴，或从事苦役。1624年10月28日从一条中国帆船上掳走3人。同年11月4日又被俘虏25人。到了第二年五月一日，庞德古海轮已劫掳了数百名中国人。

以上种种事实，暴露了荷兰殖民者对中国人民肆意盘剥和残暴掠劫的罪恶行径，是殖民主义侵略者留下的血腥罪证。

（4）荷兰人统治时期的台湾对外贸易

荷兰殖民者统治台湾时期的对外贸易，主要是通过掠夺台湾的土特产品，如鹿皮、蔗糖的转卖而获取暴利的。据《巴达维亚城日志》记载：荷兰人入侵台湾之前，台湾每年可猎取鹿皮20万张。荷兰人入侵后，鹿皮一部分运往日本，大部分则被运回本国。1660年，一只长崎的荷兰船，一次就装64890张皮货。蔗糖除大部分被运到波斯外，也有一部分运往日本贸易。由公司运到日本的蔗糖：白糖12640斤，红糖112460斤。荷兰对波斯最大贸易是台湾的蔗糖。据荷兰记载的综合资料：1639年为18.8万斤，1640年跃增到52.1万斤，1652年增至58.8万斤，1657年又大幅度增至82.9万斤，1661年递升至85.7万斤。自1650年以后几年中，每年蔗糖产量达90万斤，被运到波斯去的就有50万斤。在1657—1661年的最后五年中，每年蔗糖产量竟达170多万斤，被运到波斯去的也增至80多万斤。从蔗糖输出这一惊人的数目，可以看出当时台湾的蔗糖生产力水平有了很大的发展。

据《台湾岛史》第八章记载：荷兰殖民者对中国的贸易，主要是运出台湾的大米、蔗糖、藤条、鹿角、鹿脯卖给中国人。再从中国买去生丝、丝绸、陶器、茶叶、药材、黄金等，然后转卖给日本、巴达维亚和荷兰本国。又从巴达维亚输出香料、胡椒、琥珀、木棉、锡、铅等转卖给中国。荷兰人占据台湾期间，对华贸易每年约100万美元，获取暴利达百分之百。以1649年为例：荷兰在东南亚地区对外贸易纯利达182.56万盾中，驻日本商馆占38.5%，驻台湾商馆占25.6%。

据甘为霖《荷兰侵略下的台湾》第398页记载，当时荷兰驻台湾最后一任长官揆一在给公司的报告中说："由于对华贸易，乃幸运地得到恢复和发展，通过买入大批中国货和卖出福摩萨（即台湾）的皮革、兽肉和蔗糖，我们获得了以往任何长官任内所未有过的巨大利润。"

他们就是这样通过掠夺殖民地财富、贱买贵卖、转手倒卖等各种手段获得高额利润，促其资本的雄厚积累。随着资本主义经济的发展，必然要寻找资源、产地、劳力、产品、市场，因而也就必然要向外扩张，进行殖民侵略。

（5）荷兰殖民者在台湾的宗教及其文化活动

为了在精神上彻底奴役台湾人民，荷兰殖民者于占领台湾第四年，就派遣大批传教士到新港、目加溜湾、肖垅、麻豆、大目降及南部的放索、琅峤等地传教。据《台湾通志》卷三《政事志·外事篇》记载：荷兰首任驻台宣教师甘地究士，自天启七年（1627年）起，在新港社传教获得成就，崇祯六年（1633年）以后，学校亦开放，由宣教师教授A、B、C及《教理大要》。他尤重视教育，初以私人交费开设学校，招收70名儿童，教以罗马字书写土语。其后得到政府资助，逐渐在肖垅、麻豆、大目降等地的宣教所兼设学校，形成宗教和学校并行发展。

当时开设学校分为三部教育：第一部为儿童班，第二部为成人男子班，第三部为成人女子班。成人年龄以20～25岁为限。据当时宣教师的调查报告，在新港、肖垅、麻豆、目加溜湾、大目降五所学校，共开设儿童12班480人，成人男子6班264人，成人女子12班560人。由此可以想象当时教育之盛况。不过，那时荷兰人在台湾开办的学校，都是以"祈祷集""问答书""说教集"及"礼拜"之类作为教材的。这仅是一种施行宗教教育的措施，不同于资产阶级一般学校的基础教育。这种宗教教育是当时台湾教育独具的特色，是为荷兰殖民统治服务的。

三、荷兰统治时期的台湾社会经济

列宁说过："只有把社会关系归结于生产关系，把生产关系归结于生产力的高度，才能有可靠的根据把社会形态的发展看作自然历史过程。"反过来说，也就是社会形态的发展变化，归根结底是社会生产力发展的程度所决定的。

荷兰殖民者入侵台湾以前，那里的社会经济有两种类型：一类是高山族的土著居民，大部分住居在山村，以狩猎为业，至于耕种农业是很落后的。据《东番考略》和《台湾岛史》记载：高山族人还不懂得牛耕和使用农具，"治禽种术，不识岁时，以树木萌芽为候，山花开则耕，禾熟拔其穗"。在和汉人的交往中，以物易物。可见当时的生产力是很原始落后的。另一类是汉族人住居地区，因为他们都是从大陆移居到那里开垦荒植，这些垦荒者大多是自食其力的劳动者。虽然他们从大陆带去较先进的生产技术和耕作方法，只能是求得温饱的、自供自给的、封闭式的自然经济。

在荷兰人统治台湾这一特定历史时期，他们以东印度公司的名目，垄断了台湾的土地，建立了"结首制"和"王田制"的封建农奴生产关系，发展商品经济，是为其掠夺财富和扩大资本的积累服务的。导致台湾人民在政治上处于被歧视地位，不少台湾人民无辜遭受血腥镇压，在经济上处于依附和奴役地位，在生活上遭受苛捐重税的盘剥。台湾人民处于水深火热之中，虽有心反抗，却无力回天，直至民族英雄郑成功兴师复台，台湾人民才摆脱了荷兰殖民者的统治和经济剥削，进一步开发和发展台湾经济。

泉州的造船航海技术为郑氏驱荷复台提供条件

沈玉水

泉州与台湾虽只“一衣带水”，但由于海流关系，台湾海峡常是风急浪高。如果没有坚固的船舶和善于操舟的舵师，要跨越海峡却是件不容易的事。泉州自古具有先进的造船、航海技术，这就为郑成功东渡复台提供了有利条件。本文拟就管见所及略加阐述，作为对这位伟大民族英雄的缅怀和歌颂。

郑氏水师驱荷复台的胜利，靠的是将领的英明决策、战士的英勇善战、舰船的坚固凌波和舵师的熟练操舟；其中泉州先进的造船航海技术，为郑氏水师复台提供了有利的先决条件。分述如下：

一、造船技术

泉州的先民属于史称“百越”族系的闽越人。闽越人善于操舟，《越绝书》的记载是：“水行而山处，以船为车，以楫为马，往若飘风，去则难从。”可见早在远古时代，泉州的先民就能制造舟楫漂行于江海之间。海船以船身大，结构坚固，设备完善，抗风力强，载货量多而著称于世。当时福建造的海舶，一艘可容置数千石。据章巽考证，唐时我国沿海港口，今山东的登州、莱州，江苏的扬州、常州，浙江的杭州、绍兴，福建的福州、泉州以及广东的广州等地，都有一定规模的造船工场。到了五代，泉州的贸外活动又有发展。据桑原骘藏的《蒲寿庚考》载，阿拉伯人马可地说："唐末五代时，阿拉伯商人东航者，皆乘中国船……大者长二十丈，载六七百人。"据泉州地方文献记载，曾任泉州刺史的王延彬，"每发蛮舶，无失坠者"。曾被封为晋江王的留从效，也以"陶瓷铜铁，远泛于番国"。可见当时泉州的造船业已相当发达了。

宋元时期我国的海船已创造了四大造船型：沙船、乌船、福船和广船；其中福船和广船的船型特点是底尖，船身扁阔，抗风力强，适于在深广海域行驶。据周去非《岭外代答》载："深广沿海，非军难得铁钉、桐油，造舟皆空板穿藤约束而成，于藤缝中以海上所产之茜草干而窒之，遇水则涨，舟为之不漏矣。"而1974年泉州湾出土的宋代海船，其船板之上下左右之间都用榫接，并用铁钉加固；缝隙和钉头都用麻丝、竹茹和桐油灰捣成的舱料涂塞，防水防锈力很强。打捞海船还有多重铅板、水密隔舱、升降舵、多桅杆等先进造船设施。由此可见南宋时泉州的造船业，实居于领先地位。

到了明代，福建人还为日商改造日本海船。据木官泰彦《中日交通史》载，原先日本海船"其底平，不能破浪……若遇无风、逆风、皆倒桅橹不能转戗。故倭舡过洋，非月余不可"。福建人改造日船，"贴造重底，渡之而来。其舡底尖，能破浪，不畏横风，斗风行驶便易，数日即至也"。

明代朝廷实行禁海，泉州港的官办海外贸易虽然衰落了，但是由于泉州有先进造船基础和熟练的舵师水手，还有随时可以扬帆出海的港口，民间商人的海上"走私"贸易却大为活跃。当时最著名民间商人有李旦、黄程、张琏、郑芝龙等；郑芝龙更是操纵海上"走私"的大海商。他"独有南洋之利，商舶出入诸国者，得芝龙号令乃行"(《东南纪事》)。郑芝龙受招抚后，朝廷曾派他率船队先后在台湾、厦门击退过荷兰侵略军。郑芝龙的船队，就是郑成功水师的基础。

郑成功起兵抗清后，他的商船仍以"石井郑氏"的印记为牌照，在厦门发展海外贸易。因此，郑成功不仅没有被"禁海""迁界"所困，反而为北伐东征积聚了雄厚的实力。

郑成功北伐南京时，拥有“舳舻千艘，战将数百员，雄兵二十余万”(《台湾外记》)。他开思明府时，分陆军七十二镇，水师为二十镇。每镇人数一千多人至三千多人不等(《台湾通史》)。据郁永河《伪郑逸事》载：“成功久踞金厦，蓄志内侵，造战舰三千余艘……成功特重操练，舳舻陈列，进退有法，将士在惊涛骇浪中，无异平地，跳掷上下，矫捷如飞。”该书又称：“成功以海外弹丸之地，养兵十余万……战舰以数千计……”由此可见，郑军的实力是十分雄厚的。

二、航海技术

航海技术的发展，是人类认识海洋、利用海洋与征服海洋的实践产物，远古时代，滨海居民由大陆沿岸的区域性航行，逐渐发展向远洋航行。长期的海上活动，人们掌握了季风的规律，利用风帆助航；更进而掌握天文导航技术。如东晋法显《佛国记》写道：“大海弥漫无边，不识东西，惟望日月星宿而进。”到了北宋朱彧的《萍洲可读》又进一步写道：“舟师识地理，夜则观星，昼则观日，阴晦则观指南针。”

泉州早在南朝就有大船通海外，唐代已是我国南方四大港之一。泉州的舟师早已能掌握海洋气象规律，凭借风帆和尾舵充分利用季风驶船，有效地缩短了航行的日期。当时泉州的海舶就是在每年秋冬季节利用东北季风出海，春夏季节利用西南季风返航的。

宋代我国舟师运用丰富的航海知识和熟练的操舟技术，进一步采用全天候磁性导航和以量天尺为测天工具，掌握了大洋天文定位技术。李约瑟认为这是人类“原始航海”进入“定量航海”的时期；他还在《中国科技中心》指出，这一时期的到来，中国比西方领先了二至三世纪。

关于泉州先进的航海技术为郑氏水师复台创造了有利条件，我们还可以从《台湾外记》中找到一些很有说服力的例证，摘要如下：

其一：“(二月)初三日午刻，成功舟师齐出料罗。是夜放洋。初四日早，令人上桅观山。报曰：‘澎湖望见。’至未刻，抵澎湖，即收娘妈宫；诸船悉到，无一失者”，运用上桅观测航标的技术。

其二：“(四月)初八日早……令洪暄引港先回东而去，诸提镇照序鱼贯。至未刻，遥见鹿耳门……令人于斗头将竹篙探水深浅……回报曰：‘水比往日加涨，加涨有丈余。’成功大喜，放炮擂金鼓，打招旗与后面船只好看跟鯮。又密令何斌坐斗头，按图迂回，教探水者点篙，徐徐照应转舵扬帆，呐喊从赤嵌城而进”，运用竹篙探水深浅、打旗招引跟鯮和按图迂回航行的技术。

其三：“四月初十日午后，揆一与诸酋长登台用望远镜照看郑氏水师，少顷，见首船转头向北而上，忽而回东，忽而转北，从者悉依首船行，尽不从炮台边过。王(揆一)顾左右荷兰人曰：‘此港路从来泥沙浅汗，今日唐船何得无碍？岂不异哉？’……俄而见大队舟师已达赤嵌，兵士登岸列队，军威盛壮”，运用善于按图航行和迂回依首船航行的技术。

上举三例，可以证明郑氏水师具有高超的航海技术，是积先辈航海之经验，在实践中具体之运用，而取得卓越之成效。这是郑氏驱荷复台战略取得胜利的条件之一。

郑成功复台的海战和船舰

伍远资

一

明永历十五年（1661年）三月二十二日，郑成功统领复台战船三百多条，从金门料罗湾出发，浩浩荡荡横渡台湾海峡，进入澎湖海面，冒着暴风雨，向台湾进军。四月一日舰队入鹿耳门港，潮水退了，船不得泊岸，得到住民支援，用牛车运载战士登陆，得在赤嵌地方建立据点。鹿耳门港里的炮船也控制了海上和台江的水上交通，军事上短短两天，取得主动优势。

二

接着台江的海战开始了。

在内纳山溪、外吞大海的台江，一片汪洋里，郑成功令宣毅前镇陈泽、陈广等优秀水师将领，领着舰队，展开其威风堂堂的雄姿，开始向敌舰发炮，有几条荷兰侵略者的五桅、三桅战船，像一座一座的高城，也发炮应战。

敌舰靠着优势炮火，猛轰复台舰队，但敌舰高大，海水又深，回转不便，复台军战舰比敌舰小，轻快灵动，水兵矫捷，加上橹桨，飞也似的穿过敌人火线，分头包围，靠近了敌舰，掷上火器，或钉着小火船放火，更勇敢的就上船肉搏。一条五桅的“海克妥”敌舰，就这样被六条最勇敢的复台军舰包围起来，慌乱发炮，百不一中，敌舰火药着火爆炸沉没下去，一条着火，一条逃向大海，复台军海战胜利。

三

郑成功是熟识海事的，他知道荷兰侵略者的战船长二十多丈，宽五六丈，五桅，八面受风，像一座高城，这样大战舰，在海战时斗船力，取胜是不容易的，可是吃水深，笨重不灵活，是它的短处。渡海复台的战船，战略上采取“以小制大，以轻捷制笨重”，因此，复台的战船，大概有：（一）赶缯船，船身长十丈，宽二丈（一说三丈），吃水一丈（一说七八尺）。（二）双帆艍船，比赶缯船小些，这两种船的构造，船身阔，船底略尖，头狭尾张，可破深水大浪，配备桨橹，不管风潮顺逆，都可驶动。船的两旁叫作舨，有板墙保护，战兵就靠在舨里攻敌。（三）炮船，专任炮击敌舰和摧毁岸上炮台、城寨等。此外，还有八桨快船，不任战斗，专供巡查和突击上岸，蜂拥夺取据点的。各种船舰，构造规制各有不同，功用也就不一样。为适应台江港道和对敌战略，郑成功往来金门。经过五个多月，领导修船舰数百条，一直到二程队伍出发才停止。

由于郑成功对敌战略上的正确，结合胜利基本条件：战士生活在海上，久经战斗，勇敢、机智，具有高度反侵略、复国土的决心，得到群众支持，郑成功领导的海战，都胜利了。

四

郑成功军中有“晋同会造船，亳安多驻船”的谚语，是说晋江、同安的人，精通造船，但驶船的人，却多是惠安人。宋元以来，泉州是对外通商大港，造船技术早就很发达，郑成功的造船厂是在金门的后浦、料罗，制造远航商船和战舰，都很有名。

在泉州的东石蔡姓，安海龚姓，金门洪姓，营前的伍、洪等姓，都有受过郑成功委任经营造船的。

泉州人民参加郑成功抗清复台斗争与台湾文化建设

李天锡*

郑成功是我国明末清初杰出的民族英雄。他为了实现抗清和收复台湾的伟大抱负，高举反压迫、反侵略的大旗，在福建一带英勇奋斗。泉州人民积极参加郑成功领导的抗清、抗击荷兰殖民主义者和收复台湾的斗争。遗憾的是，史籍对此具体记载无多。随着对郑成功研究的深入，一些有价值的资料逐渐被挖掘出来。例如，黄汉琴先生撰写了《郑成功部将别录》，笔者也曾撰写《安海人民跟随郑成功抗清复台史料拾遗》一文，等等。本文拟在此基础上，主要从族谱等有关资料对泉州人民参加郑成功抗清复台，以及收复台湾以后的文化建设等情况进行阐述。

一

明隆武二年（1646年），清军入闽，郑芝龙降清。事前，他要其子郑成功一道归顺，郑成功严词拒绝，连夜率部入金门，并呈函其父曰："从来父教子以忠，未闻教子以贰，今父不听儿言，倘有不测，儿唯缟素而已。"（《台湾外记》卷五）后来，他返归故里，携带青衣儒服前往孔庙焚毁，并在孔子像前悲歌泣告："昔为孺子，今为孤臣，向背去留，

* 作者系华侨大学华人研究所研究员。

各有所用，谨谢儒服，唯先师昭鉴之。”（《明季遂志略·岛上附传》）遂即率领志士，起兵抗清，揭开了辉煌壮丽的一页。

据传，郑成功在孔庙焚却青衣以后，经常到招贤桥上去，宣传民族大义，动员人民群众参加抗清义军。某日，郑成功正在桥上慷慨激昂地演说，一群渔民挑着鲜鱼刚好从这里经过，不由驻足倾听，深受感动，立即把鱼倒到桥下，报名参加义军。[①]招贤桥在离南安潘山不远处，因五代王审圭设招贤院而得名。其时，郑成功幕僚沈佺期在《潘山市》一文中写道："不远处有招贤桥，则后人为纪念王氏礼贤下士而建，今犹存。郑忠节焚却青衣，亦曾呼召豪杰于是。"[②]可见郑成功在招贤桥上招募抗清义军是确有其事的。于是，泉州一带的一大批仁人志士便齐集到郑成功阵营中来，投身于抗清复台的斗争。

南安是郑成功的故乡，上述"潘山"就在南安。据说，当时潘山一带有四姓，即潘、薛、庄、林，这四姓中都有很多人跟着郑成功起义抗清，有的还到台湾去打荷兰侵略者。据当地群众潘秀南说，他的祖先潘伯亮，是个武举人，以后跟郑成功到台湾去，在台湾安家立业。听说现在台湾姓潘的有上万人。他还看过潘姓族谱，族谱上也说潘伯亮去过台湾[③]。由是，郑成功军中功勋卓著的南安人不乏其人。上述沈佺期是南安雄山侯源乡（今水头后园村）人。明崇祯年间（1628—1644年），曾任吏部郎中。隆武二年（1646年）八月，唐王被清军俘杀后，悲愤归家，闭门谢客，誓不事清。南明永历元年（1647年），郑成功领兵进攻泉州。沈佺期率九溪十八坝数千乡民响

---

① 王洪涛：《招贤桥》，晋江专署文化局、泉州文联编：《民族英雄郑成功——纪念郑成功收复台湾三百周年》1962年版，第20页。

② 李金表、陈四轩：《逐荷复台中的沈佺期》，《南安文史资料》第13辑，第127页。

③ 厦门大学郑成功历史调查研究组编写：《郑成功史迹调查》，福建人民出版社1962年版，第3～4页。

应，于桃花山与郑成功义师会合，自此成为郑成功的得力幕僚。台湾收复以后，他见台地缺医少药，病危无数，便以救死扶伤为己任，详察病理，亲自采药，拯救了许多军民的生命，被台湾同胞尊为“医祖”。[①]南安水头枫林村人何廷斌为郑成功献图引路已为大家所熟知。同时，藤牌军都督黄丽宇、陆军参将李树华、七十二镇总督李启轩也都是南安人，因为黄汉琴先生在《郑成功部将别录》一文中已有详细介绍，此处不再多赘。此外，南安石井镇溪东村的李仕荣、李仕华、李学老、李卿发、李富等十八人，是郑成功军中的“十八猛士”，据《南安石井双溪李氏族谱》载：“十四世仕荣公，力重五百斤，江尘四起，踞寨劫戮。至郑氏遁台，清兵剿我下平寨，乃同左右十八人，乘夜逃避黄巢寺。僧密报清兵环捉，荣察僧色有变，嘱左右杀僧，逃遁于清，复归郑氏充海兵，围困海澄，在城下巡视，被枪打死。”永历十五年（1661年）李仕华等猛士随郑成功驱荷复台。李仕华屡建战功，被提拔重用；李富也被委为水师二镇先锋营副将。[②]

石狮市的蚶江、石湖两港，扼泉州港湾出口，为军事要地、海防重镇。据传，郑成功曾在这里招募水兵，操练水师。蚶江、永宁一带群众纷纷参加郑成功义军。《锦江（按：即蚶江）林氏五房宗谱》载：“十一世昌裔，字日锦，茂标次子。海上藩前将军，生天启癸亥（1623年），卒顺治丁酉（1657年）八月廿五日。”据杨英《先王实录》载，是年八月十八日，“移师进攻台州府”，二十六日李必率将投降。而林昌裔却在李必投降前一天逝世，估计可能是在李必投降前的某次战斗中阵亡的。郑成功中军统领薛祖武乃蚶江薛厝人。他参军后作战勇猛，所向披靡，清兵望而生畏。永历十五年（1661年），他率领蚶江壮士随郑成功东渡，驱荷复台，立下战功，为开发台湾做出了贡献。[③]永宁沙堤《笋堤（即沙

① 《南安市志》，江西人民出版社1993年版，第874页。

② 李金表：《明郑十八猛士》，《南安文史资料》第13辑，第176页。

③ 《蚶江志略》，华星出版社1993年版，第189页。

堤）东城董氏房谱》载："惟禄公，字胄飞，号述静，静淮公次子。公海上英豪也，甫壮即从郑藩举义，累有功绩，故特蒙主宠任焉。……嗣后，藩主播迁岛屿，公亦在行间"，"淑斋公，乳名寅，讳雄，字胄英，静淮公第三子也。素有大志，好剑术，嗜兵法，课以家人产，淡如也。年甫冠时，郑藩举义恢复，公激于义，募勇士赴之，屡以战功显，蒙超擢焉"。从这些字里行间，惟禄、淑斋兄弟两人在郑成功军中英勇作战、屡建功勋的情形不难想见。永宁《霞泽（即现下宅）陈氏族谱》也载："第十世槐日公，字为卿，系志京公长子。公于伪郑时为熊山主将，行军阵亡。公生于天启癸亥年（1623年）八月十一日辰时，卒顺汉戊子（1648年）二月初二时。"虽然谱中是用贬笔记述，但从中我们仍然可简略知道陈槐日的事迹。"熊山"在晋江内坑镇境内（其时可能是郑军驻地），槐日25岁（或此之前）即为熊山主将，可见他是有过人胆略的。清顺治戊子年即为永历二年。许剑夫在《台湾痛忆》中写道："永历二年三月，成功伐同安，克之，以叶翼云为知县，进攻泉州。"[①]笔者估计，陈槐日可能是在攻克同安前的某次战斗中阵亡的。

泉州（应为现鲤城区或丰泽区）《黄龙榜头吴氏家谱》载：三房十三世祖文林郎，盐运使司，冠带乡宾书念公，讳朝植，印紫公次子，与郑成功举义复明，奉明正朔，众共推为盐运使司。公生明天启乙丑年（1625年）八月初二日，卒清康熙丙子年（1696年）十月初十日，享寿七十有二。吴朝植在跟随郑成功抗清复台斗争中做出了一定贡献是显而易见的。

永春、德化人民也积极参加郑成功领导的抗清复台斗争。永春《桃源魁斗谢氏族谱》载："通议大夫昌岳，后改名维，字绳腾，号摩诘，班最公长子。……年及壮，值明祚将移，于思明州获见国姓大将军，遂投笔以从，授主工官，久不调升。及大将军取东都，既定邑置郡，再逾月，南社群沸，一方骚动，都为不宁。大将军集诸文武议计，

① 方友义主编：《郑成功研究》，厦门大学出版社1994年版，第674页。

众嘿不知所出，先生从鹓班，私语僚友曰：‘此胡足恤。’大将军闻之，趣前曰：‘汝所言之易欤？请详陈所以。’先生曰：‘若果叛我，则必峙，乃刍粮筑其版，斡为守御之具，今皆无之。其蠢然以动也，必土官驭之不得其道。请先发一檄，晓谕朝廷无他意，予兵三百人，某请往如南社，更为改置土官，申立条约，愿以三日奏平。’大将军曰：‘即草檄来，勿少缓。’先生请纸笔，一挥立就，进览，擢为工官给事中，领兵三百，指日前行，如所策以报。大将军叹曰：‘吾无知人之明，有谢某之才与学，近在肘腋，而不能早用之。’爱赏赉有加。自是而后，凡事资以定画，历职至居守工官，即古大司空职。”同谱又载：“茂才讳揆英，字韬，号端百，摩诘公次子，少有志操，熟纲鉴、左氏传，生平作用，皆取材于是。……遭城陷，百姓保之，昼匿于家，夜护以行，卒传送至海上。……世藩稔先生勇敢有材，命管武职，领一军，论功行赏，仍以文衡食二千石。俸不与恒同。”从以上对谢昌岳、谢茂才或详或略的描述中，我们也不难明白，其父子两人均是郑军的重要将领，并立下了显赫战功。在德化，林忠在南埕双坑寨、天平城一带聚众响应郑成功起兵，被封为“德化伯”“定平伯”，后即随郑成功部队转战各地。永历十一年（1657年），郑成功遣林忠袭破永福县，清军守将、县官俱被杀，一时声威大震。[①]

由于在当时的历史条件下，郑成功抗清复台是顺应历史潮流，符合中国人民根本利益的，因而获得包括泉州人民在内的中国人民的积极支持和参与，才能于永历十五年（1662年）彻底驱逐荷兰殖民主义者，使台湾回归祖国的怀抱。泉州人民在参加郑成功恢复台湾的斗争中是做出重大贡献的。

---

① 徐本章：《德化人民支援郑成功、郑经抗清斗争的事略》，《南安文史资料》第13辑，第153页。

二

郑成功非常重视人才的培养，在厦门曾实行考试取仕的办法。当"永历开科粤西，诸生愿赴科举者，赐姓皆给花红路费遣之"(《海纪辑要》)。

永历九年（1655年），郑成功在思明府设六官及察言、承宣、宾客诸司；又设立了类似学校的储贤、育胄两馆。沈佺期、王忠孝、徐孚远、卢若腾、洪初辟、阮旻锡等人即入储贤馆，论诗会文，振兴文坛，影响渐著。沈佺期是南安雄山侯源乡（今水头后园村）人，已如上述。王忠孝是惠安县人，明崇祯元年（1628年）进士，郑成功尊其为客卿。郑成功是一位率领十数万兵马的统帅，也是一位才华横溢的诗人。戎马倥偬之际，他沙场赋诗，马背吟哦，写下了不少闪烁着爱国主义光辉的诗篇。因此，虽然其时东南沿海烽火未断，但在硝烟中却文风蔚然。

清康熙元年（1662年），郑成功逝世以后，陈永华竭力辅助郑经在台湾进行经济建设。陈永华是明末同安秀才。其父陈鼎系举人，于清顺治五年（1648年）八月清兵攻陷同安时殉难。陈永华毅然投笔从戎，赴厦门投奔郑成功，深得成功信任，授予参军，待以宾礼。经过三年努力开发，台湾经济逐渐繁荣起来。康熙四年（1665年），陈永华向郑经建议"建圣庙，立学校"，并以历史上汤武、文王的事例进行开导，说："设学校，以收人才，庶国有贤士，邦本自固，而世运日昌矣。"(《台湾外记》卷十三）郑经接受陈永华的正确意见，建圣庙，设学校，并建起了明伦堂。"又命各社设学校，延师以课子弟。两州三年一试，州试有名者移府，府试有名者移院，院试取进者入大学，三年再试，拔其尤者补六科内都事。"[①]陈永华还通过各种途径，聘请秀才、举人等有识之士

① 许剑夫：《台湾痛忆》，见方友义主编：《郑成功研究》，厦门大学出版社1994年版，第683页。

渡台任教。

由是台湾学风渐盛。随着大陆向台湾移民的增多，不少移民子弟也进入学校接受教育。石狮永宁《银江陈氏族谱》载："第九世廷章公，乳名益，君达公长子也。公为伪藩承天府学生员。学名玉鼎。"据载："明、清时代，凡经过本省各级考试取入府、州、县学的，通名生员，即习惯上所谓秀才。"[①]陈廷章"生顺治己亥年（1659年）五月初九未时，卒康熙戊辰年（1688年）九月初四日辰时"（《银江陈氏族谱》），享年29岁，清政府于康熙二十二年（1683年）统一台湾，可见他是在康熙二十二年前（即24岁前）在台湾承天府"入泮"（获"秀才"资格称"入泮"）的。这是众多族谱中的一则资料。遗憾的是，大多数族谱对此语焉不详，仅载"往台""卒台""卒于台湾"等，其具体情况难于详究。估计类似廷章的情况还有不少。这些人"入泮"以后，除继续进学，"拔其尤者补六科内都事"外，大多数人必定会在台湾继续从事文教工作，为台湾的文化建设做出贡献。

惠安人王忠孝于清康熙三年（1664年）渡台，受到郑经热情接待。他经常参加吟诗活动，著有《东宁友人贻丹荔枝十颗有怀》等诗，留下了一笔宝贵的文化遗产。此外，晋江许吉爆、诸葛倬，惠安张士椰等人，"多属鸿博之士，怀挟图书，奔集幕府，横经讲学，育法先王，洋洋乎，济济科，盛于一时"。

清朝统一台湾以后，在郑氏政权的基础上，加强台湾的文化建设。康熙二十三年（1684年），建立了台湾府学及台湾、凤山二县学，中国封建政府首次在台湾岁科试以取生员。由于台湾草莱初辟，文化落后，入泮较为容易。于是，那些久困科场的大陆学子，纷纷东渡以求进学，泉、漳一带尤甚。石狮蚶江石壁《玉山林氏族谱》载：宏礼少年时"屡试晋水，久困莫售……爰喟然叹曰：'……何不可遨游东宁，聊托

① 蔡友谋编：《中国古代官制兵制科举制常识》，延边大学出版社1999年版，第179页。

一试？’于是登堂拜别，羁迹台湾，凡御史观风月课，以逮府县两试，其夺矛试艺，几于累牍。果也，文宗吴昌祚公岁取入泮”。晋江县曾坑村（现属石狮市）施之东也于弱冠之年，东渡台湾应试，入漳化县学，光绪十七年（1891年）中辛卯科举人。越年（1892年），壬辰科联捷，中二甲83名进士，授职兵部主事。据南安《蓬岛郭氏家谱》载，从第十九世到第二十三世，约当18—19世纪的一百多年中，该族共有19人在台湾进学为秀才。①

清廷还在台湾设置书辽、义学、社学、土番学、民学等，进一步发展文教事业。由是，不少知识分子渡台任塾师。上述《银江陈氏族谱》载："第十一世朝辉，字汉雅，安珀公三子。生康熙甲寅年（1674年）十一月十四日，在台湾教读。"清末状元、晋江人吴鲁的儿子吴钟善曾应林姓之聘，渡台课授经文，并在台湾刊刻其父《正气研斋汇稿》及《百哀诗》。②如此等等，难以一一尽述。

上述清政府统一台湾以后，泉州人民在台湾参与文教活动的情况，似乎与郑成功复台关系不大。但笔者以为，这是在郑氏政权于台湾"建圣庙，立学校"的基础上发展起来的，因而郑成功收复台湾在其中的作用是不可忽视的。

① 庄为玑、王连茂编：《闽台关系族谱资料选编》，福建人民出版社1984年版，第13页。

② 庄为玑、王连茂编：《闽台关系族谱资料选编》，福建人民出版社1984年版，第13页。

郑成功复台探述

骆庆文

一、复台概况

郑成功一生立志做两件大事，一是抗击清朝；二是逐荷复台。然而至1661年春，抗清形势非常不利，云南失守，友军李定国实际失败，张煌言浙海，力量微弱，郑成功自己也于1659年在南京遭到重大失利而退守金门、厦门等几个岛屿。后虽在厦海打败清将达素追兵，但也预料清军将集中更大兵力前来进攻金、厦弹丸之地，难以长久支撑，如欲继续抗清，必须另辟基地，作战略转移，东征逐荷复台。这些情况在会议中他曾对诸将说过："天未厌乱，伪朝犹在，使我南都治势顿成瓦解之形，去年虽胜鞑虏一阵，伪朝未必遽肯悔战……"到后来挥师东征，兵围台湾城时也谕示过："余之此举，本无须告你公司，但亦不隐，为与清朝继续作战，余今必须台湾……"到1662年他写的《复台》诗首二句云"开辟荆榛逐荷夷，十年始克复先基"。其意更痛切地说明他对收复台湾的艰苦经营和长期积虑已从1652年台湾义士郭怀一起义时就顾及了，是的，1661年前，他以抗清大局为重，但不忘复台，现在决定开展逐荷复台，也是为了抗清，他这样处理二者的相互关系是正确的。

永历十五年（1661年）农历正月，郑成功在厦门召集诸将议取台湾，他分析形势后遂提出："前年何廷斌所进台湾一图，田园万顷，沃野千里，饷税数十万，造船制器，吾民鳞集所优为者，近为红夷（指荷兰人）占据，城中夷伙不上千人，攻之可唾手可得。我欲平克台湾，以为根本之地，安顿将领家眷，然后东征西讨，无内顾之忧，并可生聚教训也。"足见他收复台湾的意志是非常坚定的。于是在会上便得到部将们的支持，在统一思想认识下，最后做出东征的决策，同时根据何廷斌提供的情况，选择于鹿耳门为东征大军的进攻首程航道。正在此时，台湾百姓也在荷夷苛重田税及人头税的残酷剥削下呻吟生活，正渴望大军去解救他们。郑成功旋即移师金门，筹军备粮，赶修兵舰，两三个月后，便把五万将士，分作两程出发。首批于三月二十三日（4月21日）誓师东征，两万五千官兵，三百艘战舰，从料罗湾启程，越日未刻抵达澎湖，三十日晚三更时辰继上征途，四月初一日早，舰临鹿耳门外，午后乘潮绕入鹿耳门，敌防稍一接触便破，是晚便从禾寮港登岸扎营，占领了滩头阵地。登陆成功后，立即包围赤嵌城（今台南），城防司令描难实叮看无法救援，大势已去，初四日献城投降。郑军初战告捷，乘胜包围荷夷侵台头目揆一的统治中心台湾城，采取围敌打援的对策，八月以小制大，以轻捷制笨重的优势击败由巴达维亚（今雅加达）派来的荷兰殖民政府的海上援军舰队，使司令官布、考乌抱头鼠窜，逃之夭夭。十二月上旬，郑成功发起猛攻，夺取台湾城战役开始，首先夺取该城外堡，继而居高临下集火力于城间并开展政治攻势，谕示荷兰侵略者说："台湾者，中国之故土，久为贵国所踞，今我既来索，则地当归我。"严正地声明台湾是中国的神圣领土，非收回不可，同时提出招降的优待条件。经过三次陆战两次海战的八个月的斗争后，荷兰台湾总督揆一坐困孤城，援绝粮空，势穷力蹙而哀叹地说："就使再次向巴城求援，也无济于事了！"终于在永历十六年十二月十三日（1662年2月1日）投降，不久撤离台湾，自明天启四年（1624年）被窃踞三十八年之久的宝岛，回归祖国的怀抱，驱除荷虏，一代英雄，郑成功名垂青史。

二、成功之路

郑成功经过八个多月的逐荷斗争，所以能取得胜利，复台成功，其原因是多方面的，但主要有主客观两点。

主观方面：郑成功有鲜明的政治目标和正确的政策与策略。他一再强调台湾是“中国故土”。收复台湾是中国人民的神圣职责，驱逐外夷，反对侵略。这在今天更有重大的现实意义。还有由于他克服种种困难，能调动积极因素，汇成一股巨大力量，这就是他成功因素之一；他是三百年前中国反侵略的民族英雄，是十七世纪东方反殖民主义的先锋，是当时中国海军的创建者，在他领导下的抗清复台运动是顽强英勇百折不挠的伟大斗争。日本学者赞评他说：“他有伟大之希望，有统御之威力，是组织奇能之大英雄，实不愧为创世之英才。”

客观方面：包括了天时、地利、人和三个因素。

天时因素：可从政治时机和气候条件两方而来说，政治时机是南明政权继续建立，希望复国，他们把希望寄托于郑成功；同时，台湾百姓受红夷（荷兰人）欺凌，希望赶走侵略者，郑成功举起抗清复明、复台逐荷的爱国主义大旗是最有呼召力和最有代表性的，赢得广大将士和人民大众的支持的。

气候条件：郑成功是一位杰出军事家，他深知跨海作战所需具备的条件。海埕进军，有时因风候稽延，或至战役不下，所以对于季节规律、气候变化、潮汐涨落等的天情海情他是极端重视的。在整个跨海东征过程中，他对行军时间的选择，显出他的天文才能。首先，他所以选择三月誓师，是因为三月在太平洋域内的东海还吹东北风，可依赖它的风势从金、厦横渡台湾海峡直抵台南和安平，此乃是荷兰侵略者占据的赤嵌和台湾城所在地。其次，东征军抵达澎湖时，突遇几日台风，但他能掌握天色变化规律，在风雨如晦的三十日三更时辰，郑成功毅然下令起锚进军。果然，不久台风静止，而军已至台南外围的险地鹿耳门外了。还有，选择进军鹿耳门港道，此港水浅弯窄，它是一条天然险道，行船十分危险，敌人没重点设防。郑成功利用“初一、十五”大潮，用小船领航，大船接后驶进，沿着迂回曲折的港道，船队悄悄地鱼贯绕入鹿耳门，在禾寮港登陆，荷兰人猝不及防，要发炮阻拦已经来不及了。

地利因素：郑成功自从1646年入海在南澳起兵以来，其活动范围都在沿海地带。嗣后在1661年从南京退守据此之后，继续募集军队，兵源也都来自闽广沿海之民。金、厦二岛虽是弹丸之地，但它临海，近台，港深，是练兵的好地方，经过郑成功的严格训练，一支纪律严明、勇敢善战的队伍壮大起来了。这支海上劲旅后来纵横东南沿海，一举战胜号称“海上霸王”的荷兰铁甲舰队，把侵略者赶出台湾去。

人和因素：台湾是我国神圣领土，台湾人民是我们骨肉同胞，郑成功驱荷复台的行动，是伟大的爱国主义正义事业，符合中华民族利益，凡是炎黄子孙，莫不赞同，因此人心归向。在统一和收复国土的共同目标下，首先，许多部将如马信、杨英他们从反对郑芝龙降清，转而拥护郑成功，服从命令，听从指挥，同甘共苦，收复国土，当时有爱国志士赋诗赞颂曰：“骑鲸直入鹿耳门，气压荷兰十万兵。莫道东方男子少，赤嵌城下拜延平。”

其次，台湾海峡两岸的人民大众之踊跃献粮、修船、参军、慰问、引航、献策、围敌、通报敌情等的支持，使郑成功的军队如鱼得水，越战越强，这也是复台胜利的重要因素。在逐荷斗争中，最先就遭到粮食缺乏的威胁，但在金门备战时，群众就自动献粮了，到了澎湖候风时，因海岛不产米谷，而人民却自动捐献薯、麦一百多石，登陆台湾时，群众配合军队查获荷军囤积粟麦六千石，大陆的群众也不因清朝“片板不得下海”的禁令，冒险沿运粮食售给复台军队。特别是泉州民众对郑成功的抗清复台支持极大。至今还流传郑成功丰州焚青衣，募兵在招贤的故事，首先参军的是泉州人。在准备复台造船时，泉州人积极支持。郑成功军中有“晋（晋江）同（同安）会造船，惠安多驶船”的谚语。当时以泉州东石蔡姓、安海龚姓以及金门洪姓，营前伍姓、洪姓为精通的。另者，在跨海东征时，许多水师战舰上的舵公，都是出自熟悉航路的泉州人。当日东征军水师船舰，是从晋江的梅林、祥芝、深沪等港出发的，后来复台时，郑成功把热兰遮城改为安平镇，这表现他对泉州有眷恋之意。还有台湾各族人民群众也非常欢迎与拥护，登陆时，当时有这样记载："数中国人云集以迎之，郑氏之来，全岛人民归向，高山族人民亦相助杀敌……人民驶来到海滨牛拉的车子，在几点钟中运送了二万多部队的辎重。高山族村社头人率先拜访，表示拥护，接着，南北各番社纷纷归附。郑成功既是军事家、又是一位极有政治才能的人物，他注意民族政策，他团结高山族，严饬部属，不许侵犯土民和百姓田园财产，军队所到之处，秋毫无犯，他自己也到新港、麻豆等地巡视，深受男妇壶浆，迎者塞道。"郑成功也设宴招待，并赠送礼物，军民团结如一人。

最后，还要谈谈爱国主义义士何廷斌等人的贡献，1659年底郑成功江南归兵时，何廷斌第二次使厦，献图说："公何不取台湾？台湾乃公家之故土，有台湾不患无饷，台湾沃野千里，鸡笼、淡水、硝磺有焉，其地又横绝大海，肆通外国，耕种可以足食，兴贩铁铜可以足用，十年生聚，十年教养，真霸王之区也。"这个建议对郑成功挥师东征起了很大促进作用，其后他秘密地勘港道，制城型，备军需，通情报，作引航，做向导，教俘虏，以及配合大军袭击敌人。他们用实际行动来表明他们的爱国热忱。

民族英雄郑成功收复台湾的爱国功绩

陈国强 *

郑成功是福建省南安县石井人，生于明天启四年（1624年），正好是荷兰殖民者开始侵占台湾的那一年。他的父亲郑芝龙年轻时到日本经商，和平户（今长崎）田川氏结婚，郑成功是长子，幼名福松，后改名森，字大木，七岁回到家乡，目睹沿海人民遭受外国殖民者侵略的苦难。后来，他到南京读书，隆武皇帝见他聪明爱国，文武全才，赐给他国姓朱，改名成功，封为招讨大将军。因此。在民间和记载中，又称郑成功为“国姓爷”。后来，郑成功又被明朝封为延平郡王。

郑成功一生的主要功绩是率军驱逐侵占台湾达38年的荷兰殖民者，收复台湾，使台湾归回祖国怀抱，让广大台湾汉族和高山族同胞，回到祖国统一多民族大家庭中来。并且在台湾从事建设，推动台湾政治、经济的发展，为建设祖国美丽富饶的宝岛台湾做出了伟大贡献。郑成功统一祖国、建设祖国的爱国英雄业绩，320年来，受到包括台湾同胞在内的全国人民的纪念和学习，大家从郑成功英雄事迹中汲取力量，发扬爱国主义精神，继续为保卫祖国、建设祖国做出贡献。

---

* 作者系厦门大学人类学研究所教授，本文是其在“纪念郑成功收复台湾三百二十周年座谈会”上的讲话。

一、郑成功收复台湾以前，台湾和祖国大陆的密切关系

台湾是祖国东南美丽的宝岛，自古以来就是中国领土。根据考古学家的研究，台湾在远古时代和大陆连成一片，1970年在台南县左镇乡发现了三万年前的古人类化石，名叫“左镇人”，左镇人和大陆上同时代的“山顶洞人”是堂兄弟关系，他们是经长途跋涉来到台湾的，当时台湾西北部和大陆仍有部分相连着。1968年以后，在台东县长滨乡发现一万五千年前的“长滨文化”，据研究，当时台湾已被海峡和大陆隔离，长滨文化的主人是乘独木舟渡海来到台湾的，这也可说是两地通航的开始。

《后汉书》《三国志》、沈莹的《临海水土志》等文献详细记述了当时台湾的自然环境和物产，称当地居民为“山夷”“夷州人”，即高山族祖先，这也是高山族名称的来源。三国孙权在230年（吴黄龙二年）派遣将军卫温、诸葛直到夷州，带了几千个夷州人回大陆，这是台湾和祖国大陆最大规模的接触，从汉代到隋代，大陆同胞来到了台湾，但当时建设台湾的主力是高山族的祖先。

宋代到明代，大陆同胞陆续迁入台湾，和高山族同胞一起，共同建设和开发台湾。南宋时，有一部分台湾高山族同胞（史称毗舍耶）曾到泉州的水澳、围头一带，寻求铁器。元代为了加强对台湾澎湖的管理，在澎湖设立了巡检司。明代以后，大陆商人到台湾贸易增多，用瓷器、布匹、日用品交换台湾的土产鹿皮、鹿脯、硫黄等。据载，当时汉族商人受到高山族同胞的热情欢迎，台湾同胞碰到熟人，都邀请到家里喝酒吃饭。在广大大陆和台湾同胞的努力开发下，美丽富饶的台湾成为祖国的宝岛。

从16世纪开始，外国侵略者的魔掌便伸向我国台湾。16世纪中叶，倭寇侵入台湾，部分高山族被迫迁居山地。16世纪末，葡萄牙殖民者航海经过台湾海峡，看到台湾山川秀丽，景色宜人，惊叹说："伊尔哈·福摩萨"（Ilha Formosa），意为"美丽的岛屿"，从此外国殖民者擅称台湾为"福摩萨"，这是个带有侵略性的名称。

17世纪初，福建沿海人民如颜思齐、郑芝龙等曾到台湾活动。颜思齐是福建海澄人，于1621年（天启元年），到台湾北港一带从事农业生产。后来，郑芝龙还组织福建居民数万人到台湾开垦，对台湾的开发贡献了力量，这些都是铁的历史事实。

也在这时候，荷兰殖民者组织东印度联合贸易公司，同葡萄牙、西班牙争夺东方殖民地利益。荷兰殖民者在1604年首次侵占澎湖，被明朝派兵赶走。1622年，荷兰又调集战船17艘，再度侵占澎湖，明朝再派兵于1624年击退。荷兰殖民者转而侵占台湾西南部，建设台湾城（热兰遮城）和赤嵌城（普罗文查城），作为殖民统治军事据点。在台湾进行残酷的军事镇压和敲骨吸髓的超经济剥削。面对荷兰殖民者的统治压迫，广大爱国台胞曾掀起无数次的反抗，其中最有名的是1652年郭怀一起义。这些反抗起义，沉重打击了荷兰殖民统治。台湾同胞最后配合支持郑成功收复台湾。

二、郑成功驱逐荷兰殖民者收复台湾

在广大沿海人民和台湾同胞的支持推动下，郑成功收复台湾是经过长期的准备的。早在1650年，有个荷兰耶稣会传教士就向荷兰殖民当局报告：国姓爷要进攻台湾。1652年郭怀一率领16000名台胞反抗荷兰殖民者，也得到郑成功的支持和鼓励。郑成功收复台湾后，曾写了《复台》诗，其中有"开辟荆榛逐荷夷，十年始克复先基"，也是从1652年开始算起的。1657年，荷兰派一代表和通事（翻译）何斌到厦门，表示愿向郑成功纳贡，但希望保持通商。何斌是个爱国台胞，他私下接受郑成功委托，在台湾代郑成功征收船税及其他赋税，从这事可见台湾同胞对郑成功的支持。后来，何斌还秘密和台湾同胞测绘了鹿耳门港道地图，献给郑成功。

1661年，郑成功在做好军事准备后，2月在厦门召开军事会议，进行部署。3月，从厦门到金门，修造船只，于4月21日（永历十五年三月二十三日）中午，亲自率领25000名官兵，大小战船数百艘，从金门岛的料罗湾出发，第二天到达澎湖，因遇风在澎湖停了几天。于4月30日才到达台湾西南部海面。在何斌的引导下，避开荷兰台湾城猛烈炮火控制下的大港，从鹿耳门港子中午涨潮时进入大海湾，在赤嵌城北部的禾寮港停泊。有几千个台湾汉族和高山族同胞，驾着牛车，帮助郑成功军队从沙滩登岸，不到两个小时，成千上万的郑成功军队登陆台湾。

郑成功军队先在北线尾岛大败荷侵略军。在海战中，又以小胜大，用小船围攻荷兰大甲板船，击沉赫克托号。在水陆战斗中取得胜利后，进一步围攻赤嵌城。赤嵌城荷兰守将描难实叮率领四百名侵略军，凭恃城坚炮猛，负隅顽抗，连攻数日。后来，熟悉赤嵌城情况的台湾同胞告诉郑成功，城内无水井，依靠城外高山泉水流入，只要堵塞水源，荷兰鬼就会缺水投降，郑成功命令士兵把赤嵌城外水源堵塞，荷兰描难实叮看到援兵不来，没水饮用，只好在五月四日献出赤嵌城，投降郑成功。

郑成功断水收复赤嵌城后，就挥师围攻台湾城。台湾城内荷兰侵台长官（总督）弗里德里克·揆一也开炮顽抗，不肯投降。为了避免伤亡牺牲，郑成功采取围困战术。这时候，各地台湾同胞纷纷主动组织起来，同仇敌忾，配合郑成功军队打击侵略者，并且表示归附郑成功，回到祖国怀抱中来。最先是赤嵌附近新善、开感等里的高山族长老前来表示归附郑成功。郑成功设宴接待，赠送他们袍、帽、靴、腰带等。各地台胞接着陆续前来归附，郑成功也照例设宴接待，得到台湾同胞的欢迎支持。郑成功在到达台湾的第十二天，就率领官兵到蚊港及新港、目加溜湾等地视察，所到之处，台湾同胞夹道欢迎，盛况空前。远在北部的台胞，在郑成功军队到达以前，也主动组织起来，冲击荷兰城堡，焚烧荷兰房屋，夺取荷兰船只，杀死荷兰侵略者，积极配合郑成功军队把荷兰殖民者赶出去。

在巴达维亚（今印度尼西亚雅加达）的荷兰殖民当局，知道郑成功进攻台湾的消息后，在七月派遣以考乌为首的援救船队，8月到达台湾。9月16日，荷兰侵略军倾巢出动，分水陆进攻郑成功军队。郑成功早有准备，严阵以待。战斗结束，荷兰大败。从此，荷兰侵略军龟缩在台湾城内，不敢外出。考乌也借口乘船从台湾偷跑回巴达维亚去。

1662年1月，郑成功准备发动进攻。1月25日，郑成功军队用28门大炮，攻击台湾城南部的乌持利支堡，在两小时内发射了2500发炮弹，当天晚上夺取乌持利支堡，逼攻台湾城。这时，荷兰侵略者九个月来战死饿死达1600多人，城内只有600名侵略军，因长期作战，已士无斗志。在大兵压境情况下，揆一只好在2月1日签订投降书，献出台湾城，投降郑成功。

1662年2月1日是个光辉的节日，郑成功终于驱逐全部荷兰殖民者，收复祖国领土台湾。在世界人民反对殖民主义史上，写下了光辉灿烂的一页。

三、郑成功开发和建设台湾的贡献

民族英雄郑成功于1661年4月30日到达台湾，1662年6月23日（永历十六年五月初八）因病在台湾逝世。他在台湾的一年又近两个月时间内，积极领导和从事台湾的建设和开发工作，大力消除殖民痕迹，在政治、经济和民族关系三方面做出了巨大的贡献。

在政治方面，郑成功废除荷兰侵略者的一切殖民体制和机构，按照大陆政制建立府县。设承天府于赤嵌城（今台南市），设天兴县于承天府北（今嘉义市），设万年县于承天府南（今高雄的凤山），改台湾城为安平镇，后又在澎湖设立巡抚司，并且任命府、县的管理人员。郑成功还整顿法纪，严惩违法官吏，他厉行法治，执法如山。碰到官吏犯法，不论文官武将，按法论处，就在驱逐荷兰殖民者战斗中，郑成功会集文武官员，审问搜掠台湾同胞银两和盗匿粮食的罪犯，判处宣毅后镇吴豪死罪，虎卫右镇陈蟒捆责革职。后来，又因镇兵告发官吏用小斗扣克减发军粮，郑成功查证落实后，杀承天府尹杨朝拣、知县祝敬，斗给陈伍等人示众。这是对违法文官武将严厉处分的例子。正因为郑成功执法如山，才保证了当时的安定团结。

在建设方面，郑成功注重农业生产，寓兵于农，施行屯田，减轻人民负担。他见到台湾土地肥沃，地多人少，遂召集诸提镇、参军会议，决定只留勇侍二旅，守卫安平镇和承天府，其余各镇官兵分到各地开垦耕种，要求官兵“有警则荷戈以战，无警则负耒以耕刀”，农闲训练军事。郑成功还发布屯垦的八条命令，严格规定：准许文武官员眷属，在承天府按人口多少圈地创置田园，允许各镇官兵在派拨汛地开发土地建筑房屋，同时保护台湾汉族和高山族同胞的原有耕地和利益，不准文武官员混圈侵占，如有违犯，法在必究。这些规定既调动了官兵开发土地的积极性，也保护了台湾同胞的原有利益。对发展台湾农业生产，安定社会秩序，都起了一定作用。此外，郑成功还改革税制，发展贸易，便利了人民群众的生活。

在民族关系方面，郑成功奖励沿海移民，增加建设台湾的劳动力，向广大高山族推广先进耕作技术，加强了民族团结。郑成功目睹沿海人民受清廷锁海政策的祸害，流离失所，命令部属帮助沿海人民到台湾参加农业生产。于是，福建的漳州、泉州，广东的潮州、惠州等地人民，很多渡海移居台湾。大陆同胞和台湾同胞一起，共同开发台湾，建立家园。郑成功父子在台湾的二十三年间，北自鸡笼（基隆），南到琅峤（宜春），陆续出现了新建设的城镇，如琅峤、彰化、云林、新竹等，都是在这期间形成的。

郑成功还注意团结、帮助高山族同胞，他除了到高山族村社巡视外，还派兵都事李胤监督各镇官兵，不准搅扰高山族社村，后来又派洪开、祁辟管理高山族村社。所以连荷兰侵略者也承认，郑成功兵士对台湾同胞一点也不干扰。

当时在高山族居住地区，耕作技术还很原始，没有铁农具，用手拔稻穗，一甲（十一亩）田往往要采拔数十日方能收完，也不知用牛耕。户都事杨英向郑成功建议：每个高山族村社发给汉族农民一名，铁犁耙锄各一副，耕牛一头，向高山族推广先进的农耕技术。这样一来，不仅促进了台湾地区农业生产的发展，也促进了汉族和高山族同胞的友好密切关系，加强了民族团结。

郑成功对建设开发台湾的贡献，是台湾同胞和大陆同胞团结一致，建设祖国的历史见证。

郑成功治军与抗荷复台重大战役浅述

王丽水

郑成功是明末清初杰出军事家，年少授孔教，又好学兵书，堪称文武双全。从隆武二年（1646年）起兵金门，至永历十六年（1662年）卒于东宁，在十六年的长期斗争中，他针对时弊，进行改革，建立一套治军方法，因此，能用金、厦一隅之地，击败弓马娴熟新兴的满洲八旗劲旅，战胜了船坚炮利的荷兰侵略者，取得了辉煌成就。主要原因是他在军事方面对练兵、带兵、用兵都有独特之处，并能建立五大商行，进行内外贸易，以供军需。善于运用《孙子兵法》《春秋左传》诸战略、战术原则达到克敌制胜目的。

治军方法

健全组织：重视编制，采取整军经武办法，在全军设五卫亲军：（一）左武卫镇；（二）右武卫镇（出亲丁镇、左右戎旗镇、左右武骧镇改编）；（三）左虎卫镇；（四）右虎卫镇（由左右骁骑镇改编），每镇设总兵一员；（五）銮仪卫，辖亲随前后左右中五营，这是郑成功的侍卫军。亲军以外，有前后左右中五军，是作战主力部队。设总督五军戎政一员，总制五军。设提督一员，主每年征战机宜，并设总理监营一员，左右协理监营各一员佐之，同各提督出征，凡有军机重务必由报闻。军以下为镇，镇有五常镇、五兵镇、五行镇、五援镇、五冲镇、五宜镇。镇以下为协。每镇设前后左右中五协，协设协将一员，副将衔；每协辖正领班五员，每正领班辖副领班二员，参将衔；每一副领班辖班长、冲锋官各一。班长与冲锋官均守备卫，辖士兵五十名，每镇合计士兵二千五百名。此编制有两大特点：（一）编制采用五五制，每镇用中协作预备队，前后左右四协配置相等兵力，战时不管受何方向敌人的进攻，都有充分的力量来还击。（二）全军设置总督五军戎政，主持作战计划，分层节制的严密组织方法，使军队指挥集中，力量强大。

加紧训练：永历元年建演武场于厦门，开始做大规模的训练，以后相继在金门后埔练兵。颁行营盘法，建澳仔演武亭，亲自检阅各兵操练，修改"五梅花操法"，制定"各镇合操法"和"水师水操法"，调各乡勇训练铳器，日令乡勇新兵集合于思明，亲督操练铳炮，调各提镇轮班回思明，选练虎卫镇兵披挂，早晚穿戴操法两次，一日考试武艺，一日考试弓箭。在北伐行军中，于舟山、盐澳、大小门澳、永胜州各地以迄同师思明整训，对于训练工作始终不懈。他练兵治军方法，用戚继光束伍遗意，几乎无时无地不在训练之中，故在海上战斗称"风吼涛立，踏浪如飞"；在陆地战斗，能"屹如山岳，不可摇撼"。当时自称"天下莫敌"。

军纪严明：军队进退均凭号令行事，十分重视军令，每一战役，令监督监营在军前持铁竿红旗一面，大书着"军前不用命者斩，临阵退缩者斩"，副将以下当场枭示，战役终了召集提镇文武，把战争中军队优缺点加以分析总结，公议官兵功罪。在各次战役受枭示者有：正副将领陈震、曾猛、林德、王怡、蔡飞、苏茂、欧秉敬等，降级捆责者亦不少。论功有首功、次功、又次功三等。军令严明另一方面，是严禁军队扰民，公布"出军禁条令"，严禁奸淫、焚毁、掳掠、宰杀耕牛，如违犯枭示，大小将领从重连罪，不论官兵役伙拿报首明者赏。王法无亲，清将马德功中左所，他的叔父芝莞因不抵抗遁逃，立依法处斩。北伐师抵湄州，兵士因取水拾得人民一只鸡，监营把兵士解送，甘辉时任总镇，自认统驭失律，去衣请责十棍，犯兵枭示，协司哨队捆责。永历十二年，大军攻克盘石卫，副将胡雄伙兵因藏一妇女连罪处死。难怪张煌言在北征纪略中说："俨然王师气象。"他的军队纪律精，能做到令无不行，禁无不止，四方闻风向化，百姓壶浆迎师，很受广大人民和台湾少数民族的拥护。

督造船械：郑成功的水师船舰大多亲自督造。计有大熕船、水艍船、犁增船、沙船、乌尾船、铳船、快哨等八种，是水师主力船舰和辅助船舰，军队武器有铳炮、灵熕、火熕、连环熕、百子炮、攻城大铳，是陆师攻坚所用，都是重武器。神机铳，千花铳、百子花钎铳、鸟枪、鹿铳、连珠火箭、喷筒、火罐、倭刀、云南大刀、不空归木棍等，则是水陆师通用的轻武器。装备：除金龙甲外，最特殊的有全铁披挂、滚被、团牌等。战时由铳矢不入的铁人军，立在阵前，专斩敌兵马足。以上所列，确实是船坚械利，得以在军事上取得多次的大胜利。

东征收复台湾

台湾自古是中国的神圣领土。郑成功驱逐荷兰殖民者，收复台湾，这是保护祖国领土的神圣事业。自1624年（明天启四年）荷兰殖民者侵入台湾后，便在台南建筑石城，名热兰遮，后来再建赤嵌城。拥兵逞凶，对人民肆行剥削。

满洲贵族侵入中原、江南和福建，国内的民族斗争，正在激烈地进行着。郑成功首先肩负起抗清斗争的任务，连年战斗，没有余力收复台湾。然而，他没有一刻忘却这块领土，这是成功收复台湾的第一个原因和动机。1659年，成功自南京败归，实力锐减，根据地有所削弱。次年漳州海门港之战，大胜清军，扩充了部队，恢复了士气，巩固了根据地。但是清朝在北方出现了统一的局面。西南以李定国为首的抗清运动，也因寡不敌众，进入衰弱阶段，西南也逐渐归顺清王朝。清朝迟早会从南北调动更多的兵力，对付厦门。成功是高瞻远瞩的政治家、军事家，他不能不考虑厦门将面临愈来愈严重战争局面。为继续抗清，乘着有利的时机，调动兵力，用迅雷不及掩耳之手段，出其不意，攻其不备，一举收复台湾，把他作为厦门大后方，军事补给站，加强抗清力量。这是他收复台湾的第二个原因和动机。与此同时，台湾人民起义抗荷失败后，推举代表何廷斌等渡过海峡，请求成功收复台湾。顺应人民的请求，即时出兵，必然会获得广大人民的协助和支援，胜利更有把握。这是成功收复台湾的第三个原因和动机。

郑成功在抗清的同时，坚持和侵占我国台湾的荷兰殖民者展开长期的斗争。清顺治九年台湾爆发郭怀一领导的抗荷武装起义，曾得到郑成功的策动与支持。为了抗议荷兰殖民者在海上的掳掠，曾下令沿海各港澳，禁止商船到台湾贸易。台湾爱国者何廷斌于清顺治十六年乘荷人不备逃来厦门，把台湾地图及赤嵌城模型献给郑成功。郑成功于1661年2月，召开收复台湾军事会议，决定亲自率领东征。

1661年4月21日，郑成功率军25000人，战船350多艘，从金门料罗湾誓师出发。第二天抵达澎湖。25日又从澎湖出发，至柑桔屿时，因遇风，折回澎湖。29日晚冒着狂风暴雨，从澎湖向台湾挺进。30日，大军在何廷斌的向导下，利用鹿耳门潮水大涨，出敌不意，在台南登岸（禾寮港）。郑成功登陆时，当地居民赶来热烈欢迎。他们带来工具、货车，帮助军队登陆。高山族人民也送来酒食，慰劳军队。在人民的支持下，郑成功的军队包围了荷兰殖民者的据点赤嵌城（今台南安平），赤嵌城的荷兰军抵挡不住，很快投降了。郑成功的军队又继续进攻另一个据点台湾城（今台南）。驻守台湾城的荷兰总督揆一派人求见郑成功，表示愿送十万两白银，年年纳贡，要求郑成功退出台湾。郑成功严词拒绝了。

郑成功谈判艺术初探

柯其成 *

民族英雄郑成功坚持抗清达16年之久，1661年挥师东渡，驱荷复台，在军事上战功赫赫，不愧是杰出的军事家。在同内外敌人的谈判斗争中，他文韬武略，有勇有谋，充分显示出高超的谈判艺术与政治外交风采。本文拟就郑成功的谈判艺术做初步的探讨。

17世纪上半期至中期，荷兰殖民者窃据台湾。过去某些专家学者在谈论郑成功收复台湾的动机问题时，过分强调郑成功收复台湾是为了抗清，认为郑成功北伐新败，仅剩弹丸之地金、厦，复台的目的是想把台湾作为抗清基地。应该说，何廷斌向他献台湾地图，促使他下定决心收复台湾，如果把这作为收复台湾契机或动机之一，乃无可非议。驱荷复台使郑成功升华为伟大民族英雄而彪炳史册，使其成为包括东方许多被压迫、被侵略民族的反殖民主义国际英雄。郑成功，不仅在战场上军功卓著，其军队成为东南半壁山河抗清的主要武装集团，而且在谈判桌上成就斐然。古今中外，不乏事例，一般在军事上失败后，往往借用谈判，争取喘息时间，麻痹对方斗志，采取突然袭击手段，达到在战场上得不到的东西。在血与火严酷的战场上，郑成功经受了严峻的考验；在与敌人谈判斗争中，郑成功同样经历严峻的磨炼。谈判，虽然没有硝烟

* 作者系泉州师范学院历史系教授。

弥漫，但处处有陷阱，险象丛生，唇枪舌剑，需要大勇大智。对此，郑成功能保持冷静的头脑，高度警惕，不上或少上敌人的圈套。

清廷挟持郑成功之父郑芝龙在北京做人质，并通过郑芝龙诱降郑成功。郑成功“将计就计，权借粮饷，以裕兵食”[①]。从永历七年（1653年）五月至八年九月，先后与清廷进行三次和谈。在谈判中，他坚持“不剃发易服，并要求给予三省之地安插部队，不奉东西调遣，不受部抚节制”为条件，同时利用和谈，乘敌不备之机，袭击沿海诸县，补充粮饷与兵源，将队伍扩充至10余万人。待谈判破裂，即发动强大攻势，迭克漳、泉两府诸属县，并占领仙游，威逼福州。

郑成功在收复台湾前，与荷兰殖民者进行了几次交锋。坚持耐心等待，积极准备，周密计划，采取有理、有利、有节的斗争策略。

他对荷兰殖民主义者侵占台湾和奴役台湾人民的种种行径表示极大的民族义愤。在同荷兰殖民主义者海上贸易斗争的第二回合中，曾传示各港澳并东西夷国州府，不准到台湾通商，由是断绝两年，“船只不通，货物涌贵，夷多病疫”。荷兰新任台湾长官揆一在1657年曾派代表谒见郑成功，要求恢复通商，表示愿“年输饷五千两，箭坯十万支，硫黄千担”[②]。郑成功在收复台湾工作准备未充分时，暂时答应其通商要求，由厦门派一些商船到台湾去。

1660年，荷兰台湾长官揆一为窥探郑成功的军情，又派使臣携带钱物至厦门向郑成功“议贡”。郑成功为稳住敌人，迷惑敌人，照收不误。

谈判是斗争与妥协、进取与让步的辩证统一体，谈判是一项专业性很强的学问，必须掌握原则性与灵活性相结合的基本策略，坚持原则而不死板，注意灵活，但不出格，谈判要有实力做坚强后盾，原则性是前提，灵活性则是落实原则性的保障。

① 杨英撰、陈碧笙校注：《先王实录》，福建人民出版社1981年版，第62页。

② 杨英撰、陈碧笙校注：《先王实录》，福建人民出版社1981年版，第153页。

在处理与荷兰的谈判关系时，郑成功站在代表中华民族和国家利益的高度，维护中华民族的尊严，捍卫中华民族领土完整和国家主权独立；同时又与世界各国建立民族平等和睦相处、和平友好贸易往来。当时，收复神圣宝岛台湾是郑成功坚定不移的决心和原则。

揆一在《被忽视的福摩萨》一书中，曾经记述郑成功的庄严宣告："该岛一向属于中国的……现在，中国人需要这块土地，来自远方客人，应把它归还原主，这是理所当然的事。"[①]郑成功理直气壮地指出，台湾是中国的神圣领土，收复台湾是天经地义、理所当然的事。连横在《台湾通史》一书，精释郑成功对荷兰劝降书中，义正词严地指出，"台湾者，中国土地也，久为贵国所踞，今既来索，则地当归我，珍瑶不急之物，悉听尔为"。在这里，郑成功大义凛然，理直气壮，申明台湾是中国的领土，绝不允许侵略者染指，强烈的爱国心、报国志表现得淋漓尽致。

在驱荷复台的战斗中，郑成功娴熟高超的指挥艺术更是得到充分的发挥和运用。

首先在军事上，郑成功于1661年4月21日亲率将士25000名分乘战船数百艘，从金门料罗湾扬帆东征，一夜间，大军浩浩荡荡直抵澎湖群岛，稍作休整，又下令全军将士冒狂风恶浪，奋勇向台湾岛前进。东征军船队直抵鹿耳门外，出敌不意，攻其不备，胜利登陆台湾岛。经过海陆战斗，击败荷兰殖民者侵略军，郑成功要荷兰殖民者离开台湾，并限于5月4日上午8时以前作出决定，是否离开全岛，还是继续顽抗，以白旗或血旗为标志。描难实叮在赤嵌城挂白旗投降，守台湾城的揆一则挂血旗顽抗。于是，郑成功集中优势兵力围困台湾城，运用围城打援战术，严密封锁台湾城，多次击溃荷兰殖民者从巴达维亚大本营调来的援军。揆一痴心妄想，采用缓兵之计，妄图争取喘息时间，困兽犹斗，妄

---

① C. E. S.：《被忽视的福摩萨》,《郑成功收复台湾史料选编》，福建人民出版社1982年版，第153页。

想以十万两白银为条件，要求郑成功退兵。郑成功断然拒绝，敌人又无理要求保留台湾城，允许荷兰人自由出入，同样遭到郑成功严词拒绝。

在战场上，郑成功猛烈攻击敌人，不给予喘息机会。在“第二”战场——谈判桌上，郑成功又与敌人斗勇斗智。下面引用郑成功交给荷兰侵略者揆一及荷兰驻台湾议会的缔和条约的条文和荷兰殖民者交给郑成功的缔和条约的条件。从两篇条文看，双方谈判在主要一些大的方面交换了条件。郑成功采用“高压态势，又留有余地”，通过谈判、斗争，迫使对方不得不同意我方意见。

（一）原则性与灵活性相结合

首先，双方缔和条约文第1条均同意忘记过去一切仇恨，即结束战争。揆一给郑成功缔和条约上的第14条写道，在公司人员撤离以前，这城堡（台湾城）将只挂一面旗；第2条，热兰遮城及其城外工事，火炮及其他武器……都交给国姓爷。这是按照郑成功多次给荷兰殖民者的通牒、警告，要求执行的荷兰殖民者必须全部离开台湾岛，必须放下武器，停止反抗，这是实现郑成功坚定不移的原则：维护中华尊严，捍卫领土完整和国家独立，建立和睦相处、和平友好、贸易往来的先决条件，是铁的原则。荷兰殖民者头目揆一是在刀架在脖子上面临灭顶之灾时，挂起白旗投降，签订和约的。其次，荷兰缔和条约第16条、第17条，双方交换全部战俘，交换人质，这是对等的也是原则问题。其次，出于人道主义和宽宏大度，对荷兰殖民者提出的合理要求，尽量给予合情合理满足。第3条至第10条，允许平民兵士、官员携带足够食品、家私财物、货币，这是为实现原则的重要保障，即政策、策略的灵活性。再次，照常理，败军之将只能偃旗息鼓如丧家之犬，灰溜溜地滚出台湾，但揆一等给郑成功和约条文第6条要求依荷兰的习惯，举着打开的旗子，打着鼓上船。这是荷兰殖民者打肿脸充胖子的无赖要求，但不是原则问题，为照顾其面子，郑成功也予以认可，体现了郑成功何等宽大的襟怀！最后，由于西方殖民者葡、西、荷、英都是著名的“海上强盗”，他们之间也常常互相火拼，互相劫掠。从台湾到巴达维亚海上波涌诡谲，需要武装自卫，郑成功给予充分理解、体谅和允许荷兰人把子弹、火绳及其他物品，凡所有被包围者从台湾到巴达维亚航程中所必需者，毫无阻碍地拿上船。和约条文第11条规定，且给予必要的协助、帮忙，安排足够的船只给公司，以便运送人员和物品上船，包括供应足够的航程生活必需品等等。所有以上这些，都充分地体现出郑成功的人道主义和以德报怨的精神，表现郑成功泱泱大国宽宏大度的伟大胸襟，郑成功的雄才大略、儒将风度和高超的政治手腕。就连荷兰殖民者驻台长官揆一也深受感动，曾高度赞扬、推崇郑成功的人道主义行为，这是郑成功在谈判斗争中巧妙运用谈判艺术即坚持原则与策略灵活相结合的表现。

（二）把握时机，稳操主动

郑成功善于把握时机，密切注视战局变化，稳操谈判主动权，取得最佳效果。谈判要取得成功，达成协议，取决于双方的诚意，各自都要有必要的让步和妥协。当然，这种让步和妥协不是对等的。过早提出让步和妥协，会使对方认为是软弱可欺，或者会漫天要价，不利谈判的成功。郑成功同荷兰殖民者的谈判，选择在荷兰殖民者海陆交战均受到沉重打击，尤其在台湾城长期被围困，援兵增援受阻无望，郑成功发起重炮轰击，敌人处于灭顶之灾绝望境地，就是说，对荷兰殖民者来说，是刀架在脖子上，要么是顽抗到底，全军覆灭；要么是俯首投降，竖白旗，放下武器，在投降和约上签字，争取宽大优待，二者必居其一。在这关键时刻，郑成功审时度势，同时为了缩短战争时间，减少台湾人民的损失，减少自己将士的流血牺牲，不让敌人困兽犹斗，作孤注一掷的垂死挣扎，同时也给敌人留一条生路，从而适时提出劝降通牒。郑成功在同荷兰殖民斗争中，政治与军事并用，兵临城下，围困和强攻的同时，也采取宽大怀柔给予出路的策略，终于迫使揆一于1662年2月1日在投降书上签字。

郑成功在收复台湾驱逐荷兰殖民者的斗争中，取得战场上和谈判桌上的双重胜利。

郑成功开发台湾

吴文良

台湾，这个美丽的岛屿，在我国志书上最古被称为“夷洲”（见《后汉书·倭国传》），后又称为“流求”（见《隋书》卷八十一《流求国传》），及宋代，又被称为“琉求”（见郑樵《通志》）或“流球”（见赵汝适《诸蕃志》）。元代，又被称为“瑠求”，到明初，则又改为“琉球”。名称与传写虽各不同，但都是指今天的台湾，则毫无疑问。这是因为名称及传写的不统一，所以在明清两代的五百多年间文献上常将冲绳岛上的琉球国，误用于今日的台湾，以致两者一时混淆不清，明代有些学者也曾把台湾叫作“东蕃”的，延至明末，才叫“大湾”（见沈铁上巡抚南居益书），后又将“大湾”演变为“台湾”。一直至清康熙二十二年，清合并台湾后，才开始一律采用“台湾”这个名称。至今沿用。

台湾从古即和我国大陆发生过政治、经济上的联系。大约在距今二千年前的后汉时代，“台湾”（夷洲）的名称就已经出现在我国的文献上。三国时，吴主孙权，曾于黄龙二年（230年），遣将军卫温及诸葛直航海远征夷洲的事实，这是大陆人民和台湾接触，有文字记载的第一次。隋大业三年（607年），杨广据海师何蛮的报告，派朱宽阶、何蛮往台湾。六年（610年），又派陈棱率军万余人，渡海往台湾。“流求人初见军舰，以为商旅，往往诣军中贸易”，这是大陆人民和台湾接触有文字记载的第二次，已证明台湾远在一千三百多年前即和我国发生过经济上的关系了。宋代，任泉州提举市舶司使的赵汝适，在《诸蕃志》中说："泉有海岛，曰澎湖，隶晋江县。"元代，忽必烈至元二十八年和二十九年（1291年和1292年）也曾派使到台湾招谕。至元末年，并在澎湖设巡检司。这是我国政府，在台湾地区正式设置政治机构的第一次。大陆和台湾之间的联系自然地也加强了。元代汪大渊曾亲身到过台湾，记台湾事比此前文献上记台湾情况者为详，他说："琉球，地势盘穹，林木合抱，山曰翠麓，曰重曼，曰斧头，曰大崎。大崎山极高峻，自澎湖望之甚近，余登此山，观海潮之消长……土阔田活，宜稼穑，气候渐暖，俗与澎湖差异。水无舟楫，以筏济之，男子、妇人拳发，以花布为衫，煮海水为盐……"（《岛夷志略》）。上述孙权及杨广前后两次派军前往台湾，只是我国封建帝王对台湾海岛的一种为时甚暂的经略而已。在不久之后，他们就把武装部队扫数撤离台湾了。我们从宋、元时代志书上有关台湾的记录看，至今尚未发现过我国大陆的汉族移民，有组织、有规模地渡海到台湾去进行开荒的记录。

自从明天启四年（1624年）颜思齐（籍漳州海澄）、郑芝龙（泉州南安）、杨天生（泉州晋江）等，一行28人由日本长崎进入台湾北港，打开了汉族人民在台湾较具规模的开荒事业的场面以后，一直至清康熙二十二年（1683年）清合并台湾时为止的六十年间，中国大陆人民，有组织、有规模地移民渡台去进行开荒的，计有二次。第一次实行移民到台湾去开荒的计划和组织者，就是当时"专阃闽粤、威震海上"的郑芝龙。关于这次移民开荒的事，是历史上重要事件，可是明史竟未加以记载，仅在明末清初黄宗羲所作的一篇《赐姓始末》，有如下的翔实而具体的记载：

台湾者，海中荒岛也。崇祯间，熊文灿抚闽，值大旱。文灿向芝龙谋之。芝龙曰："公第听候为之。"文灿曰："诺。"乃招饥民数万人，人给银三两，三人给牛一头，用海舶载至台湾，令其芟舍，开垦荒土。厥田惟上上。秋成所获，倍于中土，其人以衣食之余，纳租郑氏。后为红夷所夺……

考熊文灿做福建巡抚的时间是明思宗崇祯元年至四年（1628—1631年）的事。而郑芝龙投降明朝的时间是在崇祯元年五月至九月。如此，则这一次移民渡台湾垦荒的事是在郑芝龙投降明朝之初就开始的。据近人吴壮达的意见，认为这次由郑芝龙所招致，而运载到台湾进行开垦的大陆移民，其中可能有一大部分会被当时迫切需要大陆劳动力的荷兰殖民者所吸收以去，安排在他们所能够控制的地区去从事开荒工作，以遂其掠夺和剥削的野心。我们根据台湾当时的实际情况来看，这种事情的发生是有其可能性的。因为在17世纪初叶，当荷兰殖民势力侵入台湾的时候，就千方百计，阴谋利用郑芝龙的海上力量，想方设法去勾诱他来阻挡中国和日本之间的通商关系，以达到其垄断东洋海上贸易的专利目的。当时荷兰殖民者对郑芝龙提出的条件是：第一，要郑芝龙自己的船艘不要直接驶往日本贸易，同时还要尽力拦阻中国的船舶驶往日本；第二，要郑芝龙为荷兰东印度公司转运对日本贸易的丝绸和其他商品，资本由公司贷给，每年百万荷兰佛罗林金币，月息二分半，期限三个月。若郑芝龙许诺这样的条件，则荷兰东印度公司可以替郑芝龙代运价值五万元西班牙银币的货物和价值五万元的金银到日本贸易，一切风险由公司负担，郑芝龙可以获得这桩生意40%的巨额利润。荷兰殖民者和郑芝龙的互相勾结，就决定当时拥有海上庞大势力的郑芝龙，对侵占和盘踞在台湾的荷兰殖民者，竟不加以驱逐，犹如熟视无睹。其理由是不言而喻的。

从郑芝龙由大陆的东南沿海，特别是由福建的泉州、漳州以及广东的潮州、惠州等地，运送大批破产难民渡台开荒的事情发生以后，我国沿海人民，不通过官方的运载，而自己驾驶船艘，继续前往台湾开荒的，便一天多似一天。因此，郑芝龙是揭开了一次有组织有计划地开发台湾土地的序幕。第二次移民到台湾开荒的策划和组织者，则为人尽皆知的民族英雄郑成功及其继承者郑经和陈永华等优秀人物。这次移民渡台湾开荒的规模，远较第一次来得大，也可以说是掀起了一次开发台湾的新高潮。这个高潮是随着郑成功的大军进入台湾而开始的。所以，“开发台湾的主要劳动力，既不是当时还处在落后状态的高山族居民，更不是以掠夺为目的的荷兰殖民者，而是继续来自中国大陆的具有丰富生产经验的汉族移民。由于他们的到来，台湾的开发事业，才展开了新的伟大前景”①。

永历十五年三月二十三日（1661年4月29日），明招讨大将军、延平郡王郑成功，统率强大的舰队，运载战士25000人，从金门的寮罗湾（杨英《从征实录》作料罗湾）出发向台湾航行，抵澎湖。在澎湖举行了一次很庄严的誓师典礼，以“还我先人故土”为口号，围攻窃据我国领土台湾的荷兰侵略军。经过郑成功全军英勇奋战及台湾人民的大力支援，将盘踞在台湾的荷兰侵略军彻底击败，为了表现一个大国风度，于停战后，允许荷兰人的请示，于翌年十二月三日（1662年2月1日），接受荷兰驻台湾总督兼热兰遮城守将科爱脱（Frede Coyett）投降，与其签订投降条件十五条，迫使荷兰侵略军扫数出境，结束了荷兰人在台湾的殖民统治。从此，沦为荷兰殖民地垂三十八年之久的台湾，遂重归我国的版图（明天启四年，即1624年，荷兰人占我台湾）。

郑成功于收复台湾后，大会诸提镇、官兵，举行一次类似庆功会性质的大会。在会中，郑氏当地赋诗以为纪念，诗云：“开辟荆榛逐荷夷，十年始克复先基。田横尚有三千客，茹苦间关不忍离。”他的一片爱家乡爱国家的情感，全洋溢在这简短的诗中。

中国人民永远以崇高的敬意和胜利的信心来怀念这位长期在海上坚持抗敌并光复我国领土台湾的英雄及其光辉事迹。

郑成功是福建省泉州府南安县石井乡人，泉州人民更以本地区能

① 吴壮达：《台湾的开发》，科学出版社1958年版，第24页。

诞生这样一位杰出的英雄而感到骄傲。

郑成功及其全体将士，在对荷兰殖民者开展斗争，收复我国领土台湾的过程中，并不是一帆风顺的，而是经过重重的艰难和困苦，首先就遭到粮食缺乏的威胁。当他统率军舰到达澎湖时，就已遭受缺乏粮食的困苦，及全军登陆台湾开始攻击赤嵌和热兰遮两城时，军中也曾屡次乏粮，及进入台湾之后，其时台湾土地正在开垦，且又未届收获之期，故大部分粮食尚须仰给于大陆的接济。但当时沿海地区，已经实行迁界，粮饷来源顿告断绝。情形至为窘困，“官兵至食木子充饥，多有病疫，兵心傲嗷”(《从征实录》)。其次，郑军初进台湾，在和荷兰殖民者搏斗时，将士因“初至水土不服，疫疠大作，病者十之七八。死者甚多”(《海上见闻录》)。据此，可见当时艰苦的严重程度。但无论困难如何严重，都不能阻止郑成功收复中国领土台湾的决心。他终于排除万难，克服重重难关，彻底打垮荷兰侵略军，实现其“还我先人故土”的愿望。又次，以武器说，当日荷兰殖民者所持有的，也比郑军为优。但战争胜败的因素，常决定在战争本身的性质及人心的向背，就因郑成功收复台湾的战争是正义的，因此能得到台湾汉人及高山族人民以至大陆全体人民的拥护与支持，终于击败侵略者，把他们赶出台湾去，立下了不世的大功。朱祖希先生在评论郑成功摆除困难，光复台湾时说：“非常之功，不世之业，非有卓著之英雄，不能排除万难而力行之。郑成功之战胜荷兰与开辟台湾之功，于是乎不朽矣。”史学家魏源则谓：“明有郑和骋兵舶于西洋，郑成功夺红夷之岛国，彼二郑者，固中国之奇杰也。”即如与郑成功做死敌的清统治者康熙帝，也在清康熙三十八年（1699年）郑氏父子两墓由台湾迁葬泉州时，下诏说：“郑成功系明室遗臣，非朕之乱臣贼子，敕官护送成功及其子经两柩，归葬南安。如田横故事，置守塚，建祠礼之（见《福建通志》总卷34《郑成功传》)。”同治十三年（1874年），南洋大臣沈葆祯巡抚台湾时，奏请追谥郑成功并在台郡敕建专祠，报可，予谥“忠节”。上述清统治者的“诏”和“敕”固然是一种对汉人的笼络政策，但也足见公道自在人心，是非终不可泯灭。又如诬蔑郑成功为“海贼”的日本帝国主义学者，在其著清代历史对郑成功的评价时也不得不说：“他（郑成功）有伟大之希望，有统御之威力，是组织奇能之大英雄……能于明清鼎革之际，放一异彩。试观其为台湾王时之经营，有经纶，有威仪，有希望。实小愧为创业之英才。”（稻叶君山《清朝全史》）

今日全国人民，特别是文史工作者，正在为纪念郑成功光复我国领土台湾三百周年而积极准备着，要来一次轰轰烈烈纪念和庆祝。我认为除了纪念郑成功在海上坚持抗清及击败荷兰侵略者，收复我国台湾以外，更重要的是应当注意到这位卓越的英雄，在他一进入台湾后，立即计划和发动开发台湾土地以发展台湾的社会经济的伟大工作，从而根本改变了台湾社会面貌，为此后继续进一步开发台湾奠下极为牢固的基石。因此，我们说，成功不但是一位天才的军略家、政治家，同时也是一位在生产战线上的开荒英雄。这一点是纪念郑成功收复我国领土台湾时所不应忘记的。

由于郑成功在海上长期抗清以至在收复台湾的整个战争过程中，经常受到缺粮的严重威胁，给郑成功本人和他的将士们以一个极其尖锐的刺激和教训，使他们深知粮食缺乏，唯自力更生，竭力开荒，以谋生产自救以外，另无良法。所以郑成功在未进入台湾以前，对台湾土地的开辟方法和步骤，早已胸有成竹了。在他进入台湾的第二天后，他便席不暇暖地，立即策动开发台湾土地的工作。为了要了解台湾土地和人民生活情况，他带领其部属并携带一定日数的口粮和自卫的武器，从台的新港、目加溜湾、萧垅、麻豆等“番社”（高山族人民住居和生活的地区），亲自深入各“番社”中开始实地履勘和视察。他看到在台湾各高山族人民所居住生活的地区，大多是土地平旷，膏腴异常。可是当时高山族人民的农耕技术还相当落后。他们多是“斩茅为屋，插竹为社，计口而种，不贪盈余”，简直和三代以前的人民生活情况一样。甚至有个别地区人民的耕种技术，还停留在原始阶段。他们用石器耕地，用手采摘稻穗。就是当时号称台湾经济最发达的地方如萧垅、麻豆等社的住民，他们“既不知犁耙锄斧之快，也不识钩镰刈获之便”(《从征实录》)。为了提高在台湾的高山族人民的农业生产技术水平，团结他们建立新的友好关系，郑成功在视察履勘的进程中，用高山族人民最喜爱的“烟”和“布”以及一些日常生活用品，赠送给他们，并用热情而亲切的语言去慰问他们。因此，各社的人民都非常喜欢，他们都称郑成功为“国姓爷”。凡郑成功所到的地方，人民都“男妇壶浆，迎者塞途”来欢迎这位解放了他们自己的国姓爷并成群结队地聚集在国姓爷的面前，欢欣鼓舞着，热烈表示他们拥护国姓爷，愿意接受他的治理。郑成功又谕令所属有关部门，发给各高山族人民耕牛及铁器，如犁、锄、耙等农业生产工具，又恐高山族人民不知使用这些先进的生产工具，特派出许多具有熟练技术的汉族农民，深入高山族各社指导他们掌握并使用这些生产工具，叫他们“聚教群习”，达到“用力少而取效速，耕种易，而收获多”(《从征实录》)的目的。此外，郑成功又特派专员去管理高山族人民住居的地区的行政事务，并和他们订立各项制度，使他们共同遵守，建立新的良好秩序。这些措施，对台湾社会经济的进一步发展，人民生活程度的进一步提高，无疑地，是起着极大的推动作用的。

当台湾人民尚处在荷兰殖民者统治的漫长岁月里，虽也曾经有过吸收大陆汉人前往台湾开荒的事实，但殖民者所以这样做，全是为了要扩大和加强他们对台湾地方经济的掠夺与榨取。所以在郑成功进入台湾以前，那些经过高山族和汉族人民用他们自己的血汗所开发出来的土地，竟全被荷兰殖民者所设立的所谓“东印度公司”攫夺以去，作为他们的“王田”的一部分。因此，不论是高山族人民或汉族人民所耕种的土地，每年总要向荷兰东印度公司缴纳苛重的田税和人头税。就是因为忍受不住荷兰殖民者的掠夺和剥削，台湾人民曾于永历六年（1652年）八月间，在他们的领袖郭怀一统率下，举行一次相当规模的农民起义，以反抗荷兰殖民者的残酷剥削。但起义不幸失败了。此役结果，除在战争中阵亡的不计外，单在台南地区被荷兰殖民强盗杀戮的农民，数量就达四千多人，妇女和儿童之被牵累而遭逮捕或株连的，数也在五千人左右。这是荷兰殖民强盗在我国领土台湾所欠下的一笔大血债。郑成功无疑是深知台湾这次悲惨事变的。他在充分了解台湾人民此前被荷兰殖民者种种虐待的痛苦情况以后，除立即取消或减轻台湾人民负担的税额外，又为保障台湾人民的土地所有权，于永历十五年五月初五日，正式下一道戒谕，剀切告诫他所有部属，应该要用自己的劳动力去开荒经营，严厉禁止官员有混占“土民”（高山族农民）及“百姓”（汉族农民）的现耕田业并订立条例八大条，令户官刻板公布施行。“倘有违越，法在必究。”（《从征实录》）又为整饬纪纲，严惩贪污，这位国姓爷于确实了解其亲信部属有克扣粮饷及私匿公粮的事情发生经查有实据后，下令捕斩承天府尹杨朝栋及宣毅后镇吴豪等人，以儆效尤。

上述保护民田戒谕的颁布以至防止官员圈占民田条例的公布并严格执行，对台湾农民生产积极性的提高，是具有头等重要的意义的。

当郑成功视察台湾各地区并履勘各“番社”归来的第二天，他立即召集各提镇参军议事。在会议中，郑成功以很兴奋和激动的语调对文武部属阐述开发台湾土地，使军粮无虞匮乏的重要意义。他说：“大凡治家治国，以食为先，果家如无食，虽亲如父子、夫妇，也难以和睦。国而无食，虽有忠爱国家的心，也难以治平，今天得诸位的努力，抚有本岛，然而食之者众，而生之者寡。设一旦粮饷告匮，师不饱食，想要兴邦立国，实有戛乎其难之势。所以我亲自视察，履勘各地，所过之处，尽是膏腴土地。我以为应当效法古代寓兵于农的好方法，军粮才可望无虞。兵多粮足，然后静观机会，以图进取。”部属有以古代寓兵于农的办法是怎样见问的。郑成功当众说：“古者量人受田，量地取赋。到了商代，井田制兴，也是九一法则，兵民无分。周代办法，更为严密。及秦废井田，兵民才分。民任转输，兵任征战。历汉、唐、宋、元各代，战争不绝，兵甲繁兴，带兵者每有缺粮之苦。所以善将兵的，不得不实行屯田，以求足食足兵。昔诸葛屯田斜谷；司马屯田淮南；姜维屯田汉中；杜预屯田襄阳。都是生怕转输困难，士有菜色。故寓兵于农，以备敌人。至于元的分地立法，明太祖的设卫安军，因其时天下已平，为预防困乏，所以为农七而为兵三，寓农以散兵。今台湾是新开辟的土地，虽然僻处海隅，敌人岂能忘我？现在应散兵留勇，用侍卫两旅，镇守安平和承天两城。其余诸镇，按镇分地，按地开荒。每日以十中之一司对敌瞭望的事，相连接应，轮流更迭，务使无闲丁，无逸民。插竹为社，斩茅为屋。生牛教之以犁，达到'野无助土，军有余粮'。至于乡的名称，可仍旧用'社'，亩仍用'甲'以便耕种。一甲三十一戈五寸，一戈东西南北四至长一丈二尺五寸。以此为准。开荒三年，然后核定上、中、下三种，以立赋税。三年中所收获的，借十之三以供正用。农隙训以武艺。有警则荷戈以战，无警则负来以耕。这就是古代寓兵于农的好办法而为我们今天所要仿行的。"部属听后，无不悦服，并当场表示拥护郑成功的屯垦政策。即日开始，实行散兵屯田。

其时郑氏亲信部属认为郑成功入台以后，用法过于严峻，常向成功进劝。成功正式说："昔子产治郑、孔明治蜀，皆以严从事，况立国之初，不加一番整顿，则流弊不可胜言矣！"（《闽海纪要》）众官皆拜服。

郑成功在台湾开展散兵屯田，从事生产斗争的同时，清统治者为了要隔断大陆沿海人民对郑成功义师的支援和接济，下了一道极为残酷的"迁界"禁令。根据这道禁令，大陆沿海北起辽东，南抵广东的滨海居民，一律须向内地迁移三十里（据萧一山《清代通史》说是"内迁五十里"）。严禁商船和渔舟出海，并立垣为界，发兵戍守，犯者一律斩首，地方官吏一律革职，从严治罪，家产赏给告发人。令下后，立即实行迫迁。又因福建特别是闽南，是当时郑成功故乡及郑军活动中心，所以清统治者特令其刽子手苏纳海到福建，严厉监督和执行这道至为野蛮的禁令。夏元斌《闽海纪要》中有："明前冲镇黄梧，以海澄叛来降，封海澄公。后梧献平海策，请发郑氏祖坟，诛求亲党，没五大商，及迁界等。祸及五省，人罹其害。"禁令主要是"片板不许下海，粒货不许越疆"。一时沿海的商舶和渔舟大多遭受焚毁，人民房屋横遭夷平，或燔烧，田园悉被破坏，滨海居民顿失所业，死亡转徙，情状至为悲惨。

为拯救因迁界而破家荡产的沿海难民，郑成功特派专员到闽粤两省的泉、漳、潮、惠各州，进行广泛的招收、容纳，把他们移植到他自己所开创的东土台湾去垦荒。经过郑成功努力抢救，闽粤沿海难民，因受到郑成功在海上坚持抗清及驱逐荷兰人的感召都纷纷驾船，前往台湾，投奔他们平日所向往的“国姓爷”去了。这么一来就使台湾的人口，也就是说，开发台湾的劳动力，急剧地增加起来。开荒的范围，也在日益扩大着。随着大陆大批难民源源进入台湾，大陆的先进生产技术和生产工具以至文化创造，就跟着被更广泛、更深入地，传播到台湾去了。台湾社会的生产力，也跟着普遍地提高和发展起来了。虽然这位卓越的开荒英雄，不幸于进入台湾的第二个年头，便与世长辞，可是，“郑成功”或“国姓爷”的名字，却永远活在中国人民，特别是台湾人民的心灵上，成为一种对敌斗争的鼓舞力量。

郑成功的突然逝世，对当时正在开展中的台湾开荒事业，确是一个很严重的打击。但是在郑成功生前躬自计划和布置起来的整一套开荒规模，已为其子郑经和参军陈永华等人所继承着。

经过郑成功及其子郑经整整二十三年时间的努力倡导和惨淡经营，台湾的社会经济，一直在迅速发展之中。《台湾通史》中有：“土田初闻，一岁三熟，戍守士兵，衣食丰足。”这种记载，反映出台湾当时社会经济情况的一斑。

郑成功经营台湾的初期，所开垦的范围只限于岛屿的南部。但直到郑经逝世的前夜，台湾土地的开辟，已逐渐向西部平原区域拓大。到了这里，不但稻田谷米的生产在急速增长着，蔗糖的产量也在与日俱增，整个台湾的农业经济发展水平，已经远远超越过荷兰殖民者盘踞的时代。台湾的人口，很自然的，跟着经济的发展而激增了。并且，随着大陆人民的源源进入台湾，不但农业的先进生产技术与生产经验普遍地传入台湾，即手工业如冶铁业、日光曝盐法、渔捞法和造船法，以至樟脑的炼制技术等也先后传入台湾，并得到快速的发展，特别是造船工业的发展，促进了台湾地区和南洋各国与日本之间的国际贸易关系。

清康熙二十二年（1683年），清合并台湾使台湾和大陆成为一个统一体，这里，台湾的人口已经发展至二十多万人，台湾在经济上的进一步开发，便获得更为有利的条件。

郑成功经营台湾概述

刘经发

明永历十五年三月二十三日（1661年4月21日），延平郡王郑成功，代表中国人民的意志、台湾同胞的愿望，领导将士25000人，战舰350多艘，前往收复祖国的领土台湾。在台湾人民的积极支持下，经过九个月的战斗，大败荷兰殖民者。1662年2月1日，他们正式献城投降，结束了荷兰殖民者在这里38年（1624—1662年）的殖民统治，台湾回到祖国的怀抱，台湾同胞重新获得自由，台湾社会得到飞跃发展。

郑成功来到这里，领导汉族和高山族人民，大力开拓，规划宏远，继续抗清战斗。可惜不久便以病去世，到台湾只有一年（1661年4月—1662年5月）。长子郑经继承父亲的遗志，努力开拓，积极经营台湾。1681年（永历三十五年），他以病去世，在位19年（1662—1681年）。庶长子克臧由监国即王位，继承了祖父、父亲的抗清遗业。这时郑氏政府起了内讧，大将冯锡范、刘国轩专权，克臧被谋杀，立郑经嫡长子克塽。

郑氏父子孙三代，在台湾的时间虽然不长，但是他们在这里领导人民开发经营，却有着伟大的成就，对台湾的社会发展有着很大的贡献，在台湾历史上占有重要地位。

一、郑成功发展台湾经济文化的规模

这时，国内各地的抗清斗争逐渐被镇压下去，台湾成为全国人民抗清斗争的最后基地，郑成功军队也就成为一支孤军。他命令郑经驻守厦门，置大将守卫澎湖，三方面层层策应。

成功改台湾为“东都”，实施明朝政治制度，“开辟疆土，设立府县居之”。置有一镇一府二县一司：改热兰遮城为安平镇，为对外防卫；改赤嵌城为承天府，把全岛分为南北二路，北路设天兴县（今嘉义县），南路设万年县（今高雄县）；澎湖设安抚司。施行新政，展开经营。

成功首先发展农业生产，施行屯田制度。他率领何廷斌、马信、杨祥和萧拱宸等文武官员，带铳兵手三百、弓箭手三百、盾牌手三百，共一千余人，到新港、目加溜湾、青垅和麻豆等各社巡视，抚慰高山族兄弟民族，赠送他们布帛、烟叶和日用品，致以亲切问候。在巡视的时候，成功看到台湾土地肥沃，未开垦的荒地很多，想到足食而兵足的道理。回来之后，便召集文武官员会议，他说：“大凡治家治国，以食为先。苟家无食，虽亲如父子夫妇，亦难以和其家；苟国无食，虽有忠君爱国之志，亦难以治其国。今上托皇天垂庇，下赖诸君之力，得有此土，然计食之者众，作之者寡，倘饷一告匮，而师不宿饱，其欲兴邦固国，恐亦难矣！”因此便确定发展农业生产的方针：“通令全岛，奖励农业，所有各处田园，不宜无故荒废。”其中最为重要的措施，即为屯田制度：他命令除留下勇卫侍卫二旅军队驻守安平承天二地外，其余水陆各镇战士连同眷属三万多人，全部开往各地去开垦，发给他们六个月优俸役银为资金。他们到各个地方，就所驻防之地，插竹为社，斩茅为屋，按镇分地，救生牛以犁，努力垦植生产。自耕自给，开垦的田地归为己有。开垦的时间定为三年，在这三年之中，借其收获物的十分之三，以供正用；三年之后，则定其土地上中下，以征收赋税。他们在农隙之时训以武事，“郑氏初制，寓兵于农，暇即以战争角力为事，一呼并集”。有警则荷戈以战，无警则负耒以耕。这样，直接生产者即是士兵，把农事和作战合而为一了，做到野无旷土，军有余粮。

成功又帮助高山族人民改变他们经济和文化的落后面貌，在农业生产上，把他们和汉族人民同等看待，保护他们的利益，严申纪律：“不许混圈土民及百姓现耕田地”，如有违犯，“从重究处”。这时他们的生产方法还非常落后，不知道用牛耕田，也不知道用铁、犁、耙、锄、钩、镰、斧等类农具，开垦用铁刮凿地，一甲园要开一个月，收获逐穗采拔，一甲稻要拔几十天。成功依照户官杨英的建议，每一高山族村社发熟牛一头，铁犁、耙、锄等各一副，并派有经验的农师去传授使用方法和生产技术，“使教驾牛犁耙之法，播种五谷割获之方，聚教群习，彼见其用力少而取效速，耕种易而收获多，谓不欣然效尤！变其旧习之难且劳者，未之有也”。改进他们生产技术，增加农业生产。在文化方面，成功还拟筹办学校，以提高他们的文化水平。这不仅促使了高山族人民经济和文化的发展，并且增进了兄弟民族之间的友谊团结和深厚感情。

成功又召集大陆流民和遗臣志士来台湾，清廷于1661年10月，把郑芝龙及其家属十一人全杀了，又掘毁郑氏历代祖先坟墓，再又采纳方星华、方星焕兄弟的建议：“海舶所用铁钉麻油，枪炮所用焰硝，以及粟帛，皆海外所罕有，大都海滨之民，阑出贸易，为之接济耳。今宜尽迁其人，移之内地，距海若干里内，皆斥为瓯脱，画地为界，严申禁令，有敢越界者，论殊死无少贷。岛上穷寇，内援即断，来无所掠，如婴儿绝乳，立可毙矣！”实行迁海政策，勒令山东、江苏、浙江、福建和广东五省人民，一律后撤三十里至五十里，界外房屋烧毁，城墙和碉堡拆除，列为无人的禁区，进入界外者死，片板不许下海，粒米不许越疆。他们这样割断大陆人民和郑成功的关系，好把郑成功困死海外。因此东南沿海数千里成为墟丘，人民又遭受一次残暴的浩劫，弱者转死沟壑，少壮者流离四方，生离死别，惨绝人寰！成功常常悲痛叹息，因而决计："今当驰令各处，收沿海之残民，移我东土，开辟草莱，相助耕种，养精蓄锐。俟有衅隙，整甲而西！恢复迎驾，未为晚也。"沿海流民，纷纷渡海而来，以漳、泉、潮、惠四府人最多，成功派人前往迎接，安顿垦荒生产，豁免租税三年；明室遗臣志士，也赴忠踏义，相率而来，成功为之筑池馆，厚聘礼，予以优待安置。

成功又再通令文武部属，"择地起盖房屋"，建立城镇，积极进行建设工作。

他本想有一番作为，可惜壮志未遂，雄图莫展，1662年五月初八日，这一代英雄便溘然病逝了！享年三十九岁。举兵十七年，收复台湾不过五个月，台湾人民追念他的忠义，感谢他的功劳，如同丧亡了自己的亲人一样的哀悼，为他立祠纪念，岁时享祀。

二、郑经继承父志发展

郑经从厦门到台湾，一方面继续坚持抗清斗争，另一方面进一步大规模开发。

在政制上，更为完善：改东都为东宁，把天兴、万年二县升为州，除澎湖外，又在南北两路增设安抚司。咨议参军陈永华总理国政，下设吏、户、礼、兵、刑、工六官，分理庶务。永华治事勤勉，贤明能干，人民咸皆归望，"永华善攻得民，台人称之，如蜀人之思武侯焉"。他竭尽心力，谋长治之策，规划经营，百事俱兴，勤政爱民，"劝农工，禁淫赌，订丁庸，严盗贼，雨又训之以诗书，申之以礼义，范之以刑法，励之以忠敬，故民皆有勇知方，此则郑氏乡治之效也"。

在农业上奖励农业生产，扩大屯田制度。高山族人民接受了先进的农业生产技术，在这肥沃的土地上，播种着改良的种子，使用着铁器农具，牵赶着牛耕田地，又广招流民前来参加，漳、泉、潮、惠四府之民越来越多，"及'郑逆'拥众盘踞，兵即为农，农即为兵，兼沿海数省之地方人民，有为其'所掠'而去者，有趋而附之者，非习于渔，则与为佃"，均以安插生产；再又勉励军以耕种，陈永华"不惜劳苦，亲历南北二路各社，劝请镇开垦，栽种五谷，蓄积粮糗，插蔗煮糖”。因此，军民辛勤劳动，广辟土地，栽蔗植麻，开辟了以台南为中心的西部土地，北自鸡笼（今基隆市），南到琅琊（今恒春镇），一片荒原变成肥沃良田，农业生产不断增长，“其地肥绕，谷岁三熟，闽粤人争趋之，日富庶”。“土地初辟，厥田上上，播种之后，听其自生，不事耕种，而收获倍蓰，余粮栖亩，庶物蕃盈，民段国富，故能以弹丸之岛，拮抗中原也。”“台湾为字内区，土肥宜稻。初辟之时，一岁三熟，故民无饥患。郑氏养兵七十有二镇，咨议参军陈永华乃申屯田之制，以足兵食，又能以其有余，供给漳泉，以取其利，敌国用无匮。”台湾从此成为祖国的谷仓。

在工业上，大力举办各种工业。冶铁，从祖国大陆传入冶铁的技术方法，改进和制造生产工具，使得农业和工业得以发展；制糖，1661年郑成功将荷兰人逐出，称雄于台湾以后，对于糖业，亦加以奖励，同时由福建输入优良蔗种，鼓励种植，所以在短时间中，台湾糖的产额，增加了三倍，每年可产三十万担，台湾从此成为祖国的糖盆；晒盐，“以前盐苦涩难堪，就濑口地方，修筑坵埕，拔海水为滷，暴晒作盐。上可裕课，下资民食”，“郑经时，陈永华刨晒盐法，盐归官营”，盐业已成为台湾的主要经济物产之一；采金，“哆罗满产金，淘沙出之，与瓜子金相似”，“哆罗满地产金，郑氏季世，遣人采之，老番曰：‘昔日人采金，荷兰夺之，荷兰采金，郑氏夺之’。”其时已派人从事开采；造船，洪旭建议郑经修造船只，“经是立即檄南北路各镇，著屯兵入深山穷谷中，采办桅舵含檀，令匠补葺修造。旭又遣商船前往各港，多价购船料，载到台湾，兴遣洋艘乌船”，郑氏海军强大，造船事业非常发达；其他各种手工业也很兴盛。

在商业上，积极开展贸易。国内，中国沿海北起山东，南到广东，都有“国姓爷”的商船往来，在金门厦门设有秘密交易所，与大陆人民通商贸易；国外，“辟步头商埠，与吕宋、琉球、安南、日本诸国通商”。还和英国签订一个《安平通商条约》，准许他们来这里贸易。因此商业非常繁荣，“台湾与大陆之间渐渐展开贸易的途径，大陆所产的物品在台湾岛上出现，与荷兰占领时代无异。凡是东洋方面已经失去与大陆的贸易关系者，今后只可能向台湾寻求这些大陆物产，因此，台湾变成了在东海洋上大陆物产的唯一集散地”。“成功以海外弹丸地，养兵十余万，甲胄戈矢，罔不坚利，战舰以数千计；又交通内地，偏买人心；而财用不匮者，以有通洋之利也。我朝（清廷引者）严禁通洋，片板不得入海，而商贾垄断厚赂，守口官兵，潜通郑氏，以达厦门，然后贩运各国。凡中国各货，海外皆仰资郑氏，于是通洋之利，惟郑氏独操之，财用益饶。”

在文化教育上，大力发展。建立孔庙，兴办学校，“命各社设立学校，延中土通儒以教子弟，凡民八岁入小学，课以经史文章”。鼓励高山族人民读书，子弟能入学者免一部分赋税。又在天兴万、年二州每三年考试一次，州试优良者入府，府试优良者入院，院试优良者入太学。郑氏官员的一部分即从这里选拔。汉族封建文化知识在这里传播开来。

在招抚流民和遗臣志士上，来的很多。这时清廷“迁海”政策彻底实行，山东、江苏、浙江、福建和广东五省，滨海数千万里，白骨苍苍，荒无人烟。人民看到这里安乐富庶，络绎不绝地投奔到这里来，“廷平相宅，万众偕来，闽粤之人，抚携而至。闽居近海，粤处山陬，守望相助，出入相友，而交通辟矣”。“招徕漳、惠、潮三郡之民，汙莱日辟，田少荒芜，闾阎日以充裕。”明朝的宗室、遗臣和志士也来不少，“明亡之后，宗室遗臣渡鹿耳门依郑氏者，凡八百余人”。

在建设上大为兴建。陈永华“教匠取土烧瓦，往山伐木斩竹，起盖庐舍，与民休息”。承天府成为一个大都会，“兴市肆，筑庙宇，新街横街，皆其首建也”，为全台政治、经济和文化的中心地。在西部平原上许多村镇，如琅琊（今恒春镇）、半线（今彰化县）、水沙连（今云林县）、竹堑（今新竹县）等都在这时形成起来，成为日后城市发展的胚胎。因此，“台湾日盛，田畴市肆，不让内地”，“城市庐室，颇近中土”。

郑克臧监国有成绩，但即位不久即被杀，没有什么大建树。郑克塽即位，年纪幼小，没有建树。

三、台湾出现史无前例的繁荣

在这23年间，经过郑氏三代领导人民开拓经营，台湾开辟起来了。生产力飞跃发展，社会面貌焕然一新。“郑氏统治的时间不长，但在台湾历史发展上占有很重要的地位……封建的生产关系在中国大陆上早已十分腐朽，起着生产力阻碍者的作用，但在台湾却是一种新的生产关系。郑氏政权正是这一新的生产关系的体现者。它的统治，很明显的是发挥了生产力推进者的主要作用。”因为这样，“郑成功进入台湾，是这个地区历史发展的一个新的起点。台湾的社会生活，从此进入了封建制的大门”。

这时这里，人烟稠密，出现史无前例的繁荣，呈现出一片中华景象，地以肥沃富，民以安乐丰康，成为一个世外桃源。人口有二三十万，“延平立法严，而爱民如子，劝之以忠，励之以勇，使之以义，绥之以和。闽粤之人民，闻风而至，拓地远及两鄙。台湾之人，是以大集”，“中国人民，多往归之，东宁之人，是以大和”。他们在这里建立起自己的家园，把一片荒原开辟为肥沃的良田，播种了三季水稻，栽种了各种果树和茶园，哺育自己的儿女，就在这个地方，“长子生于唐市，指窟六于台湾”。经济繁荣发达，“郑氏以开拓为政，经之世，陈永华最为注意，富源遂冠于东南”。这里以前，“人民稀少，土尽荒芜。自大军安集，闽浙居民附舟师来归，烟火相接，开辟其土，尽为膏腴。”“亲历其地，备见野沃土膏，物产利溥，耕桑并耦；海盐滋生，满山皆属茂树，遍处皆植修竹，硫黄水藤，糖蔗鹿皮，以及一切日用之需，无所不有，向之所少者布帛耳，兹则木棉盛出，经织不乏，且舟帆四达，丝缕踵至。”人民的生活也得到改善和提高，丰衣足食，民皆殷富，“道不拾遗，市物者不饰价”。“近者海内恒苦贫，斗米百钱，民多饥色，贾人责负声，日沸阛阓。台湾独似富庶，市中百物价倍，购者无吝色；贸易之肆，其约不愆；佣人计日百钱，趑趄不应召；屠几收坚，腰常数十金，每遇樗捕，浪弃一掷间，意不甚惜。余颇怪之，因留台久，始得其故。兹地自郑氏割据至今，民间积蓄有年矣！”这时高山族人民和汉族人民往来频繁，“番素村愚，不知戥等。今新港、萧垅、大武垅等社，多通漳泉言语，以钱贸易；余社则以其所有，易市，絮、烟、铁之类而已”。他们的物质生活也改善了；新港、目加溜湾、麻豆和欧王四大社，“嘉木阴森，屋宇完洁，不减内地村落”，他们“勤稼穑，务蓄积，比户殷富”。他们文化水平也提高了，读诗书习礼义，学习先进的汉族封建文化。其兵黄叔璥来到台湾，在番俗六考中记有：“追历其境，止其舍，目击其饮食动息，与中土人民无二。”“耕种，如牛车、犁、耙与汉人同。”“有读书认字之番，有能背诵毛诗者。”这都归之于郑氏首创文教之功。政治清明，赋税轻薄，民生安乐，奉公守法，“天南无云，海滨不波，花满昔时之垒，人习故国之俗，自此生养教训，以运于明永历之三十七年”。“而土地初辟，征赋甚轻，故民皆乐业，先公而后私。迹其所以治国治民者，有西周遗法。”“郑氏之治台，立法尚严，犯奸与盗，死不赦，有盗伐民间一竹者，立斩之。民承峻法后，犹有道不拾遗之风。市肆百货路积，数之门外，无敢窃者。”“‘伪’郑之时，事归于一，无人擅取一獐一麂，并不敢私役一番。”总之，台湾开发起来了，不仅如此，并为以后清廷经营台湾，如军事方针、郡县设置、政制规划、经济建设、文化教育等方面，打下了基础，具备了规模，使得台湾日后发展成为经济上和文化上的先进地区。“郑氏惠政遗规，清廷不过壮其波澜，收其后果而已。”“驱逐狉獉，辟置郡县则自郑氏始。清代因之，历二百数十年，划疆分治，几度增添，以至立为一省。”“台湾文化之盛，与各行省相埒，皆郑氏先导之功也。”

所以，在17世纪后期明末清初，郑在台湾领导人民开拓经营，发展台湾的经济文化，在台湾的开发史上，起了一个承先启后、继往开来的伟大作用，郑成功也就成为我国历史上开发台湾最有功劳的人！“台湾沉没巨浸，风涛所撼，蛟龙所窟，氛瘴晦暝，自成混沌……而郑氏两世盘踞，为开创鼻祖。”“延平王郑成功，为开台第一伟人！明祚赖以维持者三十余年，其盛德大业，为中外所钦。”“伟哉！郑延平之启台湾也。以不毛之地，新造之国，而抗强胡百万三众。至于今，遂为海中奥区焉。”丰功伟绩，照耀史册！因此，他永远活在中国人民的心里，永远受到中国人民的热爱、怀念和崇敬。

第四章 追思缅怀 民族英雄彪炳史册

秀才封王　名垂青史

郑栋梁

今年是郑成功晋封“延平王”360周年。360年前，郑成功由秀才封王，抗清报国，驱荷复台，名垂青史，意义十分深远。下面，我就郑成功晋封“延平王”的由来和意义谈一点看法。

首先，谈谈郑成功晋封“延平王”的由来。

郑成功是明南安县石井乡人，自幼聪颖好学。他十五岁考进南安县秀才，二十岁又考进南京国子监深造。1644年，清兵入关，民族蒙难。郑成功挺身而出，大义抗清。在南明时期，历任皇帝对郑成功都十分赏识，十分倚重，并委以重任。隆武皇帝赐其国姓，取名“成功”。同时，封他为“忠孝伯”“招讨大将军”，赐尚方宝剑，并派他镇守“仙霞关”等要地。永历皇帝对郑成功更是厚爱有加，封其为“威远侯”“漳国公”，并两次封其为“延平王”。第一次是1653年5月，永历皇帝派兵部万年英等人到厦门，拟册封他为“延平王”。郑成功自谦“功德不及，辞不敢受”。第二次是1658年1月，永历皇帝再派太监刘国柱等人，抵达厦门，郑成功率文武众官恭迎，拜受“延平王”册封。从此，郑成功以“延平王”号称。

永历皇帝为什么对郑成功如此厚爱，两次封其为“延平王”呢？我感到有两个重要原因。

第一，郑成功坚持抗清，赤胆忠心。

郑成功抗清，坚定不移，义无反顾。为了抗清，他焚烧青衣，投笔从戎；为了抗清，他背父报国，甘为“孽子”；为了抗清，他临危受命，愿当“孤臣”。1646年，郑成功起兵抗清之时，全国抗清形势已经十分严峻：北京失陷，南京失陷，“四镇雄兵”土崩瓦解，南明王朝岌岌可危。但是，郑成功始终坚贞如一，纵使隆武皇帝已于汀州遇难，他依然坚持打隆武的旗号，依然坚持尊明朝为正朔。1647年，明桂王朱由榔在两广称帝，建立永历政权，郑成功闻讯后即派人朝拜，尊其为正朔，并亲自率军“南下勤王”。当时，郑成功很多部将认为，“南下勤王，风险莫测”，劝他“固守厦门，以为根本”。郑成功深情地说：“我家世受先帝厚恩，捐躯难报。今有旨吊师，虽越山逾海，以当趋赴，岂暇谋及身家？”后来由于厦门失守，损失严重，才被迫折回。可见，郑成功赤胆忠心，敬奉明朔，真诚所至，无不令人钦赞。

第二，郑成功英勇善战，功勋卓著。

郑成功南澳起兵之时，只有义军三千多人，只占有金门、厦门两个弹丸之岛，却奇迹般地坚持抗清整整十六年。十六年间，郑成功多次粉碎清兵的进攻，特别是小盈岭阻击战打败了福建陆军提督杨名高，江东伏击战打败了闽浙总督陈锦，海澄保卫战打败了平南将军金砺之后，军威大振，有力地撑起了东南抗清的一片天。至1658年郑成功封王之时，郑成功已拥有“舳舻数千艘，战将数百员，雄兵二十余万”，占据了南至广东南澳、北至浙江舟山等东南大片土地，成为全国抗清的一大劲旅，也成为永历皇帝“反清复明”的一大寄托。

可见，郑成功封王，不是空穴来风，而是时势造就，众望所归，也是永历皇帝的必然选择。根据《台湾外记》的记载：1657年11月间，永历皇帝与兵部左侍郎冷孟银商议郑成功封王之事。冷孟银进谏提出：

自太祖开基以来，外臣生前不予封王。而今局势艰难，应当灵活处置，且成功是先祖赐姓，与祖制无违，可就“延平王”封之，待日后江南建树，再加封赏。永历皇帝赞许，即令礼部铸“延平王印”。当时，朝廷封王分为两类；一是一字亲王，二是二字郡王。封号一般取地名如府、州、县等，或是取吉祥的名字，“草略甚殊”，无一定例。而永历皇帝当时为什么册封郑成功为“延平王”呢？史书没有说明，因而史学界揣测纷纷，莫衷一是。不过，我感到厦门大学邓孔昭教授的分析颇有道理。他认为，郑成功“延平王”的封号，取之于福建省的延平府。理由有三：一是“府”在地方建制之中，层次最高，以府名封王，合乎永历皇帝对郑成功器重的心态；二是郑成功是福建人，且长期在福建一带开展抗清斗争，封号取之于福建地名，合乎情理；三是在福建“八府”之中，可取两字郡王称号的只有四个，即建宁府、延平府、邵武府和兴化府。而建宁府已于前朝封过号，不宜再用。可供选择的封号只有后面“三府”。在这“三府”之中，“延平”具有“延续”“平安”的含义，这对当时处于风雨飘摇的南明王朝而言，无疑是最吉祥的了。因此，郑成功册封“延平王”也就顺乎自然了。这也是郑成功与当年的延平府、当今的南平市的一个特殊缘分。

其次，谈谈郑成功晋封“延平王”的意义。

“延平王”，这是郑成功一生最高的封号，也是郑成功一生最高的荣誉。那么，郑成功册封为延平王，在历史上发挥过什么作用，又有什么意义呢？我感到，郑成功封王，起码有两个重大的历史意义。

第一，郑成功封王，有利于凝聚军心民心。

郑成功册封为延平王，军心振奋，民心振奋，东南抗清浪潮空前高涨。当时，不仅江浙原鲁王政权属下将士纷纷投靠郑成功，而且连原已降清的不少将士也纷纷倒戈归顺。因此，郑成功踌躇满志，信心十足，决定大举北伐，进攻南京。

北伐南京，这是郑成功抗清斗争从战略对抗向战略进攻的重大转折，也是郑成功一生抗清的最高潮。1658年5月，郑成功亲率大军十七万人，战船数千艘，从厦门出发，浩浩荡荡，北上抗清。大军挺进长江，所向披靡，连克瓜洲、镇江，收复江浙“四府三州二十二县”。长江南北，一片沸腾。翌年七月九日，大军兵临城下，包围南京。第二天，郑成功登高眺望南京城，不禁春风得意，赋诗一首：“缟素临江誓灭胡，十万雄师气吞吴。试看天堑投鞭渡，不信中原不姓朱。”可见，当时军民同仇敌忾，气势冲天，攻占南京，志在必得。可惜，就在这历史的关键一刻，郑成功误中敌人的缓兵之计，不幸兵败南京。此次战役最后以失败告终。但是，这次郑成功北伐抗清展示的气势，将士的拼搏，民众的支持，都是空前的，都是难能可贵的。这与郑成功封王凝聚而成的强大合力是密不可分的，是值得历史予以充分肯定的。

第二，郑成功封王，有利于强化军政管理。

郑成功封王之前，打的旗号是“招讨大将军”。封王之后，地位提高、职能增强，既强化了军事管理，又强化了行政管理。而且，永历皇帝还特别授予郑成功任命文武官员的职权：武官可至正一品，文官可至正二品。当时，由于历史条件的限制，永历皇帝远在西南，郑成功抗清则在东南，实际上是各自一体，因而强化郑成功的军事行政管理职能十分重要，特别是郑成功后来收复台湾、管理台湾时，其作用显得更为突出。

台湾是中国神圣的领土。1624年，来自西方的荷兰殖民者武力占据台湾，这是赤裸裸的殖民侵略。1661年4月21日，郑成功亲率大军，横渡海峡，经过九个月多的浴血奋战，终于驱逐了荷夷，收复了台湾。郑成功收复台湾，可谓历尽艰辛：其一，郑成功收复台湾，面对的是当时号称“海上马车夫”的世界第一强国。荷兰殖民军拥有世界上最强大的战舰和世界上最先进的武器。其二，台湾炮台密集，封锁海面，“虽欲奋勇，而不能施”。其三，台湾海峡“水路险恶”，风云变幻，神鬼莫测。而且，郑成功以一旅之军，没有国家的支撑，还要背负清朝大军的追杀，却奇迹般地“开辟荆榛逐荷夷”，确保了台湾纳入中国的版图。这靠的是什么呢？靠的就是“复其故土”的爱国情操，靠的就是众志成城的奋斗精神。

台湾收复之后，郑成功又着力推进台湾的政权建设，健全行政制度。他将赤嵌城改为承天府，将台湾城改为安平镇，总称为东都。同时，在承天府设置天兴县和万年县。台湾完全按照明王朝的体制进行设置和管理。在此基础上，郑成功实行屯田制度，鼓励文武官员“招佃垦荒，永为世业”；利用台湾的地理优势和资源优势，积极开展海上贸易；大力兴办学校，发展文化教育事业等，有力地推进了台湾的经济发展和社会进步。

郑成功以“延平王”的身份收复台湾，建设台湾，还充分体现着两个特殊意义：第一，体现了明郑政权是南明政权，也是明朝政权的延续；第二，体现了郑成功是代表中国接收荷兰殖民者的降表，也代表中国对台湾行使主权的管理，意义非常重大。

总之，郑成功由秀才封王，是郑成功精彩人生的生动体现，也是郑成功精忠报国的真实写照。郑成功由秀才封王，对郑成功大义抗清，驱逐荷夷，收复台湾，建设台湾，为中华民族创建千古奇功起着十分重要的推动作用，值得我们永为缅怀和纪念。

最后，我就借用近代爱国诗人丘逢甲的一副对联，作为结束语，与大家共勉：“由秀才封王，主持半壁旧山河，为天下读书人顿生颜色；驱外夷出境，开辟千秋新世界，愿中国有志者再鼓雄风。”

郑成功：闽南文化孕育的民族英雄

许维勤*

郑成功是闽南历史上首屈一指的人物。他生长于闽南显赫家族，接受的是闽南文化教育，又以整个闽南文化圈为一生活动的主要舞台，这样一个历史人物，所蕴含的闽南文化底蕴，无比丰厚。

一、生活于成熟状态的闽南文化环境

闽南文化是一种由汉族移民社会创造，农耕文化与海商文化相结合的地域文化系统。它的形成，经过了长期的历史积淀。早期闽南汉族社会沿袭的仍然是以农为本的传统，直至唐朝以泱泱大国的姿态广纳朝贡，刺激起中国南方蕃舶贸易的发展，闽南汉人才真正领略海上商业活动的魅力。闽国时期，地方政权大力鼓励本地商人参与海上贸易活动。到了宋元时期，在日益增大的人口压力之下，闽南人的海洋经济活动空前活跃，成为补充农业资源不足的主渠道，此时闽南文化作为一种独特的地域文化的一些稳定的特征，实际上已经初步形成。但由于时代局限和中国整体农业文明的强盛，海洋商业文化无论是辐射区间还是对主流文化的渗透能力都有限，这个地域文化还不成熟。一个重要的迹象就是，经济与文化两张皮的现象还相当明显，与泉州成为全省经济重镇的

* 作者系福建社会科学院社会学研究所所长、研究员。

地位相反差，当时闽南地区的文化事业和科举能力在全省都只处于中下水平。

从15世纪开始，随着东西方新航路开辟，世界航海贸易发展到一个新的时代。有着深厚海洋文化传统的闽南人，表现出对这股新潮流"春江水暖鸭先知"般的敏感并立即引起积极回应，海上商业活动迅速复苏。16世纪下半叶以后，随着明朝政府有限度地解除海禁，闽南海洋经济迎来了发展的黄金时期。闽南人掌握了上达宁波、定海，下趋广州、澳门的海上贸易控制权，由这些地方驶往日本和东南亚的航线畅通无阻，从而构成堪与欧洲和东洋海上势力相匹敌的力量。

海洋经济实力的强大，对于闽南本土，无论是生产方式还是社会意识，都产生了极其深远的影响。闽南文化作为一种具有鲜明而稳定的特征的地域文化，大约在17世纪上半叶达到了成熟的状态。成熟状态的闽南文化，表现出以下两个显著的趋向。

一是商业文化对主流文化的介入，由此带来区域文化事业的勃兴。

明清闽南文化的一个突出现象，就是商儒兼容，两者之间产生了一种互动的关系。士子业儒不顺往往下海从商，经商有成者则又往往热衷于促成教育文化事业的建设。这就使闽南社会的文化建设得到商业发展的强有力的支撑。从科举成绩来看，明朝前期，闽南地区的科举水平整体上还处于全省中等水平。明朝中叶以后，泉、漳发展迅速，很快超过建宁，漳州一度领先于泉州。嘉靖年间，泉州超过兴化，居于福州之后的第二位。隆庆以后，泉、漳二州双双超过福州，分别稳居全省第一、二位。[①]这一变化规律，恰好与闽南海商经济发展变化情况相一致，说明闽南文化事业的发展得到了海商经济非常直接的配合，过去那种经济、文化两张皮的现象已得到根本改变。

与科举地位的跃升相同步，这一时期闽南学术文化在全省的地位也在上升。明代中后期，执福建理学牛耳者，大多数都是闽南人，如晋

① 参阅陈寿祺等：《重纂福建通志》"选举"卷第152—156页。

江蔡清、陈琛，同安林希元、惠安张岳、漳浦黄道周等，有人统计，明代泉州人的著作达1100部，其中研究易经的著作不下百部，以致当时有“天下言易者当推晋江”之说。[①]

与此同时，闽南社会主流文化也开始以一种崭新的视角来观照海商这一往昔的末流领域，从而引起思想观念领域的一系列变化。其突出事例，莫过于李贽的“异端”思想。李贽思想的基础，是“好察百姓日用之迩言”，认为“穿衣吃饭，即是人伦物理”。其实质，是对自然人性的肯定，也就是对商品经济的肯定。商业文化对主流文化的介入，使闽南文化获得前所未有的生机。

二是海商势力对政治的介入，由此引起海商集团社会地位的变化。

明代海商起步于与官府禁令的对抗，它从一开始就带有亦商亦盗的性质，尤其是在早期，海商集团的海盗性质是显而易见的。他们还与明中叶的倭寇有着千丝万缕的联系，为主流社会所鄙弃，往往在与政治权力的对抗中遭到覆灭，如嘉靖、隆庆年间的王直、许二、李光头、曾一本集团等。到明后期，这种情况发生了变化。一方面，一些海商集团开始注意扭转自己的海盗形象，更多地追求和平的海上贸易，或以劫富济贫的行为来收拢人心；另一方面，他们开始积极架设通向政治权力的渠道。如天启初的李旦，就是个相对平和的商人。郑芝龙继承李旦的势力后，继续营造正面形象，“所过地方，但令报水，而未尝杀人”，“遇诸生则馈以赆，遇贫民则给以钱，重偿以招接济，厚糈以弭间谍，使鬼神通，人人乐为之用”[②]。取得了闽南世俗社会的广泛认同。对于官府，则尽量不去招惹，“不攻城邑，不杀官吏”，还“入海物奇珍”结纳各级达官贵人，千方百计争取官方的招抚。

① 许在全：《略论泉州文化》，《闽文化源流与近代福建文化变迁》，海峡文艺出版社1999年版，第142页。

② 曹履泰：《靖海纪略》卷1，台湾文献史料丛刊第33种，台湾大通书局1987年版。

这种变化意味着，海商经济的壮大到一定程度，正在逐步摆脱其原始积累阶段的野蛮性，进一步的发展，已不能满足于体制外的非法运作。海商集团作为一种成规模的新的社会力量，要求介入政治，得到正式的承认和保障。同时，政治权力也已不能忽视这样一种生机勃勃的力量的存在，在无法扑灭的情况下，只好开启了接纳之门。郑芝龙受抚后，始终没有离开他的海上贸易事业。正是在他所取得的合法政治权力的名义下，他完成了对整个东南海域的统一，开创了闽南海商的辉煌时代。这一事实，说明了海商经济与主流政治的互动和海商集团社会地位的提高，郑芝龙成了这样一种新的社会力量的代表。

事实上，这时的闽南海洋经济社会的实力，不但足以介入和影响主流政治，而且还表现出支起独立政权的倾向。郑氏集团受抚后的军饷以及整个统一海上军事行动的经费都是自给的，这种独立成事的体验后来一直影响着郑芝龙的政治取向。他拥戴南明抗清和最后投靠清朝，始终都是当“海上霸王”的意念起作用。也就是说，当时的闽南社会，充溢着一种张扬的活力。这种活力里，不但承袭了闽南传统的独立不羁、尚武任勇的民风，而且不乏西方殖民者舶来的近代式的冒险、进取精神。一种新的政治实体正在这股活力里孕育。

郑成功正是生活在这样一种社会文化环境之中。

二、接受闽南特色的文化教育

郑成功出生在日本，到了该接受启蒙教育的年龄，便被接回故乡安平受教。

当时闽南教育环境非常好，天启、崇祯年间泉州府在每次科举考试中，平均能考取举人约40人，进士约14人[①]，均成倍高于全省其他地区。仅安平一地，据《安海志》统计，明代就有进士33人，武进士

① 据刘海峰、庄明水《福建教育史》（福建教育出版社1996年版）第152、160页表格数据换算。

4人，举人79人，武举人27人，贡生63人。明朝福建仍是全国科举强省，进士占总人口比例居全国第一，由此推见，明末泉州科举之盛况在全国也是罕有其匹的。科举的成功，既使整个地区倾心向学的风气极其浓厚，也使当地教育积累了极强的师资和非常丰富的教学经验。郑成功就在这样的环境中接受最优越的教育。

据记载，郑成功小时“甚聪敏”，“性喜《春秋》，兼爱《孙吴》。制艺之外，则舞剑驰射。楚楚章句，特余事耳”。[①]按明代童生教育，首重“四书五经”，最严格的训练是写作八股文，这是科举考试的基本功。但郑成功于“五经”之中，独喜《春秋》，而且爱读课外的兵书，可见他从小就有落拓不羁的天性和远大的志向。这样一个学子是不可能完全受刻板的科举教育约束的。清人有一种记载，说郑成功在南安县学时，考试只属三等，其父为了夸耀，动用权势要将他定为高等，但被正直的考官抵制，最后定为二等。为了这条记载，不少人进行了考辨。有的人硬要把郑成功说成是“以优异成绩考取县学生员”，其实大可不必。少年意气的郑成功，习不惯八股文严格的规范，考试得不了高分，是一点都不奇怪的。黄宗羲在《郑成功传》里也说到，郑成功博览群书而“不治章句”，可见郑成功平时并不在意寻章觅句的枝节小事。据载，有一次，老师以“洒扫应对”命文，郑成功答道：“汤武之征诛，一洒扫也；尧舜之揖让，一进退也。”其才思之敏捷，用意之新奇，令人吃惊。温睿临《南疆逸史》称：“(郑成功)十五补南安博士弟子员，为人英毅有大志，丰仪峻整，瞻视非常。”可见，制艺等第，是不足以衡量郑成功的才气的。少年郑成功身上，充满了闽南人桀骜不驯和开拓进取、勇为天下先的精神。

少年郑成功所感受的闽南文化，与他的启蒙老师曾其五有极大关系。郑成功15岁入县学之前，曾氏一直在郑家执教。其人若何？嘉庆《赤店乡土志·村贤卷》有记：曾其五，字福祥，明代晋江九都苏厝人。

---

① 江日昇：《台湾外记》卷1，台湾文献史料丛刊第60种，台湾大通书局1987年版。

性端重敦笃，志节崭然，博学能文，善书法，气骨森竦严整。十六岁入府学，因家故，废举业，日耕夜读，涉猎经史诸子百家，苦中求乐。每有暇，趋安平与诸友切磋文学，谈吐奇瑰，识解不凡，当地名流皆乐与之交往。“治学精严，倡二朱化人，然亦兼习武略。”

这里面有几点值得注意。

第一，曾其五不但有着深厚的传统文化学养，而且其学术渊源有自。所谓“二朱”，就是朱熹与他的父亲朱松。朱松任石井监税时，曾在当地办书院讲学，后来朱熹任同安主，又曾到石井书院倡学，闽南由此留下源远流长的朱子理学传统。当时闽北地区文化已趋于衰微，发扬光大朱子理学的任务主要是闽南人在承担，蔡清、陈琛、林希元、张岳等都是绍述朱学的正统，在闽南士绅社会有着广泛的影响。曾其五倡“二朱化人”，正是这种影响的具体表现。也就是说，曾其五是郑成功汲取儒家正学养分的重要媒介。年少学浅的郑成功当然尚无法涉足高深的学术，但理学厚重的学术传统给郑成功的人格滋养和价值观潜移默化的作用，却是无时不在的。

第二，曾其五家遭变故后放弃举业而担起家庭重担，这是闽南读书人脚踏实地的典型形象。在闽南人看来，读书进仕仅是谋生手段之一,一旦出仕无望，或从商，或力耕，或游幕，或业塾，改寻出路毫无障碍，乡人不但不会耻笑他们，反而会认为这是明智之举，或勇担责任的表现。同时，放弃举业的读书人，其书生风骨也不轻易被生活重负所压垮，日耕之苦不改夜读之乐，无论现实多么艰难，永远志存高远，则又体现出闽南人奋发进取的韧性。在曾其五言传身教中，这种性格对郑成功的影响不容忽视。

第三，曾其五“兼习武略”，这是当时闽南文化的一个突出现象。民间习武之风极盛，即使是一介书生，也乐于涉足武事。郑成功从小饱读兵书，与曾其五的引导是分不开的。当然，郑家本身就是以武发迹，武学造诣绝非泛泛，对子弟习武也尤为重视，在武术技击方面当有更高明的导师。郑成功有个叔父郑鸿逵，是崇祯十四年武进士，在此之前，基本上都在安平老家，督促郑成功读书练武。泉州是南少林武术发祥地，其拳脚短打刚猛敏捷，与闽南人勇于拼搏、重义轻生的性格相表里，威烈无比。郑成功后来总结了南拳的这些特点并加以发挥，组建藤牌兵用以对付清军骑兵，演练出一套新的战术，屡奏奇效。由此可见，闽南武学文化对郑成功的影响也是非常深刻的。

郑成功从7岁回国，在闽南受教达15年。崇祯十七年（1644年）他进入南京国子监时，已是个雄姿英发的21岁青年。据载，郑成功进入太学后，拜在著名学者钱谦益的门下，钱谦益对他期许颇深，为之取号“大木”，并曾就郑成功所作《游桃源涧》诗评曰：“声调清越，不杂俗氛，少年得此，诚天才也。”后来成为南明永历朝名臣的瞿式耜也评道：“桃源上首，曲折写来，如入画图，一结尤清绝；次首瞻瞩极高，他日必为伟器，可为吾师得人庆。”[①]显然，这位闽南文化的骄子，在学识和气度方面，已经显示出非同凡响的魅力。

郑成功在南京国子监学习的时间并不长。当时北京已经陷落，清军势逼江南，郑成功无心读书回到福建。不久，南京小朝廷覆亡，唐王朱聿键在福州称帝，是为隆武帝。郑成功随父觐见隆武帝，受赐国姓，封“忠孝伯”，从此开始了戎马倥偬的生涯。

三、郑成功的闽南文化气质

任何杰出人物，都不可能超脱于他所活动的时代和空间的环境，他的事业，乃至于他的性格和精神风貌，都不可避免地要打上时代和地域的烙印。郑成功也同样如此。他生活在闽南历史上最富于生气的时代，接受的是闽南式的正统文化教育；从22岁被赐姓封爵到39岁病逝，在短暂而辉煌的人生创业历程中，又始终围着闽南文化圈这一特定的空间在转，这位民族英雄的闽南文化蕴涵，很值得深入研究。本文不遑深论，仅就郑成功在建功立业过程中所体现出来的闽南文化气质做些简单列举。

① 郑成功、郑经：《延平二王遗集》，福建省图书馆据玄览堂丛书续集本抄。

（一）忠义相许，正气凛然

闽南人尚义轻生，恩怨分明，这种性格在郑成功身上表现得非常突出。他曾说："我家本起草莽……朝廷不加诛，更赐爵命。至于今上，宠荣迭承，阖门封拜，以儿之不肖，赐国姓，掌玉牒，畀印剑，亲若肺腑，即糜躯粉骨，岂足上报哉？"[①]清军扫荡安平，母亲受辱而死，郑成功视为奇耻大辱，发誓："此仇不报，誓不为人！"可以说，国恨家仇是郑成功斗志的支点。他对父亲并不真心辅佐隆武帝非常不满，对隆武帝表示："臣愿捐躯别图，以报陛下。此头此血，总之已许陛下矣。"[②]当南明大势已去，郑芝龙准备降清，在大是大非面前，郑成功表现出崇高的民族气节和义无反顾抗争到底的决心。他宁愿与父亲决裂也不违背忠义原则，在多次回复父亲劝降的信中写道："从来父教子以忠，未闻教子以贰，今吾父不听儿言，后倘有不测，儿惟有缟素而已。"[③]"大人不顾大义，不念宗祠，投身虎口，事未可知。"[④]"盖自古大义灭亲，从治命不从乱命。儿初识字，辄佩服春秋之义。自丙戌冬父驾入京时，儿既筹之熟，而行之决矣（指起兵抗清）……父既误于前，儿岂复再误于后乎？"[⑤]誓死抗战以报国恨家仇的决心始终都很坚定。郑成功对明朝的忠心是真诚的，当时也没有人因他是叛徒的儿子而怀疑过

---

① 温睿临：《南疆逸史》卷54，台湾文献史料丛刊第132种，台湾大通书局1987年版。

② 刘献廷：《广阳杂记》卷2，台湾文献史料丛刊第219种，台湾大通书局1987年版。

③ 江日昇：《台湾外记》卷2，台湾文献史料丛刊第60种，台湾大通书局1987年版。

④ 温睿临：《南疆逸史》卷54，台湾文献史料丛刊第132种，台湾大通书局1987年版。

⑤ 杨英：《从征实录》，北平国立中央研究院历史语言研究所1930年版，第34—35页。

他。同时代的著名忠臣张煌言称赞他“招讨始终为唐，真纯臣也”[①]。

秉大义而生正气，郑成功服膺《春秋》大义，闽南人尚义的特点，在他身上已升华为国家民族的大义。面对清军的进逼，他的“大义”表现为对明朝忠贞不贰的气节；面对外国侵略者，他的“大义”则是维护国家主权和领土完整，他在收复台湾时对荷兰殖民者说：“台湾者，中国之土地，久为贵国所据，今余既来索，则地当归我。”这里所表现出来的凛然正气，与他抗清的凛然正气是一以贯之的，与闽南人的道义原则同样有着内在的联系。

（二）百折不挠，勇于开拓

郑成功虽然贵为官家公子，但他的创业历程却是极其艰难的，其间经过许多大起大落的曲折，始终没有改变勇往直前的气概，凭着有限的阅历，竟能百折不挠，屡屡于万难中开拓出新局面，这里面富含闽南文化拼搏进取的精神。郑成功的事业至少有三次大的开拓。

第一是海上起兵。父降母丧，家破人亡，一条是随父降清以保富贵，一条是重起抗清艰难重重，两条路，郑成功选择的是后者。当时郑氏集团已经四分五裂，郑成功入海时，身边只有几十人。一个初出茅庐的书生，要重聚家族旧部，谈何容易？但是郑成功硬是凭着自己的坚强意志和以果敢、坚毅的作风，树立起威信，将分散于海上的各支力量统一于自己的麾下，建立起金、厦抗清根据地。

第二是拓展贸易活动。金、厦地狭民贫，粮饷难措，若无可靠的经济基础，即使建立了武装也难以为继。面对这一问题，郑成功再一次表现出过人的开拓创新能力。他除了用他父亲的老办法向商船抽税外，“令兄泰造大舰”[②]以通洋，并成立海、陆10大商行，组织货物

---

① 张煌言：《张苍水诗文集》，台湾文献史料丛刊第142种，台湾大通书局1987年版，第192页。

② 江日昇：《台湾外记》卷6，台湾文献史料丛刊第60种，台湾大通书局1987年版。

的采购和出口。他的商船在日本、吕宋和东南亚之间的广阔海域畅通无阻，利源滚滚，取得了充裕的经费，为军队的发展奠定了坚实的基础，数年间，他的军队扩展到10余万之众，拥有各种战舰3000余艘，威震东南。

第三是进军台湾。1658年郑成功率军北伐，在南京遭惨败，退回厦门。清军逼迫得很紧，而且对金、厦实行严密封锁，郑军陷入困境。出路在哪里？郑成功也曾一度苦恼，“念举义十有余年，越在草莽，未尝复尺寸土，金、厦仅二孤岛，安能久居？”[①]此时若是平庸之辈，出路只有两条，一是死守金、厦，直至被剿灭；二是投降，保住性命和富贵为时未晚。但郑成功决不甘于如此下场，而是竭力寻求新的开拓机遇。当他得到何斌来自台湾的情报，豁然开朗，立即召开军事会议，决定东征。当时他手下也有不少人反对或犹豫，但郑成功主意已决，纵有千难万险，都挡不住他的雄心壮志，终于绝处逢生，在困境中闯开一条新路，为中华民族立下收复台湾的千古奇勋。

郑成功百折不挠的创业精神，是闽南文化“爱拼才会赢”的最好注脚。

（三）崇源重本，恪守传统

郑成功指责父亲降清时有一话：“大人不顾大义，不念宗祠。”这句话透露出郑成功价值观很突出的两个方面，一是《春秋》大义，也就是忠义观念；二是宗法传统观念。在郑成功看来，大明王朝才是按照儒家传统文化建立起来的正统王朝，郑家列祖列宗都是这个正统王朝的臣民，尤其是他被赐姓朱以后，郑家宗祠更是沾了正统皇家的光彩，而清朝是异族统治，是正统之外的势力，投降清朝不但是对正统王朝的背叛，而且是对列祖列宗的背叛。郑成功的这种观念，显然是受儒家正统教育的结果，在当时，产生出巨大的精神力量。

---

① 郑亦邹：《郑成功传》卷下，台湾文献史料丛刊第67种，台湾大通书局1987年版。

宗法观念的核心，是“根”的意识，是对“本”“源”的重视，中国人特别爱国，实际上与此有着不可分割的关系。郑成功抗清、收复台湾，始终恪守的是对“本”“源”的忠诚。这个本，就是明朝，这个源，就是儒家文化。不论自己的实力发展到何种程度，他都要尊奉明室“正朔”，收复台湾后，孤悬海岛，仍然继续对永历帝称臣；他念念不忘故乡，“以热兰遮城为安平镇，改名王城，建桔木失门，志故土也”[①]；临死，他还“登台望海，乃冠带，请太祖训出，坐胡床，命左右进酒，拆阅三帙。叹曰：‘吾有何面目见先帝于地下哉！’”[②]。

对“根”的依恋，对传统文化的尊重和珍视，是闽南文化的突出特点。在闽南骂人“忘本”，是一种很重的谴责。与郑成功同时代的闽南人洪承畴，就因不但叛明而且竭力为清朝效劳而被乡人骂为“背祖忘本”。据说洪承畴回到老家，连他的母亲都不让他进门，做一道“六离门”将他挡在门外，表示六亲皆要与之断绝关系，这个故事还被编成戏剧在民间广为传播，反映出闽南人的价值取向。有人说，郑成功对明朝是愚忠，殊不知，若无这种“愚忠”，也就不会有收复台湾的壮举。

（四）眼界开阔，精明务实

郑成功恪守传统道德，但他绝不保守、封闭，这一点与明、清两朝的统治者截然不同。当时西方资本主义正蓬勃发展，它的触角四处延伸，以地理大发现为基础的世界市场体系已经初步形成。对此，郑成功当然也不可能有自觉的认识，但作为海商之家，他对世界市场变幻的感受，和对神秘的大海所蕴藏的经济资源价值的认识，却是当时的中国无人能及的，尤其是他的才能足以让他把这种感受和认识上升到与当时国内政治、军事形式分析相结合，从而产生独到的战略观念：“闽粤之地，不比北方得任意驰驱，若凭高恃险，设伏以御，虽有百万，恐一旦亦难飞过。收拾人心，以固其本；大开海道，兴贩各港，以足其饷。然后选

① 连横：《台湾通史》（上），商务印书馆1983年版，第26页。

② 连横：《台湾通史》（上），商务印书馆1983年版，第28页。

将练兵，号召天下，进取不难矣。”[①]后来郑成功实施的一直都是这个战略。在这里，郑成功大胆地把整个政权和军事力量的基础，建立在发展海洋商业经济之上，与以农为本的传统政治军事思想有着重大区别。从当时世界潮流的眼光来看，这个战略是极富近代精神的。

郑成功行事风格的近代意味，还可以举一件典型的事例来说明。在围攻台湾城堡前，郑成功曾向荷兰人许诺，只要交出土地，“珍瑶不急之物，悉听而归”。但在荷兰人顽抗九个月后再来求和时（当时荷兰人仍有战斗力），郑成功的口气已经发生了变化。根据台湾《汉声》45期《郑成功和荷兰人在台湾的最后一战及换文缔和》一书刊载，永历十五年十二月九日，郑成功给揆一的信写道：

“当初我率领强大的军队来到此地时，只要从你们手中得到那城堡，并不要你们的财物。对此你们早就应该听从。后来我又给你们写了几封信，但你们都不愿意听。现在你们被围了九个月了，一切错误都是你们自己寻来的，还有什么话说。而我率大军来此九个月，花了非常多的生活费，攻打那碉堡时也用了很多的火药，还有其他更多的费用，难道我现在得到一个空城就会满意吗？你们这些自认为聪明的人，可以自己想想看。”

在这里，郑成功算起了战争的成本，这是中国人很少见的情况。通常情况下，中国人在对外争端中，只要能胜利，总愿意在钱财“小事”方面对外国人让出尽可能大的利益，以示“宽怀”，同时也表示重在争“义”而不在“利”的姿态。而郑成功的做法，却是义利兼顾，这里既体现出闽南人的精明务实，也含有近代战争的普遍原则：从战争中收回战争成本。事实上，西方殖民者一直是以这样的原则在东方进行冒险活动的，郑成功只不过在收复领土的正义战争中也运用了一次“游戏规则”而已，而且运用得很正当。当时郑成功不但在实力上堪在东方海

① 江日昇：《台湾外记》卷2，台湾文献史料丛刊第60种，台湾大通书局1987年版。

域与西方势力周旋，而且在观念上也与一般颟顸无知的官员大不一样，从世界大势的角度而言，泱泱中华，当时能够与西方殖民者真正对得上话的，大概也只有这位“国姓爷”了。

郑成功的开阔眼界和务实精神，是当时开放状态的闽南海洋文化的产物，同时也标志着闽南文化发展史上的一种境界。

惠安地区郑成功信仰的田野调查与浅析

黄晖菲 *

有关郑成功信仰的调查与研究，学界已有大量的研究珠玉在前。目前，郑成功信仰的研究主要集中在台湾地区，台湾地区的郑成功庙宇数量众多、分布广泛、祭祀系统明确，可以说已是信仰体系完善的神明。但反观大陆地区，郑成功信仰较为零散，且与台湾地区有着较大区别，因此相关研究亦较少，高致华学者所著《郑成功信仰研究》一书中，对郑成功信仰进行了极为详细的系统梳理，并就大陆地区的郑成功信仰提出了自己的研究和看法。本文就其所提及的惠安洛阳镇后亭村埭厝村进行了二次田野调查与梳理，并结合惠安地区其他乡镇的郑成功信仰进行了一些调查，试图简单梳理出惠安地区的郑成功信仰现状，并进一步剖析近代以来郑成功信仰在大陆地区兴起根源及发展的特点。

近代以来，随着郑成功信仰崇拜的兴盛，惠安地区出现了一些供奉郑成功的宫庙，由于时间有限，笔者此次以惠安洛阳镇后亭村埭厝村为主进行了田野调查。在笔者调查过程中了解到，惠安地区崇拜郑成功信仰的至少还有四个村落，分别是黄塘镇下坂村、洛阳镇后亭埭厝村、辋川社坑村、涂寨顶（上）东山村。笔者在此亦对其他几个村落进行了粗浅的调查，一并罗列于下文。

* 作者供职于中国闽台缘博物馆研究部。

一、惠安洛阳镇后亭埭厝村的田野调查

埭厝村位于惠安洛阳镇后亭村，后亭村为行政村落，含后亭、洋茂、陈厝、前宅、后宅、埭厝6个自然村。该地属白沙半岛一部，据村支部副书记杨育仁介绍，原有后亭桥跨海通洛阳，其小时候都还曾见过，但1968年西面填海设军垦农场，后亭桥被损毁，东面亦填海围垦，因此地貌与旧时已大相径庭。

埭厝村，原名应为戴厝村，在《惠安县志》第一篇建置中提到，埭厝村古属十八都埔林铺，古称戴厝。[①]此点在此次笔者田野调查中发现的一块清代碑刻中亦有所体现。至于为何改称“埭厝”？据村长介绍，应是因填海围垦后附近一带成埭，因此改称。现约有25户，125人，全部姓郑，村长说祖上是从东园凤山分支而来，可惜并未留下族谱，仅在清道光十三年版的《凤山郑氏族谱》有记载：于我“祖”字家谱知埭厝分居年月，知埭厝自吾凤山分派。因此，应是自东园凤山分支而来。

村内有小庙一座，十余平方，为单进式。外墙悬挂着“泉州市非物质文化遗产保护领导小组”授予的“闽南非物质文化保护区台商投资区展示点《洛阳埭厝国姓尊王宫》”牌匾。说明“始建于明末，敬奉郑成功座像，国姓爷神诞仪式独特，相传郑成功抗清曾派军驻泉州湾，留有走马埭之地名，存有国姓井、将军潭、军墓地等与郑成功有关史迹，其中石马槽石质样式，与南安石井文物相似，同属石进鳌峰石”。

庙堂供有神龛及供桌一方，上悬“国姓尊王”匾，辛未年桐月（1991年3月）重建。神龛内供奉着大大小小共11尊神像，经村长寻来耆老介绍，分别是：居中为国姓尊王，右手持笏；居左者为潘大人、居右者为圣王公；前排两侧为宫主公、宫主妈，身后各列三位大人、三位相公。这些神像的称号，分别用小木牌书写并立在神龛两侧小架上，并

① 陈万里、王春来主编：《惠安县志》，方志出版社1998年版，第108页。

配插有颜色不一的三角形旗帜。墙上贴有破旧的公告，系往年八月初三神诞仪式的账目公示。村民一再强调，八月初三不是郑成功的诞辰，而是该庙神像落成之日。

高致华学者《郑成功信仰研究》中调查显示："1999年村庙及神像才告完工"，而牌匾上所书时间却为1991年，另外，村民一再强调该庙神像落成日为八月初三，与牌匾上所书3月亦相差数月，这说明可能是田野调查时调查对象所记忆的时间有误，抑或该牌匾为原旧宫庙移到新庙。

该庙旧址原在村东，石构单进，面南，临大榕树荫映的大潭窟。后来被生产队征用，而后坍塌，迁现址。原先每年神诞举行巡境，组织村民赴石井进香，但这些年已经没有了。村长及村民都感叹该村人丁不兴，且青壮年人多数外出，难以凑齐抬轿的人，因此以前扛神轿都是村里的妇女，现在则无力组织。

关于上述"泉州市非物质文化遗产保护领导小组"授予的"闽南非物质文化保护区台商投资区展示点《洛阳埭厝国姓尊王宫》"牌匾所提及的石马槽和将军潭：石马槽位于村中一小水潭边，呈浑圆状，旁有弃石构件，单面刻字，似"冬癸"两字。将军潭则距村东约半里，长约二十米，宽十余米，现因取水少，水色黝绿。村民说潭中有一窟深井，曾有村民在抽水过程中差点踩空落入井中，因此印象深刻。据郑权民村长及村中两位长者介绍，村中古井为村民早些年的饮用井。以前，戴厝多为旱地，浇灌依靠地下井涌进的"潭窟"，以枷力杆取水。至今在村周边仍可见几口潭窟，大者二三十米方圆，小者仅几米。

二、埭厝村郑成功信仰起源的分析与探讨

关于埭厝村的郑成功信仰起源，高致华学者在2003年赴埭厝村进行田野调查时曾有机会与村中耆老一起进行了交流，得出起源时间是村民的意愿决定了神明的意愿，从一百多年一再提早到390年。笔者在田野调查的过程中亦就此访问了村民，或许是由于有了前次的经验，村

民已经一致认同了三百多年这个时间。且村长郑权民回忆说南安石井的郑氏后裔到达该村进行考察时，曾一再提及该村村民的形体特征与石井族人有着很大的相似点。那么，埭厝村民是否有可能是石井郑氏的后裔呢？

村民介绍，在国姓王宫左侧后方的庙宇多，是早已荒废的郑氏祖厝。庙内存一方石碑，“明郑氏四世祖”六字可辨，余下似有三字，模糊不明，可能是墓碑石。这说明至少在明末，村民早在此居住。另位于后宅村的下后宅宫，村境主公主祀张府大帝、青山龙（灵）安尊王、田都元帅，又称下后宅宫。宫宇于2012年重建。面南的大门外置清康熙四十四年（1705年）立石碑，近三米高。兹将全文抄录于下：

后亭《三乡赎回海荡碑》[1]

额：康熙乙酉桂月勒石

碑文：吾三乡滨海，海荡原属已业，北起辟石，东至象港沟与曾荡为界；南至樟坑涵对安风墓，与唐荡为界；西至三乡山所为界。受民荡半所载，米壹斗柒，合秋租钞柒佰伍拾文。此乃任吾三乡采捕，有利无害者也。缘隆庆年间，各乡有奸□者贪利蝇头微利，献之龚侍□，岁定税银壹拾捌两，加倍勒收。迨康熙辛酉年，来迁复回，减收加五。凡士农工商，举遭其害。到壬申年，海叹三星，赔纳难堪，共谋送海，旋被抬害。越明年，转典施府，无奈又复受税。夫自隆庆以至于今，几贰百年，生当其时者，目不见天日，私迫于官家之威灵。涖干曰：出公屈于官法之武健，笙是虐加于身受者，能不追恨作俑之前人乎？讫幸天衷悔祸，龚标舍、睿舍开诚许赎，吾三乡郑都等会众同心协力，共费银壹佰贰拾陆两，荡米依旧，收入各户内永为已业。嗟乎，气数有盈虚，人事分得失。书之石倮，后世知祖宗艰难，孙子蒙休，务规远大好，毋复贻覆祸之忧云□。

① □为字迹难辨或辟字，其中有些字迹难辨，或有错认。

东头	陈	
后宅　乡	杨	（三姓75人具名略）仝立
戴厝	郑	

这方碑记主要记载东头、后宅、戴厝三乡海荡失得复得的过程。文中三乡的陈、杨、郑三姓人，至少在明隆庆间就定居此地，而后，乡人将海荡业产租于龚姓，又经迁界折腾，产权归属成问题，后终三乡合力再次赎回。高致华学者在《郑成功信仰研究》中写到该族人在当地已传四代，应是有误的。从碑记及祠堂内的墓碑看来，应是在明末就已传四代。而村民所言其郑成功崇拜有390年之久，应是指郑氏族人在当地生活已有三百多年。

文中所提及的时间节点与事件，分别为明隆庆间，共六年（1567–1572年），海荡产业租于龚姓；康熙辛酉年即康熙二十年（1681年），迁界复迁；壬申即三十一年（1692年），越年转典施府；康熙乙酉为四十四年（1705年），立碑时间。期中并未提及与郑成功等相关事件，但明确提及了迁界与复迁一事，据载：清顺治十八年（1661年），清廷下令迁界，沿海30里尽为废墟，居民入内地垦荒，图甲十减六七，百姓流离失所，郑姓尤为凄惨。[①] 这与碑文中“夫自隆庆以至于今，几贰百年，生当其时者，目不见天日，私迫于宦家之威灵”“迨康熙辛酉年，来迁复回，减收加五”等记载不谋而合。可见，郑氏村民至少在明隆庆之前就已定居于此，在明末清初郑成功从事反清复明活动期间，东头、后宅、戴厝三乡民众生活凄凉不堪，且因受到迁界之影响，流离失所。因此，从时间上来看，埭厝村郑氏为郑成功后裔分支一说应该是不可能的。

那么，该村的郑成功信仰是否如村民所言，始于三百多年前？从目前台湾地区的郑成功信仰研究来看，郑成功信仰在台湾起源应始于郑

① 郑成法，福建省惠安郑氏综述，http：//www.zhengshi.org/view/925.html。

成功去世后不久，但在清廷的高压之下，只能隐晦地祭拜，以“开山王”“朱王爷”等称之，这也是连横等提出“王爷”信仰实为郑成功信仰的主要依据。至清康熙三十九年（1700年），康熙对郑成功做了比较公正的评判，并下诏护送郑成功父子灵柩从台湾迁葬回故乡南安石井，但郑成功信仰仍未能得到清廷的认可和推崇。郑成功信仰得到官方的认可与推崇，应始于同治年间，同治十三年（1874年）台南市修建“延平王祠”，并于光绪元年（1875年）竣工，正式开启了官方与民间同祀郑成功的阶段。较之于台湾，三百多年前的惠安地区，深陷于郑氏反清复明与清廷统一台湾战火的苦难之中，虽然康熙三十九年（1700年），康熙下令遣官护送郑成功父子的灵柩从台湾迁葬于故乡南安石井，并下诏把原来被清政府所毁的南安石井郑氏宗祠改建为“延平郡王祠”，但彼时的大陆地区，并未就此掀起郑成功的信仰浪潮，惠安地区亦是如此。因此，埭厝村的国姓爷信仰起源于三百多年前的说法，诚如高致华学者所言，显然是村民意愿的体现，应是不准确的。

三、惠安其他地区的郑成功信仰

惠安地区的郑成功信仰，分布较为零散，除了洛阳埭厝村的国姓王宫，在其他地方亦有体现，囿于笔者调查有限，粗列于下：

（一）黄塘镇下坂村的“国姓爷”信仰

下坂村位于惠安县黄塘镇，古称霞坂村。明清属十七都黄田铺[①]，民国属民安乡松溪保。1949年冬起先后属六区（洛阳），七区、九区（黄塘），黄塘区松溪乡。1958年起先后属东红公社、黄塘公社置下坂大队（1989年划出苏塘、古井、埔尾3个村组建苏塘大队）。1985年改设为下坂村委会属黄塘乡。下坂村区域面积5.5平方公里，下辖山门坑、运仗桥、顶新厝、下坂村4个自然村，总人口为2117人。下坂村（包括顶新厝、田洋）由周、郑、施、陈、饶等姓氏及少数李姓居住。

① 陈万里、王春来主编:《惠安县志》，方志出版社1998年版，第104页。

下坂行政村下辖的各个自然村均有郑氏分布，2012年下坂郑氏族亲理事会成立。选举产生了理事会名誉会长郑亚荣、会长郑添水（田洋）、副会长郑文忠（顶新厝）、郑锦忠（大乡）和郑明河（田洋）等，即各自然村内的郑氏宗长。据《下坂郑氏族谱》记载：下坂一世公居住在惠邑城东王孙走马埭一带，八世公与九世公从下社溪（今霞苍）迁居下坂。

下坂自然村中有霞坂庙，2009年重建，庙内供奉国姓爷，并于当年组织村民赴南安石井参加了郑成功收复台湾350周年进香“封神”祭典仪式活动，领回封护国天尊的玉旨玉印（现保存在霞坂庙内）。2012年农历七月十四，再度组织村民赴石井祭拜。

（二）辋川社坑村、涂寨顶（上）东山村的郑成功信仰

值得注意的是，与洛阳埭厝村、黄塘下坂村的郑成功信仰不同的是，辋川社坑村、涂寨顶（上）东山村的郑成功信仰并不是以郑氏族人为主体的民间崇拜。

辋川社坑村是以陈氏为主体的村落，据村民介绍：相传元末明初时期，张氏移居此处安居，此地前面有一片洼地似坑洋，坑中筑有一舍庙，敬奉舍公舍妈，祈求全村平安，因此当时把此村命名为“舍坑”，后改为社坑，后陈氏先祖从莆田随船来惠安社坑，娶张女，生允祯、允裕二子，安居社坑，至今二十五世。后许氏先人也从莆田迁来，因此现在本村陈姓人口居多，村内的郑成功庙亦是由陈氏族人组织修建。涂寨顶（上）东山村隶属岩峰行政村，现有的居民大多姓黄、余，据称当地建有国姓爷小庙，各家各户大厅都要镇宅供奉郑成功神尊保平安。除了平时村民正常的上香活动之外，这两个地方的信众都曾组织村民赴南安石井郑成功庙进行进香仪式。

（三）净峰镇净南社区山透村的“郑王爷”信仰

除了国姓爷信仰之外，笔者在田野中还了解到，位于净峰镇的净南村山透村凤山宫座内亦供奉有郑王爷，附近村民及郑氏宗亲都将其归纳为郑成功信仰，但笔者调查后发现并非如此。

山透村村民主要为邱氏，少数郑氏，不仅如此，山透村亦是整个净南社区有郑氏村民的唯一村落。凤山宫供奉妈祖，乃是1988年为方便村民祭祀而分灵于该村，并定期组织村民前往湄洲进香。此外，宫内还供有郑王爷，并于每年农历四月十六郑王爷生辰时组织信众前往泉州东岳庙朝拜。从生辰时间与祭祀东岳庙来看，此处供奉的郑王爷应不是郑成功。且在附近的妈祖宫中，仅有该村供有郑王爷，因此应是本村郑氏后裔对某位先祖的崇拜行为，其后随着信仰的融合，逐渐演变为全村的信仰。

四、惠安地区郑成功信仰崇拜的几点思考

其一，从单个村落而言，惠安地区的郑成功崇拜信众人数不多，多以单个自然村为主，且村落人口不多，信仰发展缓慢。如洛阳镇埭厝村，据村民家介绍，明清时期，村内人口众多，曾有“了去十一支枷乌杆，告倒一个举人”的说法，意即戴厝人以损失十一个潭窟所浇灌范围的田地的代价，扳倒一个倚势与他们纷争的举人，可见当初村内人口之众，田地众多。但由于历史的原因，受到倭寇、迁界、瘟疫等影响，村里的人纷纷出走谋求生路，有的更是远下南洋，至今已基本没有联系，因而村落人口一度骤减，凋零不堪，难以恢复往日盛况。受到这种情况的影响，村内的国姓王神诞巡游亦难以为继，甚少举行。

其二，从整体而言，惠安地区的郑成功信仰分布比较零散，点与点之间距离较远，且相互之间并未形成互动。笔者在田野调查过程中了解到，这些信仰郑成功的村落之间通过信仰所产生的互动基本没有。其中洛阳埭厝村与黄塘下坂村之间的联系与互动，也是因为同为郑氏后裔，在惠安郑氏宗亲所组织的范畴之下进行。郑氏村落与非郑氏村落的交流，也是以郑氏宗亲为组织进行开展，例如，2013年3月，惠安郑成功文化研究会、惠安县郑氏宗亲理事会曾组织惠安地区的一些郑氏宗长，到惠安辋川社坑、涂寨顶东山了解当地关于敬奉郑成功的事迹。总体而言，这几个村落之间，以郑氏宗亲为前提的互动和交流远远超过了

围绕郑成功信仰而展开的交流，鲜见如其他民间信仰各个地方宫庙之间的互动。

其三，虽然村落之间的宫庙交流较少，但这些村落对彼此之间的郑成功信仰是相互承认的，其主要的判断依据，在于南安石井的郑成功祖庙。在笔者调查的过程中，发现上述宫庙的一个共同特点，就是均有数次前往石井郑成功祖庙祭拜的行为，并且共同参加了南安石井郑成功收复台湾350周年进香“封神”祭典仪式活动。尤其是宫庙重修落成之后，均会组织村民前往祖庙进行进香仪式。这一仪式如同给宫庙打上烙印一般，从而承认了其郑成功信仰的地位。高致华学者在对洛阳埭厝村进行田野调查后，认为当地的郑成功信仰只能称为祭祀圈，尚未形成信仰圈。台湾学者林美容在《妈祖信仰与汉人社会》一书中曾就祭祀圈与信仰圈的概念进行过十分详细而深入的探讨，她的观点也是笔者较为认同的。林美容认为：“基本上，祭祀圈指涉一定的地域范围，以及这个范围内所有居民义务性的共同祭祀组织与祭祀活动（参阅施1975：201）。”[①]一个祭祀圈内可供奉不止一位神明，但有主神，主要体现在祭祀组织与祭祀活动上，是以一个较为固定的地域为范围的，主要成员则是本地域内的居民，他们因崇拜同样的地域神明，从事同样的祭祀活动而形成了祭祀圈。祭祀圈的范围有大有小，可大至一个乡镇，小至一个村落，但所供奉的神明具有一定的地域性。因此，正如林美容所言：“祭祀圈本质上是一种地方组织，表现出汉人以神明信仰来结合与组织地方人群的方式。”[②]

而所谓信仰圈，则是“以某一神明或（和）其分身之信仰为中心，其信徒所形成的志愿性宗教组织”，“信徒的分布具有一定的范围，通常必需超越地方社区的范围，才有信仰圈可言”[③]。简而言之，信仰圈依

① 林美容：《妈祖信仰与汉人社会》，黑龙江出版社2003年版，第4页。

② 林美容：《妈祖信仰与汉人社会》，黑龙江出版社2003年版，第5页。

③ 林美容：《妈祖信仰与汉人社会》，黑龙江出版社2003年版，第7页。

赖同一信仰而来，它的主要中心就是一个信仰，但地域范围不限，形成一个信仰上的“圈子”。笔者认为，从整个惠安地区乃至泉州地区来看，本地的郑成功信仰正在逐渐形成以南安石井郑成功祖庙为中心，各地宫庙为点状的辐射型信仰圈，或者可以称之为信仰圈的初级模式。这种状态亦是现代社会民间信仰发展的一种趋同走向，即依靠祖庙等中心点，挂靠或者确认各地的民间信仰，从而取得社会认同与自身发展。

惠安地区的郑成功信仰辐射范围较小，分布零落，历史发展期较短，相互间互动较少，尚未形成大规模的崇拜模式。由于调查时间有限，笔者尚未能深入挖掘各地村落郑成功信仰的崇拜内涵及外延，这亦是本文的缺憾。随着近代以来郑成功信仰的逐渐兴盛，惠安地区的信众亦加强了对郑成功信仰的认同与重视。同时值得关注的是，郑成功信仰除了作为郑氏族人精神层面上的一个祭祀“先祖”，亦在其他姓氏的村落中存在着信仰现状。

“延平条陈”与郑成功部将

林英明 *

在郑成功辉煌而短暂的一生中，他与“延平”结下了不解之缘。1646年，他向隆武帝上呈16个字的“延平条陈”，以及其后被封“延平王”，这是他人生中的两个重要节点，直接记录和影响着他其后一生的戎马生涯。

郑成功封“延平王”的成因，江日昇的《台湾外记》有记载其细节：清顺治十四年（南明永历十一年），永历帝兵部左侍郎冷孟钲等商议为郑成功封爵事。钲曰：“太祖祖训，外臣无封王例，故徐达以死后追赠王爵。今在扰攘之际，理应从权不可徒守以经。如李定国，不过以战胜定南王孔有德之功，遂封西宁王爵。成功系先帝赐姓，其与祖制无违，亦应封王。以便统众而收人心。”永历曰：“卿所奏甚合时宜，当议王号。”孟冷钲曰：“当以延平一府封之。俟江南有功日，再晋封一字亲王，方见次第。”永历依议，着礼部铸“延平王印”。

而其所上16字条陈，据《台湾外记》载：是隆武二年（清顺治三年，1646年）“三月，赐姓成功条陈：‘据险控扼、拣将进取、航船合攻、通洋裕国。’隆武叹曰‘骍角也！’封忠孝伯，赐尚方剑，便宜行事，挂招讨大将军印”。此条陈表述的是他的政治主张，也反映了他的

* 作者系高级编辑、《郑成功研究》主编。

战略战术思想，直接运用在他日后的反清复明和驱荷复台的斗争中。而条陈的核心是“通洋裕国”，这奠定了他后来成为一个海洋英雄的基础。《福建通史》记载：“中国古代名将，能在海上作战的首推俞大猷，在征倭时期，稍试其锋，但在海上长期并且大规模作战，实从延平（郑成功）开始。既拥有强大的舰队，又能亲自指挥，在海上操有压倒敌人的优势，堪称远东的纳尔逊。”

上条陈时，郑成功只有二十二岁，但他已通过这十六个字将其时的天下大势、他的政治主张和军事上的战略战术见解尽数概括其内，此后，他也以一生的奋斗经历不断地践行这一战略思想。

《台湾外记》中有记载一段他与父亲郑芝龙的谈话。其时，清军大举南侵，郑芝龙令自己部下放弃天险，自动撤退，并留下粮草以备清军使用。成功劝曰：“……以儿细度，闽粤之地，不比北方得任意驰驱。若凭高恃险，设伏以御，虽有百万，恐一旦亦难飞过。收拾人心，以固其本；大开海道，兴贩各港，以足其饷。然后选将练兵，号召天下，进取不难矣。”龙曰：“稚子妄谈，不知天时时势。夫以天堑之隔，四镇雄兵且不能拒，何况偏安一隅。倘画虎不成，岂不类狗乎？”成功曰：“吾父所见者大概，未曾细料机宜，天时地利，有不同耳。清兵马虽盛，亦不能长驱而进。我朝委系无人，文臣弄权，一旦冰裂瓦解，酿成煤山之惨。故得其天时，排闼直入，剪除凶丑，以承大统。迨至南都，非长江失恃，细察其故，君实非戡乱之军，臣又多庸碌之前臣，遂使天下英雄饮恨，天下难凭也。吾父若借其崎岖，扼其险要，则地利尚存，人心可收也。”

这段父子对话，把青年郑成功的深谋远虑和宏大志向烘托而出，实让人难以置信，二十二岁的郑成功就有着如此雄才大略，其运筹之细密，其眼光之高远，实非一般同龄人可达，难怪日后他能成就其丰功伟业。

郑成功是一位具有忠君爱国思想和民族气节的历史人物。在国破家亡之际，他始终以明朝遗臣自居，以恢复明朝为己任，凭着卓越的军事才能，数年间将军队扩展到十余万之众，威震东南。虽然后以攻石头城失利而北伐致败，退守金、厦，但又凭着其“据险控扼、拣将进取、航船合攻”的非凡战略，转危为安地为收复台湾获得战机。

当面临着父亲降清、北伐失利的情况时，他没有萎靡，而是接过父亲原有的班底招徕整合，以“通洋裕国”的新思维，重新形成一支庞大的海洋水师船队，鼎盛时期，拥有大小船舰数千艘。同时他以严格的经营管理方式，设立了水路和山路“五商”，成为当时东南亚最大的国际贸易商。他的船队远达日本、菲律宾、越南、柬埔寨、泰国、马来西亚、印度尼西亚等地，按今之学者估计，其贸易额占当时整个中华对外贸易额的百分之六十以上。而他又以海上贸易的巨额利润来支撑庞大的军费开支。当然，也正是因为有着如此雄厚的资金来源，才使他能建立伟大的历史功绩，从荷兰人手里收复台湾，确保台湾纳入中国版图。这一点连他的死对头清朝康熙帝也不得不承认。在统一台湾后康熙公开表态，“郑成功系明室遗臣，非朕之乱臣贼子”，并以礼将郑成功移葬于南安故土，还为之撰联：“四镇多贰心，两岛屯师，敢向东南争半壁；诸王无寸土，一隅抗志，方知海外有孤忠。”单凭其创下的这一功业，作为中国人，对他如何高的评价都不为过。

可是在那个王朝更替频仍的乱世，郑成功绝不是凭一己之力或者家族实力而孤军奋战的，他践行16字条陈的政治主张和战略决策，秉持民族大义和卓越的军事才能，团结了一大批有识之士，集聚起一大批文臣武将，以反清复明为夙愿，进而“开辟荆榛逐荷夷，十年始克复先基”，共同创下收复台湾的丰功伟绩。

翻阅史书可以看到，郑成功自少“辄佩春秋之义”，青年时期即“远游南都问业太学”，国家民族意识滋养着他的“恢廓伟度，洋洋雄风”。因此当他以延平王、招讨大将军的身份号召恢复大明时，“识者知其有为”，群往而归之。他又尽忠笃孝、重义严纪、礼敬贤达，故而一群寓贤文士、督军战将能团聚于其麾下。

郑成功治军严明，又身先士卒，在战斗中，他经常亲身督战，视死如归。这里不妨举两例：南明永历七年（1653年），清军围攻海澄，郑成功为鼓舞将士，从厦门赶赴海澄登上炮台督战，清兵炮火齐发，部将拼命将他拉下炮台，一发炮弹正好落在他的座位上，“座位被击粉碎”。海澄战役进入白热化阶段，将士损伤日增，斗志相当低落。郑成功于是命参军携捧隆武帝所赐“招讨大将军”印绶到各营传谕：“先皇赐我此印，我只有效死命而已，你们众将领中，如有能率众退敌立功者，我愿向朝廷题请让出此印。”郑军将士大为感奋，纷纷请求反攻杀敌。郑成功置酒慰劳，与他们共饮。提督甘辉激励众将说：“古人云，人生自古谁无死，留取丹心照汗青！此次我等竭尽全力守卫海澄，倘若万一有什么不测，也是死得其所！”戎政官王秀奇等人响应说：“此城就是大家今日的死忠营！”由于郑成功、甘辉、王秀奇的激励，士气转盛，郑军将士后来转败为胜。

永历六年（1652年）长泰之战，清总督陈煌率兵作战失败，羞愧之下痛打其奴库成栋泄愤。库成栋怀恨在心，将他刺死，割其首级投降于郑成功。次日，郑成功会集文武，下令把库成栋捆起来，对他说：“你杀主求荣，是无耻之徒，本藩绝不用你这种不义之人。”虽有人求情，郑仍下令推出斩首。这种视荣誉胜于生命的忠义思想，一直渗透在郑成功的道统观念里，这也正是他异乎常人的英雄主义气质的具体表现。

郑成功治军的严明，还表现在他把爱国主义贯穿在对国人利益的关心和维护上。每次军队出征，他都要重申军纪，“严禁奸淫、焚毁、掳掠、宰杀耕牛等项”，并且告诫官兵说，“劳征苦战十有余年，所为何事？总为报国救民起见”。因此他的军队的军容风纪严整。攻打台湾后，郑军登上台湾岛时，荷兰人的《梅氏日记》里有一段描述郑成功军队纪律的记载：站在普罗岷西亚城头的梅发现，郑军的军容很整齐：“敌军全副武装，士气高昂地从位于新港车路帝的Janson农园，越过高地，击鼓吹管，徒军而来，其中有几个骑马的。他们的军队有数不完的漂亮丝质旗帜幡旒，头戴光亮的头盔，手握大刀，迅速沿lnding的路，经过哈根那（Hagenaer）森林，来到海边的小森林，在普罗岷西亚北边，公司的庭园后面扎营，在那里搭起上千个白色帐篷，时间是下午一点半。”从这里可以看到郑军军纪的严明。

如果从1645年郑芝龙偕郑成功见隆武开始拥戴南明王朝算起，到1683年郑克塽在东都府的撤制，明郑时期的结束，前后将近38年。在此段时间内，出入于郑成功麾下，辅佐郑氏一家四代建立功业的文官战将不计其数，在各个关键时刻出谋划策以及在重要战役中战功卓著者历历在目，这样一批志向相投、深明大义的群体，他们实际上已成为当今郑成功文化研究的重要组成部分。

据史载，郑成功据金厦两岛号召复土抗清，原明宗室旧臣及不愿归服清朝的文人士大夫，寄复明之望于郑氏，纷纷浮海南来归附。“成功素以恢复自任，宾礼遗臣，是以海上衣冠云集。”当时聚集于其周围的文士遗臣，著名的有曾樱、徐浮远、王忠孝、卢若腾、陈士京、辜朝荐、沈佺期、郭贞一、张正声、张煌言、唐显悦、林俞卿、郑擎柱、薛联桂、纪许国等，他们大都以科举入仕，曾在南明弘光、隆武两朝为官，博学鸿儒又身怀经世辅政之才，郑成功对他们颇为礼遇。清代学者孙静庵记曰：“是时，朱成功治疆礼士，雄冠诸岛，老成耆德之避地者，咸往归之。”可见其时，郑成功奉行的忠君爱国理念和抗清复明大业，已升华到对华夏民族的忠贞和整个汉民族利益的维护上，因而得到士大夫阶层的广泛认可和拥戴。

而在军事实力方面，也有一大批英勇善战的武卫将士拥随其后，形成一支勇猛刚毅的战斗团队。据杨英的《先王实录》记载，在收复台湾的战斗中，郑成功的复台大军由武卫13镇组成，首程队伍于1661年4月30日抵台，各镇将领有：右武卫周全斌、提督亲军骁骑镇马信、左虎卫何义、右武卫陈蟒、后冲镇黄昭、宣毅后镇吴豪、宣毅前镇陈泽、礼武镇林福、援剿后镇张志、中冲镇萧拱宸、澎湖游击洪暄、水师总兵罗蕴章、左先锋镇杨祖，这是一支超豪华的战斗阵容，再加上集中10倍于敌的绝对优势兵力，表明了他对收复台湾志在必得的决心。

郑成功的治军思想与他采取的战略决策相关，他采用的军事设置很有特色，颇有以文制武之意味，用当今的话说就是重视政工之作用。据黄典权撰著的《郑延平开府台湾人物志》所述，他在永历九年设“储贤馆”，以招纳一批年轻的“诸生”；又设“育胄馆”以训练殉职文武的子弟，把他们一律教成读书人。这二馆的馆生奠定了郑成功的文士班底，以后差不多都派到军中去作“监纪”“推官”（负责记录功罪，节制将兵跋扈，相当于现在的纪检干部），虽然其时周全斌曾极力反对过，郑成功还是坚持施行下去。这也许是成功义旅风纪所以能够整肃的关键所在。郑氏行军时，妇孺至与争道，军纪之佳可见一斑。而这批由监纪推官积功升擢的人物，往往出任州县官或六官属员，慢慢形成了“官绅集团”，开府台湾以后，在东宁的政局中，他们是重要的势力圈，在郑氏人物中是别具一格的。而郑氏的武将，不管是芝龙旧部，或是敌阵归附，或慕义景从，大抵都是有志之士，而多系起自卒伍。奇怪的是竟有不少是熟悉“兵典”畅知“历史”的，如甘辉、黄安、邱辉、江胜等，都是积学多识，深有抱负。他们都是经得起征战考验的人物，而且具有一股忠义爱国的精神。

明永历十五年，郑成功亲率水陆大军进平台湾，三世相承，终始二十有三年，其启土之艰辛，屯垦之劳瘁，兴文之雅度，抗节之英伟，俱堪辉耀千秋，垂范后世。然旧志隐讳，仅传遗老，豪雄伟绩，遂而不彰。《郑延平开府台湾人物志》将明郑时期的人物分为四类：（1）延平王内府人物（附明宗室）；（2）明招讨大将军幕辖文职人物包括寓贤；（3）明招讨大将军幕辖武职人物；（4）杂事人物。其中，内府人物所列就有20人；而文职人物如陈永华、洪旭、杨英等有56人，再加王忠孝、沈佺期等一类的寓贤人物也有18人；最多的是马信、黄安、刘国轩等一大批冲锋陷阵的武职人物，所列达到330多人，无疑是构成明郑大军的主体阵营；此外还有一些在不同场合发挥一定作用的，被称为杂事人物的也有20余人。

正是有这么多的忠勇之士的加入和辅佐，才使得郑氏大军能够坚持13年的抗清斗争，在东南沿海狭小的地盘上与占据几乎整个大陆国土的清军英勇抗争，还不断取得局部的胜利。并且跨过海峡，收回了被荷兰殖民者占据38年的台湾岛。

可是在明末清初的一些国内史料中，对于郑成功及其家族和部将的身份认定，历来就有些模糊不清，清朝平台后，出于天下一统的需要，当然要对这个曾经的割据政权采用“选择性失明”的态度。有关这个家族过往的各类记录，当然因此被埋没。到乾隆皇帝编纂《四库全书》时，许多有关的珍贵资料尽被销毁，由于鄙薄造成了历史资料研究的“陌生”。

而与此“陌生”形成鲜明对比的是，海外甚至西方持续的“台湾郑氏研究热”却并未停息。日本方面出于其特殊的目的，显得尤为积极。据相关资料了解，现存最完整记录台湾郑氏政权的著作，是日本人川口长孺的《台湾郑氏记事》。日本近代史学家内藤湖南称郑氏政权为“亚洲走向世界的先驱人物”。明治维新的政治家伊藤博文甚至称郑氏“其奋斗之足迹，为今日日本崛起之精神”。西方的研究也不示弱，被郑氏政权打败的原荷兰台湾总督揆一在其著作《被贻误的台湾》中，不得不称郑成功为“东方最杰出的海战英雄”。荷兰历史学家菲克梅杰评价郑氏家族为“航海时代第一批走向世界的中国人”。西方启蒙运动杰出人物伏尔泰给郑氏家族的评语是“中国文化精髓的最后守护者”。在西班牙的历史文献里，留下了欧洲人对郑氏集团的称谓：东方海洋上的上帝之鞭。

对比于日本和西方对郑成功的研究来说，我们在研究的广度和深度上都还略显不足，在宏观和微观的层面还有很多空间可以开掘。

“延平王”与“延平郡王”之别

林英明

据史料记载，郑成功曾被明朝永历皇帝封为“延平王”。但此后的一段时间里，台湾和大陆的一些纪念郑成功的祠堂，以及两岸民间总是称呼其为“延平郡王祠”，有的文章或者称郑成功为“延平郡王”。那么，“延平王”与“延平郡王”有何区别，它们之间的不同点何在呢?

历史上郑成功受封“延平王”，但从未见有受封“郡王”之记载。根据研究郑成功的重要史料《先王实录》所载，西南永历皇帝以海澄战功于永历九年四月封郑成功为“延平王”。该实录为郑氏户都事杨英所撰，当可为据。

此外，阮旻锡的《海上见闻录定本》、夏琳之《闽海纪要》、江日昇的《台湾外记》等南明史重要史籍，以及与郑成功并肩作战的浙东抗清将领张煌言个人文集《张苍水集》一书，也都有明确记载，只不过在时间上略有出入。其中，《台湾外记》具体讲述了郑成功受封延平王的具体经过。该书的作者江日昇，系郑氏旧将江美鳌之子。江美鳌降清后，其子对于郑氏旧事多有追述。

综合史料所述，南明隆武二年（1646年）六月，清军南下由浙入闽，隆武帝朱聿键逃向江西，途中被清军追杀于汀州（今长汀）。同年十二月十八日，桂王朱由榔在广东西部肇庆即位，以丁亥年为永历元年（1647年）。永历二年五月，苏观生、林察由粤回闽见郑成功，详陈永历帝肇庆即位详情，郑成功加额曰："吾有君矣！"遂设香案，望南而拜，尊其朔号。

永历二年十一月，北征正是时机，永历帝对郑成功再次封王，以统人心，即召开廷臣会议，兵部侍郎冷孟钲再次提出对郑成功封王的必要，永历帝接受意见，意欲晋封郑成功为福建藩王，但由于在南京登位的弘光帝朱由崧原来的封号为"福王"，而"闽王"则为唐末王审知入闽后的封号，且福建一带老百姓对众所周知的历史记忆犹新，因此考虑封号就以当时号称"八闽铜关"的政治军事要冲延平，作为对其封王之号，而且从封号的寓意而言，"延平"又有"延续明朝太平时世"之意。这次，郑成功欣然接受了"延平王"封号，原因有二：一是有永历皇帝亲自手诏，命其进师江南，正合郑成功之意愿；二则"以便统众而收人心"是为至理。

郑氏后人对此王爵的叙述封号也是如此。现陈列于厦门市郑成功纪念馆展室内的《郑氏附葬祖父墓志》，为郑成功长孙郑克塽所撰，其中文字提及"王讳成功，字明俨，号大木，姓郑氏……故明末，赐国姓，封延平王"，明确记述了郑氏的封号。

那么，又是在何时因何会将"延平王"改称为"延平郡王"呢？

事出有因。台湾归清后，到了康熙三十八年（1699年），清康熙帝认为郑成功"系前朝忠臣，非朕之乱臣贼子"，准其长孙郑克塽之请，下诏将郑氏灵柩从台湾迁葬他的故乡大陆南安水头，并许郑氏族人世代守冢。同时，为了消除郑氏在台湾的影响，清廷并不允许台湾民间祭祀郑成功的祠庙存在。台湾民众迫于法令压力，不敢公然修建纪念郑氏祠庙，但却暗地将这样的祠庙改称作"开山王庙"，名义上奉祀"开山王爷"，实际上所谓"开山王"即指郑成功。

台湾著名史学家连横，在《台湾通史》上记述："吾闻之故老，延平郡王入台后，辟土田，举教养，存明朔，抗满人，精忠大义，震曜古今，及亡，民间建庙以祀。而时已归清，语多避忌，故闪烁其词，而以王爷称。"

至今，在台湾民间一些祠庙上，大家仍可以看到“代天巡狩”四字，即郑成功被尊为一方之神来祭祀。连横对此解释，正因为明朝在大陆已亡，而郑成功“开府东都，礼乐征伐，代行天子之事”，两岸百姓便将“开山王庙”称作“代天府”。

据有些专家的考证，民间将“延平王”改称为“延平郡王”，是到了清同治十三年（1874年），福建船政大臣沈葆祯奉旨巡视台湾，了解到当地民众长期暗中建祠庙祭拜郑氏之事。基于鼓励民间忠君思想，认为开放、准许这一奉祀信仰有利于地方稳定，于是在其年冬十月，与福建总督李鹤年等联名合奏朝廷，申请准许台湾改建祭祀郑成功专祠，春秋致祭。此请翌年获准，并在台南开山庙鸠工兴筑，同治皇帝赐颁“忠节”匾，朝廷赐名“延平郡王祠”。此时，离1662年郑成功去世已有212年。另据考，郑成功卒于清康熙元年（1662年）壬寅五月初八，原葬台南洲仔尾。光绪元年（1875年），清廷颁《诰命》，恩准台湾各地创建“延平郡王祠”，台南原开台圣王庙再扩建，改称“延平郡王祠”，每年农历正月十六举行祭礼。由于光绪帝《诰命》的传出，因此形成了发散效应，造成了一系列的影响，郑成功原封号“延平王”即嬗变为“延平郡王”。

那么，清廷何以赐“延平郡王”？

据厦门郑成功纪念馆陈洋的研究推断，原因有三。第一，因台湾归清，郑氏族人、部众奉命北迁，闽、台两地熟知郑氏史事者越来越少，加上施琅以福建水师提督镇守闽台，定以各种行政手段来消除郑氏政权影响，涉及郑氏封王的史书、记载随之散失，民间对于郑成功受封王爵的准确称谓已经不甚了了。第二，清代地方史家郑亦邹，因掌握史料不足，考证失准。郑亦邹是康熙朝举人，根据清代王爵的规制来比照郑成功所封爵位，在自己传世的专著《郑成功传》中称“延平郡王”。第三，复建郑成功专祠，朝廷当然是用清朝封王爵称规制来颁敕。根据清朝典章制度，皇族、满官封爵，最上四个等级为亲王、郡王、贝勒、贝子。清廷也有可能因郑成功系前明异姓王，便呼其“延平郡王”，亦符合当时“照封号全写”的基本规则。

至此，郑成功被改称为“延平郡王”也已有130多年了。但我们在做学术研究时却要弄清楚这两个封号的区别，不能将“延平王”与“延平郡王”混为一谈。

郑成功对东亚文化的深远影响

张培忠 *

美国南加利福尼亚大学卫思韩认为，郑成功不仅是中国历史上的人物，而且也是十七世纪世界上的人物。这样的定位，符合历史事实，也很有远见。事实上，在近四百年的历史沉积和时代塑造中，郑成功不仅是一个非凡的“人”，更是一个独特的“神”。在由人到神的不断建构中，彰显了郑成功对东亚文化的深远影响和巨大贡献。举其要者，有以下数端。

其一，儒家文化，核心是忠君爱国。郑成功从小接受老师曾其五“四书五经”的严格教育，打下扎实的儒学功底；年轻时游学南京，师事大儒钱谦益，确立经世致用的王道思想；隆武皇帝即位后接见他、器重他，赐其国姓，改名成功，赐尚方剑，仪同驸马，对他有知遇之恩，这些都从正面强化郑成功尽忠报国的热情。清军入闽后，突遭父降、君亡、母死的变故，这些则从反面激发了郑成功反清复明的决心。终其一生，郑成功始终忠于明室，奉其正朔，受其封爵，以明“嗣藩”自居。正如黄宗羲所指出的，“自（永历）缅甸蒙尘之后，中原之统绝矣。而成功以一旅存故国衣冠于海外，称其正朔……以申大义于天下”。郑成功忠君报国的思想和行为在康熙皇帝后期就受到朝廷的肯定和褒扬。经

* 作者系中共广东省委巡视组副组长、副厅级巡视专员、广东省作协副主席。

由郑成功，儒家文化在台湾落地生根，发扬光大。当然，这里的儒家文化包括典章制度、行政体系、文化教育、民间风俗等等，但核心是忠君爱国。而流风所及，影响最大的当数日本。郑成功的故事由日本净琉璃剧作家近松门左卫门于1715年创作出《国姓爷合战》，由此在日本刮起了“国姓爷文学”的旋风，并对明治维新时期尊王思想的萌发产生了卓越的影响。

其二，尚武文化，核心是敢于亮剑。郑成功以一介儒生，仗剑而起，反清复明，纵横东南半壁十六年，极大地打击了清朝统治者的嚣张气焰，最后，横绝江海，收复台湾，驱逐了荷兰殖民主义者。台湾之战，是东方古老文明对西方殖民主义第一次战略性的胜利，是中华民族第一次取得全面胜利的民族解放战争，它阻止了西方殖民主义的扩张步伐，维护了东方国家的主权独立，其意义无论如何估计都不为过。郑成功作为一个民族英雄，得到海内外华人世界的深刻认同。近松门左卫门在《国姓爷合战》中，将日本武士的气质寓于以国姓爷为首的各种人物身上，特别是将国姓爷塑造成一个“谙熟军事兵法，对主君尽忠尽义的武勇无双的强有力者”。甚至将国姓爷的形象与日本的所谓“神国”相提并论。剧中写道：“他的出阵和威武好像征讨三韩时站在神功皇后舻舳上的武神的再现。”由于郑成功的威灵赫奕，加上他是中日混血儿，因此，日本民族把郑成功当作理想武士的载体、开疆拓土英雄形象的载体、忠孝节义的载体、情感宣泄的载体，郑成功的形象对日本国民性格的塑造起到一种潜移默化的榜样作用和激励作用，郑成功也成为继丰臣秀吉、德川家康之后，另一个深入人心的神武形象。

其三，海洋文化，核心是通洋裕国。1646年，年方22岁的郑成功有两次体现其战略思想的进言，一次是三月对隆武帝的条陈，即延平条陈：“据险控扼，拣将进取，航船合攻，通洋裕国”；一次是八月对郑芝龙的劝谏：“大开海道，兴贩各港，以足其饷。”郑成功的这两次进言，其核心就是通洋裕国，开发海利，富国强兵，体现了自觉的海洋意识和长远的战略眼光。1650年，郑成功取得厦门，终于有了一个开展海上贸易的基地。1653年4月，在回答郑芝龙劝他投降清朝的复信时，郑成功写道："夫沿海地方，我所固有者也；东西洋饷，我所自生自殖者也。进战退守，绰绰余裕。其肯以坐享者反而受制于人乎？且以闽粤论之，利害明甚，何清朝莫有识者？盖闽粤海边也，离京师数千里，道途阻远，人马疲敝，兼之水土不谙，死亡殆尽。兵寡必难守，兵多则势必召集，召集则粮食必至于难支，兵食不支则地方必不可守。虚耗钱粮而争必不可守之土，此有害而无利者也。"在这里，郑成功之所以对清朝有恃无恐，是因为他在战略上完全处于优势地位，海岸广阔，航线畅通，贸易繁荣，兵多将广，粮饷充足，占据有利的地理位置，更重要的是他牢牢地掌控了制海权。同时，这一论述还涉及用兵布局、后勤补给、战略腹地和攻守难易等命题。可以说，郑成功的这一海权战略思想几乎囊括了比他晚出250年的美国著名海军战略家阿尔弗雷德·马汉提出的"海权论"的主要精华。正是在这种海权思想和战略思想指导下，郑成功才开启了其坚持十六年的抗清斗争以及驱逐荷兰殖民者、收复台湾的壮举，书写了东亚海权史上空前辉煌的一页。而"通洋裕国"也应被视为最早的改革开放理论，四个经济特区，厦门有其一，郑成功的实践，直接启示后人，泽被当代。

其四，商业文化，核心是建立网络。华商在历史上最为辉煌的阶段，就是郑芝龙、郑成功缔造和率领的海商集团在明清易代之际纵横东西洋，先后于明朝以及荷兰、日本、西班牙、葡萄牙既斗争又合作，终于在乱世中崛起，成为远东水域海上霸主。在郑芝龙时期，通过与日本、荷兰联合东印度公司开展对外贸易，通过对澳门、广州、宁波开展对内贸易，通过掌控台湾海峡制海权并向东西洋船只征税（每一舶例入三千金，岁入千万计），三管齐下，财源滚滚，郑芝龙因此富可敌国。在郑成功时期，除照单全收郑芝龙时期创造的商业模式外，郑成功还独创了五商组织，其商业网络遍及海内外。五商组织大约成立于1651年，分为山路五商和海路五商，山路五商为金、木、水、火、土五行，主要负责采购生丝、绸缎、绫罗等大陆货物并运销外洋，机构设在杭州；海路五商则为仁、义、礼、智、信五行，主要贩运东西两洋换回来的白银、杉桅、硝、磺、铜、铅、麻、木材等军需物资，机构设在厦门；分支机构则遍布沿海各省大城市及港口。据日本学者岩生成一和木宫泰彦的调查，从1647年到1662年，郑成功派往日本贸易的商船约占中国商船总数的80%，平均每年达到40艘左右，派往东南亚一带贸易的商船达到20艘左右；东西洋贸易额相加，郑成功海外贸易总额平均每年为四百二十四万两银，每年海外贸易利润总额为二百六十九万两银。在鼎盛时期，郑成功军队约为十五万至十八万人，甚至更多些，按照当时每人每年约二十两的养兵标准计算，郑成功军队的开支，每年在三百至三百六十万两之间，其海外贸易收入约占郑成功总支出的百分之六十左右。这一笔收入是郑成功解决军费开支的最主要渠道，也是其军队赖以生存的生命线。建立平台，发展商业的战略思想，重视商业，以商养战的战略思想，在今天不仅成为大众创业的常识，而且成为国家制胜的利器。

其五，契约文化，核心是遵守规则。1662年2月1日，经过8个月的围攻和谈判，揆一和郑成功双方代表在大员街的税务所各按本国的习俗举行誓约、签字、盖章的仪式，然后互换条约，完成换约媾和的手续。这个条约略有不同，揆一以荷兰文写了十八条，郑成功以中文写了十六条，主要内容基本一致，包括守军将所有炮台、碉堡、重炮、火药、战具，以及东印度公司的粮食、商货、金银等一切财产交与郑军，郑军则承诺释放荷兰俘虏，发还缴获的小艇和守军日常用品等。此后，双方严格按照条约的要求各自遵守规则，履行职责。荷兰人体面地撤退，中国人自豪地接收。这是中国有史以来以战胜国身份跟外国签署的一个最有影响的和约。

厦门大学历史系教授杨国桢先生指出："郑成功的丰功伟业远远超过他亲历事件本身，超越了国家和民族的界限。"在建设海洋强国成为时代主题、传统东西洋成为国家核心利益所系的形势下，研究郑成功与东亚文化乃至世界文化的关系，正当其时，意义深远，前景广阔。

郑成功精神与教育长存

——略介南安教育界弘扬郑成功精神

林和胜

素有“地灵人杰”“代出英才”之誉的南安，在明清之际，出了一位驱逐荷兰，收复我国领土台湾的民族英雄郑成功。他的不朽功勋与天地共存在，与日月同光辉，四海之内，人尽尊崇。

郑成功为了收复台湾，于1661年4月，率领我国东南沿海数万将士分乘几百艘战船，不怕艰难险阻，横渡台湾海峡，同西方殖民强国荷兰侵略者展开激烈海战，在台湾人民支援下，经过八个月的浴血战斗终于击败了横行海上的凶恶敌人，驱逐了侵占我国领土台湾达38年之久的荷兰侵略者，使台湾回到祖国的怀抱。

郑成功收复台湾，开发台湾，建设台湾，加强中华民族团结的业绩永垂青史。

南安人民为有这位中华民族英雄，引为骄傲、引为光荣！几百年来，南安人民不论是长在故里之辈还是羁旅他国异乡之人，都将郑成功为民族利益，不畏强暴，以弱胜强，为世界反殖民主义斗争树立为光辉典范，作为教育，激励子孙后代为国争光的榜样。

南安为弘扬郑成功的伟大爱国主义精神，不少学校以英雄的名字、封号及他正气浩然的题词作为校名。最早用郑成功题词为校名的是华美乡的“南安县华美私立丹心两等学堂（两等即有初等和高等两级的完全小学）”。光绪三十一年（1905）下诏废科举，兴新学。1900年间华美旅菲爱国侨胞洪万宗等人，捐资于桑梓创办新学，在革旧鼎新潮头，为新学之命名，经过乡中贤达反复共议，一致认为以“丹心”一词作校名，既表示创业之志，又表示造就人才之意。当年，郑成功为了收复台湾，在南安县石井港对面的晋江县海滨东石寨建立练兵基地，寨中有一巨石，郑成功亲书“丹心”两字，这两个大字至今犹存，令人一睹，无限感慨。

1937年，爆发“七七”卢沟桥事变，日本大举进兵侵略我国华北领土，战火燃及全国，在这大敌当前、救亡至上、誓抗强敌、保卫中华的非常时期，陈佩玉（当时为民军旅长）与黄建安（又名何玄）倡办一所私立中学，地址在码头大坝埔，在筹办中不但不惜重金聘请任各科的优秀教师，购置应具的教学设备，而且更为学校命名，发出征文，遍邀有识之士，集聚深议，最后共同商定为“成功中学”，旨在弘扬郑成功爱国主义精神，披肝沥胆，共御外侮，振兴中华。学校教师大力向学子和民众进行抗日宣传教育活动，激发学生学习积极性。

1944年，石井乡人，群策群力，创办一所私立初级中学，即以郑成功之封号“延平郡王”之“延平”为校名，即“南安县私立延平初级中学”。石井中心小学，亦改为“成功中心小学”。

这些校名的选用，表现了南安人民弘扬郑成功爱国主义的决心，这在抗日战争中，在县治驻地的西溪小学表现尤为突出，1938年及往后期间，该学校师生组织“西友剧团”，他们走上街头，深入农村进行讲演、演戏、张贴标语，宣传群众，发动抗日；成功中心小学老师，油印出刊《成功捷报》，报道抗日战绩，宣传抗日，师生与当地青年组织“化装宣传队”，就地化装演出抗日剧目；朴里乡树人小学老师将讲报、教唱抗日救国歌曲，作为发动群众抗日的精神武器；1939年创办的“南安县立初级中学”，随即兼办成人夜校，教文化，教军事，编剧目，大力宣传抗日活动；迁入南安诗山的集美高中，全校师生在保卫祖国神圣领土的感召下，组织宣传队，奔赴诗山、码头等地街头、农村宣传抗日，以演讲和公演话剧，激发群众同仇敌忾的抗日救国热潮。学校的第十八组师生，除个别因病外，都披上红绫，扛上枪，昂首挺胸列队奔赴抗日前线。南安教育界师生，在抗日战争时期，表现出高度的爱国主义精神，谱写了历史的赞歌。

郑成功身上的传统美德

潘伟亚

民族英雄郑成功的成长，除了当时特定的社会环境起决定作用外，同时也得益于母亲对他从小的教育与熏陶，因此，郑成功对母亲的爱表现得无比的赤诚。

郑成功七岁时，由其父郑芝龙从日本接回泉州安平镇，当时日本德川幕府实行“锁国政策”，郑成功的母亲田川氏（翁氏）及弟弟七左卫门（取日名）尚无法回国。郑成功回国后，其父延请塾师，教其研读经史。每当夜深人静郑成功“必翘首东向，仰望其母”（新加坡南安会馆《金禧纪念册》），深切怀念远在异域的母亲。

明隆武二年（1646）十一月，清兵突然袭击郑芝龙在安平的住所（郑芝龙已去福州），俘走田川氏（翁氏），田川氏（翁氏）不堪受辱，自缢身亡。此时，屯师金门岛的郑成功悉知母之噩耗，立即下令三军缟素（戴孝），直扑安平，打退清兵，郑成功寻找到母亲遗体，悲痛万分，举哀营葬，据延平户官杨英《从征实录》载，郑母死后，经郑成功上请褒奏，皇帝命官下敕致祭，于永历四年九月在中所（今厦门）为太夫人（郑母）举行盛大礼祭。清人夏琳的《纪海辑要》称：“辛卯（永历五年）马得功入岛，妃（郑成功夫人董氏）独怀其姑木主而行，赐姓（郑成功）嘉其识大义。”这则文献记述，永历五年（1651年）郑成功率师远征广东，清兵乘虚攻入厦门岛，夫人董氏逃难时，只身背着婆婆的神位出走，郑成功对母亲的爱是刻骨铭心的，并深深影响着家眷，以至夫人董氏逃难时把婆婆（郑母）的神位视同生命一样重要。

“无情未必真豪杰。”尊敬长辈是中华民族的传统美德，它体现在郑成功的身上，更加光彩夺目。

海疆骁雄　外贸先驱

——略谈郑成功家族对外通商之业绩

陈宗沛

郑成功，是中华民族之精英，杰出的民族英雄，举世皆知，但英雄之家族是外贸先驱这情况，却鲜被人们所注意。英雄生于明天启四年（1624年），卒于永历十六年（1662年），享年39岁。英雄的一生是多么的短暂，然其为了民族的尊严，祖国领土的完整，身经百战，血沃东南争半壁，气贯长虹，北战东征驱外夷，他忠贞不屈地奋战达十七个春秋，终于收复被荷兰殖民主义者霸占达38年之久的台湾宝岛。英雄之壮举，以自制的木帆船打败称霸海上的荷兰“甲板”舰队，首创以弱制强之伟绩，为世界反殖民斗争树立了光辉典范。

郑成功在军事上的伟大成就，为中外所肯定和景仰；而在通商方面的成就却被人们所忽视，连记载郑成功事迹的“实录”“志书”也很少记载或无提及有关郑成功如何领导和发展对外通商贸易以济军需的事迹。其实，应看到英雄在开展对外贸易这方面所取得的巨大成就。

英雄的故乡——南安石井，负山面海，地势险要，素为滨海重镇和海防要津，海岸线长达二十多里，海面开阔，流平无礁，随处有海舶停泊的良坞，是绝好的天然避风港。该港可泊三百吨以上大船，内通水头、安海，外航沿围头湾可达上海、天津、厦门、台湾等地区及东南亚诸国。有此优越条件，居此的世代先民大多以讨海为生，有的人则成为贩货对外贸易之海商。英雄的祖父郑绍祖就是以渔海而发展成为对外经商的行家，他因商而到过日本等国，结识了不少中外人士，如日本幕府的丰臣秀吉，以及广东香山澳的黄氏外商，还娶黄氏女为妻，这些关系，都为后来郑氏家族的发迹奠定了基础。至英雄的父亲芝龙，进而发展成为独霸闽海的权贵人物，芝龙在十八岁时，依附于专营外贸的舅父黄程门下，程见其精明强悍，即遣其押随船经商于西班牙、葡萄牙等国，因而熟悉了经营外贸和同外国人交往的手法。然芝龙秉性强悍，有壮志，不愿久寄他人篱下，旋即离开舅家，于天启三年春（1623年）随同李旦到日本经商。因得到乃父绍祖故友的提携，受到日本仕族之器重，又经松浦侯的介绍，终与日女田川氏结为伉俪。不久又离开日本，同福建海澄人颜思齐结伙到台湾，组织海上“十八芝”好汉，在北港“安设寮寨，抚恤土番”“分所部耕猎”，从事争霸海上贸易的活动。思齐死后，众推芝龙为首，在其悉心致力的经营下，事业大有发展，不多久即拥有商舶数百艘。缘因荷殖武装侵占台湾，芝龙即率部返回石井，利用故乡的天然良港为据点，组织护航甲士，继续发展对外贸易。曾因商多次同荷殖角斗，争夺海上之权益，从而声威大振，引起了明王朝的注目。崇祯元年（1628年），芝龙接受了明王朝的招安，先任海防游击，后升福建总兵。此时的芝龙已拥有船舰千余艘，甲士数万人，成为东南海上之巨擘。芝龙为了利用既得之权势，发展既有实力，遂于崇祯二年，择选三面临海、港阔湾深，退可坚固自守，进能争雄夺霸的战略要地安平港（即今晋江安海）为根据地，建府第，造水寨，“开通海道，直至其内，可通洋船”。逐渐垄断了东南沿海出入口商之特权，向来往商贾，征收税金，颁令“每一商舶例入金三千，不得郑氏旗，不能行也”。及至唐王时，更成为权倾朝野之重臣，复以练饷为名，捐输百万，全归郑氏私库，散“富可敌国”。花村《谈往》载称：“海有十寨，飞黄（芝龙别号）富逾十主，辇金返家，置苏杭两京细软，兴贩琉球外国等物。不特芝龙如此，即其叔辈亦尝以商业为务……至于成功，则更扩而充之。”按《先王实录》所载：永历七年九月二十九日英雄的四叔鸿逵复其被软禁在京的长兄芝龙的信，“自丙戌（即隆武二年）鳌江泪别兄颜，弟乃督师入揭（阳）通商济粂，屈指八载……辛丑春（永历五年）在弟则因足疾艰楚，自放马得功之后，择地白沙，粗建茅屋，所有大小战舰，尽为渔商，与地方相安者，已三载矣”。可见，曾保唐王入闽称帝而获满门荣封的定国公郑鸿逵，在失败之后，名曰解甲归隐，其实还是易官而操商。芝龙昆仲亦全是因商得势而获高官厚爵的，郑氏家族正是名副其实的外贸世家。

郑成功为了“逐荷复国”之需，承芝龙之业尤加扩大充实，自是势在必行之大计。正如《先王实录》评注中所述：“郑氏养兵数十万，固全恃沿海之征粮饷，然非经营东西洋商业及商行，亦不能措置裕如一。按英雄自隆武二年十一月（1646年）在南安学官（丰州孔庙）。焚青衣”，发誓明志，毅然投笔从戎，竖起武装救国旗帜。在其忠贞大义的精神感召下，闽、粤、苏、浙众多忠义之士纷纷应募入伍，有部分明室遗员亦皆前往归附，在不满一年的时间，即拥有武士五万多，尔后发展而分为陆军七十二镇，水师二十镇，戈船甲士十七万，战船五千艘的这样一支水陆军具备的雄师；又承制分设文职六官理事及三司六察等官，在经济管理上设有裕国库和利民库等机构。如此庞大的组织，经养须“日费巨万一”，单靠沿海部分地方的粮饷，远远不足敷用，且英雄有深厚的“桑梓观念”，深知民间疾苦“岂忍锋镝相加”，只因一数十万之兵众嗷嗷待哺，腹不可枵，故措食民间，就地方取粮，亦不得已之役一也！此乃英雄经常对其部属士卒的谆谆训谕，并为此制定了严厉的军法条令，在筹操一日费巨万一的经济来源的岁月中，还遭到清王朝残酷的包抄围剿，仅在隆武二年一月间，清军突袭安平时，芝龙平生的囤积被洗劫一空。更严重的是永历十年六月二十二日，防守海澄城的前冲镇黄梧据城降清，城中所贮粮粟二十五万担及所有军需贮备尽归清有。据《广阳杂记》所载：“赐姓公未得台湾也，积蓄皆贮海澄，铁甲十万副、谷可支三十年，藤牌、滚被、铳炮，火药皆以数万计。”损失之惨重，使从来不因敌方破坏而惋惜的郑成功，闻军报亦愤然叹曰：

“吾意海澄为关中河内，故诸凡尽积之，岂料黄梧、王元士如此悖负！”面对清王朝千方百计从经济上搞垮郑军的情况，而郑军岿然不动，应付自如，毫无疑问就是倚仗外贸经商这一支柱，才能立于常胜不败之地的。降清的黄梧，向清廷条陈《平海五策》，欲切断郑军的经济来源，所谓五策，就是检举郑氏的商业基地，其中有二，一曰：“郑氏有五大商，在京师、苏、杭、山东等地，各营财贷，以济其用，当察出收拿。”一曰：“郑氏虽居海中，而其田产财贿皆在漳、泉等处，当察出收官。”叛徒的“献策讨功”，欲置郑军于死地，清廷立即“然其请”。黄梧居心何其毒呀！

各方面资料证实，成功为了复国大业而办以扩大充实，除组织“其数额多”的东洋商船队和西洋商船队，专事对外通商贸易外，还在厦门、泉州开设号为仁、义、礼、智、信五大商行，称水路五商，同时在杭州等地开设号为金、木、水、火、土五大商行，称山路五商，从事组织各地名产货物，互通渠道，以济贸易。英雄有识，这些陆上商行都是不披露身份的秘密商行，所以，叛徒黄梧的条陈文中未能一一具体指出。唯见《福建巡视许世昌敬陈灭贼五策残题本》中有“成功山海两路各设五大商，泉州之曾定老、伍乞娘、龚孙观、龚妹娘等为五商领袖”等语，叛徒的出卖，英雄苦心经营的山、水路十大商行难免要遭“收拿”。但据《广阳杂谈》所述：“没收其内地商行，仍未足以致死命，盖在海外转辗贸易，仍甚裕如，且如通商之故而得台湾，适以延其世祚……”通贸于“南洋各岛，东及琉球商舶往来，络绎不绝”。这正是经商外贸在郑氏通盘事业中所发挥的巨大作用。

至于“因商而得台湾”者，台湾，自古是中国的领土，考自隋唐间，大陆百姓即开始陆续入台定居，宋代正式设官建制。明天启年间，郑芝龙随同颜思齐等率众开发北港分部耕猎；崇祯间，福建大旱，民饥无食，芝龙商请福建巡抚熊文灿，“每人给银五两，三人一头牛，以巨舶运送数万饥民到台湾”开垦度荒。郑氏家族对于台湾的开发，确实做出了不可磨灭的贡献。郑成功大力发展对外贸易，仍以台湾为主要基地。至1652年，台湾人不堪忍受荷兰殖民主义者的残暴统治和剥削，原芝龙留台旧部郭怀一率众起义，因而荷夷怀疑郭怀一的武装起义是郑成功策动和支持的，除了增建城堡，加强兵力，严加控制外，还对郑氏往台的商舶进行严密的检查，并在公海上截捕郑氏商舶。因此，激起英雄的义愤，“遂刻示传令各港澳并东西夷国州府，不准到台湾通商。由是禁绝二年，船只不通，货物涌贵，夷多病疫”。荷殖酋长揆一，不得不于永历十一年（1657年）一月间，遣原福建南安人，郑芝龙留台旧部，时任荷兰东印度公司的通事和赤嵌地方的华人长老何廷斌奉表求和，“年愿纳贡，和睦通商，并陈外国宝物”，英雄因而许之。经议定，荷兰殖民主义者每年须向郑氏进贡“银五千两，箭坯十万支，硫黄千担”。从此，荷殖俯服于郑氏麾下，何廷斌暗进台湾地图，是为四年后郑成功收复台湾之先声。

郑成功对于经商外贸和军事建设是一样重视和用心的，即使在戎马倥偬，亲当矢石之时，亦不忘过问和督促的。如永历十年，英雄将率师北征时，亲委从兄郑泰户官兼管十大商行事；翌年二月，六察官常寿宁欲告假先回思明（永历九年三月改中左为思明）时，英雄亲谕“行令对居守户官郑泰，察算裕国库张恢，利民库林默等稽算东西二洋船本息，并仁、义、礼、智、信、金、木、水、火、土各行出入银两”，五月回师，随即亲行“稽查……洋船事务”。英雄的重视，保证了外贸通商的长盛不衰，外贸事业的繁荣昌盛，又保证了军队的强大发展，并以强大的军事力量来保护海上贸易的顺利进行。外贸军事，军事外贸，相辅相成，这就是郑氏开创伟大功业的两大支柱。研究和借鉴英雄对外通商贸易之业绩，具有重要的现实意义，因限于资料和水平，冀以抛砖引玉也。

英烈伟绩千秋赞

张孙章

伟大的民族英雄，爱国主义者郑成功，驱荷复台，统一中华。他的丰功伟绩，是中华民族珍贵的历史遗产。郑成功的伟大民族气节，千秋万代，永放光芒！

年少英俊　风采耀人钦国姓

郑成功，名森，字明俨，号大木。南安石井人，为明末海上风云人物郑芝龙之长子。天启四年（1624年）八月二十七日出生于日本国平户市千里滨。崇祯三年（1630年）从日本回国在安平镇（今安海）郑府读书。自幼喜读《春秋》《孙子兵法》，又好骑射舞剑。少年英俊，文韬武略，丰采耀人。十一岁就能作读书感慨之弘文，如“汤武征诛，应对洒扫也；尧舜之禅让进退也”。其叔郑鸿逵赞为郑家的“千里驹”。崇祯十一年（1638）考取南安县学中秀才得廪生。由于人才出众，被誉为“奇男子”。崇祯十七年（1644年），赴南京入太学，拜鸿儒钱牧斋为师。钱见其才华横溢，气宇轩昂，赞曰：“此人英物，非人所比”，即为郑森取号大木，寓意为国家栋梁。1645年（清顺治二年）闰六月，唐王朱聿键在福州即位，称“隆武帝”，封郑芝龙为“平国公”，郑芝龙带其朝见隆武帝，帝见其年少英俊，与其谈论治国平天下事。他说：“翻开史册，有了明镜。国家朝政衰败，大多是由于营私舞弊的奸邪之徒窃职弄权，残害忠良，丧失人心，以致毁弃江山！天下兴亡匹夫有责，热血男儿，谁能旁观？岳少保说过，‘只要文官不爱钱，武将不怕死，则天下安矣’，这是顶重要的。”又说励精图治，要集结各路义师，派重兵把守“仙霞关”等险要门户，抗击清兵，收复失地。隆武帝听了，连连称是，对郑森曰：“素闻郑家有匹千里驹，果然名不虚传。”又抚其背曰：“惜朕无一女配卿，卿当尽忠吾家，无相忘也。”钦赐国姓朱，改名为成功，封“忠孝伯”，领御营中军都督，赐尚方宝剑，仪同驸马。从此，民间尊称郑成功为“国姓爷”。

忠贞自矢　投笔从戎焚青衣

明末，天下纷争，神州板荡，到处战火纷飞。1644年3月李自成领导的农民起义军攻陷北京，推翻了明王朝，建立大顺政权。1644年4月吴三桂被多尔衮收买，引大顺军南下，清兵入关（崇祯帝自缢于煤山——景山）。1644年5月，崇祯弟福王朱由嵩即位于南京，建立南明小朝廷，称弘光帝。1644年9月，多尔衮从沈阳入北京建立清王朝，为顺治元年。1645年4月清兵陷扬州，史可法力抗不支，英勇就义。6月清占南京，弘光帝被执受害，南明政权终。1645年闰六月，唐王朱聿键在福州称隆武帝，为隆武元年。1646年（顺治三年）清兵大举入闽，郑芝龙不抵抗，暗中与洪承畴结联，即密撤“仙霞关”，退屯安海。8月福州破，唐王赴赣途中于长江被执殉难。时清兵分兵南下，“九月八日入泉州”“迫安平”（《隆武遗事》），郑芝龙在安平（今安海），“军容赫然，战舰齐备”，贝勒（博洛）王令泉绅郭必昌（原唐王兵部侍郎）招郑芝龙曰：“今铸闽粤总督印以待。”芝龙许降附，诸众多不从。郑成功哭劝芝龙曰：“父亲握重兵，事有可为，以儿度之，闽粤之地，非比北方，之任意驰骋。若凭险设伏，以巩其防，选将练兵，以实力，收拾民心，以固其本，与贩各港，以足其饷，国事尚可有为也。夫虎不可离山，离山不武，鱼不可脱渊，脱渊即困，愿大人熟思之。”芝龙不但不听，且欲以郑成功见贝勒王。幸得其叔鸿逵纵之。“十一月芝龙往福州见贝勒王，王置酒甚欢，忽夜半挟之北去”“从者皆不得见”（《南安县志人物志》）。芝龙被挟，清兵突袭安平，大肆淫掠。成功母亦被辱，不屈自缢而死。

国家破裂，父降母死，“无天可吁，无主可依”“有十亡而一存”（《海东逸史》）。1647年仍称隆武三年，但移于广东南澳。在此情况下，郑成功血泪横流悲愤填膺，遂“诣孔庙（南安孔庙），焚儒服”，慷慨陈词。“成功昔为孺子，今为孤臣，向背去留，各行其是，谨谢儒服，唯先师鉴之”“背亲向义，唯表丹心”，并上书其父曰：“我家本起草莽，朝廷不加诛，更赐爵命，阖门封拜，以儿之不肖，赐国姓，掌玉牒，畀剑印，亲若肺腑，虽糜躯粉骨，岂足上报？今既不能匡君于难，致宗社坠地，何忍背之求生，反欲他事呼？”于是各行其是，投笔从戎，誓师海上，到广东南澳募兵，走上武装抗清复明道路。

雄风疾起　南征北战逞英豪

投笔揭竿时，郑成功无兵无将，无粮无饷，全以忠贞自矢，招纳义士，将众日附，从者千万兵，纵横海上。清廷患之，曾命大臣诏爵郑成功为海澄公，郑芝龙为同安侯，郑鸿逵为奉化伯，郑芝豹为右都督，成功和鸿逵不奉诏。1647年（顺治四年）11月18日，桂王朱由榔于肇庆即位，称永历元年，郑成功奉永历正朔，称招讨大将军，进一步募兵措饷，修船练兵，沿海渔民及水手投者甚众，部分不愿随郑芝龙投清的明朝将士，见郑成功血气刚强，忠贞大义，亦前往归附，组成一支声势浩大的军队，有陆军七十二镇，水师二十镇，兵士十余万，战船五千艘。1650年夏（永历四年，顺治七年）率师回金门、厦门、石井等地屯驻，抗衡天下，清廷惧怕万分。

永历七年至十一年的四年间，清王朝利用郑芝龙与成功的父子关系，对芝龙百般威慑，企图使成功降。然而，成功忠贞不渝，禀其父曰：“父误于前，儿岂复误于后乎？儿在本朝，既赐姓矣，称藩矣，人臣之位已极，此可谓智者道耳”“若苟且做事，亦贻笑天下后世矣！吾父见贝勒之时，已入彀中，其得全至今大幸也，万一吾父不幸，天也！命也！儿只有缟素复仇，以结忠孝之局耳”“儿此时惟有秣历以待”。

永历十二年（1658年，顺治十五年）一月，永历帝遣潭平伯周金汤，太监列国柱往思明州（今厦门）册封郑成功为延平郡王，部将甘辉为崇明伯，万礼为建安伯。

1658年三月，郑成功大举北伐。1659年五月入长江，六月克镇江，破瓜洲，七月初逼南京。郑成功信心百倍，遥望着钟山虎踞龙盘的雄伟气势，赋诗一首曰：“缟素临江誓灭胡，雄师百万气吞吴。试着天堑投鞭渡，不信中原不姓朱。”这就充分表现出郑成功克敌制胜的决心和恢复明朝的强烈愿望。后因中了清廷两江总督郎廷佐的缓兵之计，即于1659年（清顺治十六年）九月初七退回思明州。

永历十四年（1660年，清顺治十七年）三月，清廷认为郑成功锐气受挫，元气大伤，必定无力交锋，即命达素率师入闽，会同总督李率泰，集桂粤江浙之清兵，夹攻思明州。当时，郑成功北伐失利后，总结经验教训，预料清兵会乘胜南袭，以图全歼。他即一面调兵遣将进行整编，操练将士，一面征集粮饷，修造船只，制造武器弹药等，严阵以待。这次交锋，调户官出浯州抵御广东清兵；遣右虎卫陈鹏督诸部守高崎，遏制同安之清兵。因布阵严密，郑成功身先士卒，将众同心协力抗击清兵，接连取得海门、高崎大捷。在海门战役中，郑军歼敌一千六百余人，清军大败，清统领哈喇土星被俘。清将达素如惊弓之鸟，仓皇逃回福州，郑成功军威大振。

驱荷复台　山河一统振中华

台湾，自古是中国领土，方圆两千里。17世纪上叶，古国神州内忧外患，烽火频仍，山河破碎。明天启四年（1624年）荷夷东来，窃踞台湾，鱼肉百姓。每年征收“人头税”“矿物税”“盐税”等等。荷夷每年从台湾运回粮食、蔗糖等几十万吨，又骚扰闽粤沿海，为祸匪浅，百姓陷入水深火热之中。祖国神圣领土台湾岂容侵犯！

永历十五年（1661年，顺治十八年）一月，郑成功“以世祖新崩，未暇征战，遂决意取台湾”。时有荷兰通事何廷斌（芝龙旧属）投奔郑成功进言：“台湾沃野千里，四通外国，横绝大海，足与中国抗衡。土番受红夷欺凌，每欲反噬。以天威临之，如猛虎逐群羊也。得其地，足以广国，取其财，足以饷兵，进攻退守无逾于此。”且陈其可取之状曰：“金门，台湾门户也，公既有之，金门外为澎湖，有山可泊舟，能得澎湖，一夕可抵台湾。”成功甚喜，即部署兴兵进攻台湾。

1661年（顺治十八年，永历十五年）二月初一日，集船只，将士于料罗湾祭江誓师东征。令提督黄廷，五军总督，户官郑泰等人辅世子郑经留守厦门。三月二十三日午时，郑成功率师二万五千，乘舰数百，进取台湾。二十四日至澎湖。四月初一日达鹿耳港，包围赤嵌城。“红夷大惊，以为自天而下。”战斗中，郑成功致书荷督揆一曰：“台湾者，我国之国土也，久为贵国所踞，今藩王既来，地该归我也。”揆一拒降，成功遂笼土为垒，并获民援，摧敌舰，歼敌援，困敌于台湾城，苦战八月有余，荷弹尽援绝，食饮无倚，乃于1662年（永历十六年，康熙元年）二月一日，揆一献降书降表投降。郑成功进取台湾，从1661年二月一日祭江东征至1662年二月一日荷督投降，将近一年。一年的苦战，惊天动地。荷夷窃踞三十八年之久的我国领土台湾，重归我中华版图。郑成功志诗曰：“开辟荆榛逐荷夷，十年始克复先基。田横尚有三千客，茹苦间关不忍离。”这是郑成功纵横抗衡十七年（从1645年隆武帝赐姓掌兵起至1662年复台湾）费尽心血、取得胜利的感慨！

台湾平定，成功改赤嵌为承天府，热兰遮城为安平镇。置天兴、万年二县。台湾城为“东都”明京。奉永历正朔年号，时永历十六年。台湾收复后，郑成功励精图治，兴学校，务屯垦，开展贸易，发展台湾经济。郑成功由于驰骋沙场，积劳成疾，乃于1662年（永历十六年，康熙元年）农历五月初八日与世长辞，享年三十有九。郑军将士及台湾人民莫不眼泪纵横，悲痛哀悼。

精忠爱国，英雄伟绩千秋赞叹不已，今录部分如下：

郑成功逝世后，葬于台南州仔尾。1683年郑克塽归清，受封汉军公。尔后，上疏奏清迁骸故土获准。1699年（康熙三十八年）康熙皇帝赐葬于石井附近康店覆船山郑氏祖茔，下敕官兵护柩于五月二十二日卯时归葬，并赐挽联："四镇多二心，两岛屯师，敢向东南争半壁；诸王无寸土，一隅抗志，方知海外有孤忠。"

清同治甲戌巡台使者沈葆桢联："开万古得未曾有之奇，洪荒留此山川，作遗民世界；极一生无可如何之遇，缺憾还诸天地，是创格完人。"

台湾督使者夏献纶，赞创业艰完志节联："天地间有大纲，耿耿弧忠，守正朔以挽虞渊，祇自完吾志节；古今来一创局，茫茫荒岛，启沃壤而新版宇，犹思当日艰难。"

光绪乙丑年夏，合肥刘铭赞郑成功孤忠义正，撰联："赐国姓，家破君亡，永矢孤忠，创业在山穷水尽；复父书，词严义正，千秋大节，享俎豆于舜日尧天。"

为缅怀民族英雄郑成功，我县有三所中小学以郑成功之英名为校名，它们是码头镇的成功中学、石井镇的延平中学和成功中心小学。

祖孙三代 抗荷卫国

陈存墙

郑成功是个抗荷复台的民族英雄，其光辉业绩已经垂诸史册。当时抗荷之佼佼者，尚有其父郑芝龙及其子郑经。可以说，郑成功祖孙三代都是抗荷卫国的英雄，在明末清初内忧外患、动荡不安的时代里，能使中国不致沦于异族，至少不致金瓯一缺，郑氏祖孙，功不可没。

众所周知，其时日本、葡萄牙、西班牙、荷兰，都曾觊觎垂涎台湾及福建沿海，其中尤以荷兰为害最大。上述诸国在此地区因为各自的利益，矛盾冲突，最后是被称为“海上马车夫”的荷兰殖民者得胜，独霸台湾这个中国的宝岛。

荷兰殖民者占领台湾，最终目的是发展贸易，积累资本，故在郑成功收复台湾前后，频繁骚扰福建沿海，挟求互市。在他们看来，“中国是一个物产丰富的国家，它能把某些商品大量供应全世界”。当他们的目的不能顺利达到时，就拔刀相见，致使“闽越山川，几成腥界”。明政府对此不能见若无睹，先后任命福建巡抚商周祚、南居益等，发兵抗荷，时有捷报，然终未能杀住其嚣张气焰。到了崇祯年间，福建巡抚邹维琏上任后，方发动大军，予以抗击。郑芝龙就是在邹维琏的调遣下，挺身而出，大败荷兰殖民军的一位将领。

郑芝龙年轻时曾到过澳门、日本等地习商，跟外国人有所接触，懂得葡、荷等国语言，大力开展海上贸易。但芝龙亦习武事。万历末年，芝龙“为寇颜振泉（思齐）所掠”，天启四年（1624年），跟颜思齐自日本入台湾，曾自领师船进伐金、厦，官军莫能抗。崇祯元年（1628年），芝龙受招抚，被授海防游击。芝龙受抚后，经济及军事实力不但无所损失，反而不断增强。他筑城安平，所部兵自给饷，不取于官。明朝政府信任他，他也为明朝效力，崇祯三年（1630年）被提升为都督。

崇祯六年（1633年）六月初七日，荷兰殖民军到厦门。当时，郑芝龙刚从广东回来，船停在熠洸。荷兰船只突然开来，芝龙始料不及，立即指挥战斗，焚烧荷船十只。八月十二日巡抚邹维琏自省抵漳州，檄调诸将，大集舟师。以五虎游击郑芝龙手握重兵，部下有许多勇将，作为前锋，芝龙运用间谍，密遣哨官林显忠等，驾船渡澎，布置作战方略。在澎湖大屿攻焚荷兰甲板船一只，荷兰头目及兵众被焚死与沉溺海中的有数百人，生擒荷兰头目一名，荷兵六名，割下荷兵首级三颗。总计这一年在巡抚邹维琏的组织指挥下，郑芝龙和张永产等将领通力合作，取得辉煌的胜利。一共生擒荷军一个伪王，头目数个，斩获首级二十颗；焚烧甲板巨舰五只、夺得甲板巨舰一只，击破小舟五十余只，缴获盔甲、刀剑、罗经、海图等物。此一战后，数年间荷军不敢再来侵犯。

崇祯八年（1635年）四月，郑芝龙合粤兵击杀刘香于广东田尾远洋。刘香于崇祯初年寇闽海，荷军曾挟大艘助香，焚明战船，官兵多死者。故击杀刘香，也是对荷兰的一个惩罚。

崇祯十二年夏，荷军首领郎必即哩歌，非常骁健，先后劫掠浙、闽海上，官军屡为所败。福建巡抚檄调郑芝龙出兵。芝龙船只开到湄洲洋，与荷兰船只遭遇。荷船高大，官军技无所施，伤者甚众。郑芝龙退兵，停靠在枫亭港口，募渔船惯水者五十人，以竹筒贮火药，烧荷船五艘。郎必即哩歌大惊，从此数年不敢来犯。

郑成功对荷兰统治下的台湾，总是密切注视。早在复台前十来年，荷人就惴惴不安，在其连篇累牍的书籍文件中，反复提到“国姓爷”

（郑成功）将因被鞑靼人（指清官兵）赶出大陆而进攻台湾，故一提及国姓爷便闻风丧胆，谈虎色变，荷人做贼心虚。郑成功考虑的是全局，不是要把台湾作为失败的避难所。荷兰殖民主义者残暴无道，激起台湾人民的反抗，其中永历六年（1652年）郭怀一起义，声势浩大。这个义举得到郑成功的支持。永历七年到十年（1653—1656年），荷兰“卡萨长官任职期间，国姓爷曾经封闭和我方的贸易，禁止中国帆船或其他中国船只航行于中国和福摩萨（台湾）之间”，这个行动大大妨碍了公司（荷兰东印度公司）在北方的商业活动。永历十二年（1658年）七月，郑成功兴师北伐，到永历十三年（1659年）七月，南京兵败，九月回师厦门。这期间郑成功无暇东顾，但对台湾的事态总是耿耿于怀。

在郑成功看来，恢复大明江山，北伐和东征是相辅相成的大业，无所谓失败才东征。郑成功败而不丧其志。回厦稍事休整之后，就计划挥师进台。永历十一年（1657年）和十三年（1659年），荷兰通事何斌两次来厦拜见郑成功，陈述台湾情况，建议东征复台。这个意见跟郑成功的想法相吻合，是促使郑成功及时行动的一个重要因素。

永历十五年（1661年）三月二十三日，郑成功自金门料罗湾率兵二万五千东渡。到达澎湖后，成功下令道：“本藩矢志恢复，念切中兴……尔从征诸提镇营将，勿以红毛火炮为疑畏，当遥观本藩鷁首所向，衔尾而进。”四月三日，雄师击败荷海军司令进攻船只，登陆进围普罗文遮城。四月六日，该城守将描难实叮献城投降。四月二十八日，炮击热兰遮城，郑成功一再晓以大义，劝其投降，无奈荷军以为城坚，且向巴达维亚（今印度尼西亚雅加达）求援，拒不降服。郑成功只好围困断水，击败其援军。郑成功的正义之师得到台湾人民的拥护，荷兰不少兵将也前来投诚。荷方计无所出，力无所用，酋长揆一不得不于十二月十三日（1662年2月1日）在赤嵌城向郑成功乞降，荷兰殖民者就此被驱逐出台湾。复台之战，前后只历九个月，被窃踞三十八年之久的台湾，终于回归祖国，“于是郑成功之名震乎寰宇”。

郑成功复台后不久便去世，其子郑经嗣位。荷兰殖民者贼心不死，于永历十七年（1663年）九月，纠集甲板船十六只，兵数千，会清靖南王耿继茂，总督李率泰，约定同攻金门、厦门，满望战事平定后，于浯屿筑城贸易。十月，清陆路提督马得功督率郑鸣骏以船数百号出泉州港，水师提督施琅同海澄公黄梧出海澄港，靖南王耿继茂同荷军扎营同安港之刘五店。至期下船渡海，气势汹汹。十一月，郑经率黄廷、周全斌等，会船于金门海。荷船高大，一船有大小火铳千余号，横截中流，为清船藩蔽。是日，炮声如擂鼓，从辰至酉，相续不绝；郑经见荷船多炮，众寡不敌，乘潮渐渐退出浯屿。周全斌等十三船在后，迫于潮涨，不得出，遂直绕荷船之后，冲大而入。荷船发，齐击，无一中者。马得功坐鸣骏中军船，全斌误以为是鸣骏，直前攻之，黄廷中军将吴朝宰，郑经亲军将萧承龙前后夹攻，挥兵过船，马得功亲随铁甲精兵三百人皆被杀下水。得功顿足，自投水死。所遇乏船多被攻没，遂扬帆直出，日暮收兵海上。清军查点兵将，不知马得功之死。

荷兰殖民者在台湾和福建沿海，烧杀掳掠，无所不用其极，我们随手摘录他们自我暴露的几条于下。

1622年11月25日："我们一齐来到漳州港前，停泊在一个靠近城镇的小岛，镇里的居民都逃走了。我们带走了四十头牲畜，其中有几头猪，还有很多鸡，这些东西让我们很好地调养了一番。"

1623年5月1日："在航途中，我们遇上另一只准备开往马尼拉的中国大帆船，载着价值千金的货物和二百五十人，我们抢夺了这只帆船，把大部分抓到的中国人送上大船，剩下二十人到二十五人留在帆船上，和十五六名我们的人在一起，然后把帆船系在大船的后面拖走。""现在我们船上已有数百名中国人了。""夜里，我们把全部中国人关进船舱里，舱盖上用杠杆顶住，到处挂着灯，连下层的舱板也照亮了，在舱盖旁有五六个人持剑看守。""我们把这些中国人以及从别条船上带来的中国人都带到澎湖群岛去，把他们两个两个地绑在一起，总数有一千四百多人。我们叫他们运土造堡垒，造好以后，把他们运往巴达维亚卖掉。"

1624年7月8日："他们（荷人）看到六七具中国人的尸体躺在海滩上，成为狗和飞鸟的点心。这都是我们的人杀死的。"

"我们在中国沿岸的掠夺行为，激起了全中国的愤怒和反抗，把我们看成和谋杀者、暴君、海盗一样。我们对付中国人的手段确实也是非常刻薄和残酷的。"

据云近年曾有荷兰驻华使节前来参观郑成功纪念馆，说他不能理解，荷兰人怎么会败在中国人手下，上边引用的这些话该可以解答这个问题吧。

荷兰殖民者船坚炮利。其甲板船"舟长三十丈"五奠，凡三层。四置铜铳，大者二丈余，一发可洞石城。舵后置铜盘，径数尺，称照海镜（类今之探照灯），往来不迷。"其船最大，用板两层，则而下削，制极坚厚，中国人目为甲板船，其实圆木为之，非板也。又多巧思，为帆如蛛网盘旋，八面受风，无往不顺，较之中国帆樯，不遇顺风，则左右戗拆，欹则倾险，迂回不前之艰，不啻天壤。"

面对强敌之武装，郑成功"念切中兴""勿以红毛火炮为疑畏"；郑芝龙、郑经也早有"国尔忘家"的思想。因此他们伸张正义，知难而进，终于打败、驱除残暴的殖民者。

郑成功复台的业绩"妇孺皆知"，是个"创格完人"，历史早有定评，即使荷方也不能不承认："国姓爷不但是勇敢的战士，同时也是高明的政治家。"郑芝龙呢？中国海交史研究会会长朱杰勤认为，郑芝龙被招抚后，于1633年击败荷兰殖民者，是空前对敌的胜利。"像郑芝龙这样反侵略有功的人物是值得表扬的。"至于郑经，如上所述，他抗荷那一仗，使荷兰殖民者一败涂地，其功可忽视乎！

郑成功祖孙三代抗荷卫国，光昭日月。

认识“文”的郑成功

陈琼芳

民族英雄郑成功，文韬武略，是允文允武的旷世奇才。然因其主要功绩在率师抗清和驱荷复台，武功显赫，故后世对他的评价、赞颂、研究，也主要集中在“武”的方面，而忽略了“文”的方面。其实，郑成功在“文”的方面，也是出类拔萃的，他的诗，他的文，他的书法，均有极高的造诣；他在收复台湾后的短短时间里，在发展经济的同时，对于振兴文教的筹谋，也是功不可没的。

一、郑成功的诗

郑成功7岁时，其父即为他请了一位学富五车、品德端正且富教学经验的家庭教师——曾其五。据清《嘉庆赤店乡土志·村贤卷》载：曾其五向来“治学精严，倡二朱化人，然亦兼习武略。郑森自童龄颖绝秀出，负意气，天才特达，其五甚爱之。尝以授《春秋》兼辅吴起制艺之术，时郑森学以日新”[①]。曾其五是一位忧国忧民的文化人，他常常把古代英雄志士写的诗词拿来教郑成功吟诵。而郑成功也从小嗜好古典诗词，热爱历代英雄。曾老师不光闭门教学，还带郑成功游览祖国山川，开阔

① 林昌如：《郑成功从小爱诗如命》，《中华诗词：全国第十三届中华诗词研讨会论文汇编》，第453页。

眼界，培养诗绪。有一次，师生同游灵源山，半山腰有二巨石，浑然构成一对公婆形体，曾老师脱口而出："公婆有意，天荒地老看乡土。"郑成功领会这是老师有意识在出对考他，于是便联想到家乡石井有"五马朝江"之石，遂对曰："五马不移，石烂江枯守海门。"老师听罢，拊掌叫好。漫步间不觉登上峰顶。曾老师又随意问道："你对那些咏山的古诗，哪一首最为推崇？"郑成功随口背出："只有天在上，更无山与齐；举头红日近，回首白云低。"老师点头称善，并勉励说："人要有凌云之志，致力于最高境界……顶天立地！"[①]郑成功对这教诲深铭肺腑。

崇祯十七年（1644年），郑森21岁时，以优异成绩考入南京国子监太学，老师钱谦益又是一位鸿儒。有一次，钱老师带郑成功和孙爱一齐游览剑门。剑门是金陵名胜，长江奔腾从西山东下，气象万千。这美丽的景色激发了郑成功对祖国河山的无限热爱，回来后他写了《游剑门》一诗。此诗一鸣惊人，崭露诗才，深得钱先生赞赏。钱先生说："郑森此诗声调清越，不染俗气，少年得此，诚天才也！"[②]

郑成功自"儒生一怒焚青衣"后，戎马倥偬，但仍偶有题咏，或马背上哼成，或硝烟中急就，均出手不凡。他的诗现在能看到的仅18首，但就这18首，即已突现了他的诗才。这些诗是研究郑成功思想人品和历史事迹的珍贵材料，同时也是中国诗史上的艺术珍品。让我们来欣赏其中两首体现他的两大功绩的七绝吧：

出师讨满夷自瓜州至金陵

缟素临江誓灭胡，雄师十万气吞吴。

试看天堑投鞭渡，不信中原不姓朱。

---

① 林昌如：《郑成功从小爱诗如命》，《中华诗词：全国第十三届中华诗词研讨会论文汇编》，第453页。

② 林昌如：《郑成功从小爱诗如命》，《中华诗词：全国第十三届中华诗词研讨会论文汇编》，第453页。

复台

开辟荆榛逐荷夷，十年始克复先基。

田横尚有三千客，茹苦间关不忍离。

前者表达反清复明的雄怀壮气，雄伟豪宕，悲慨淋漓；后者表现驱荷复台和开辟荆榛的坚强决心，气势磅礴，豪情满怀，且均符合七绝格律，不愧情艺并茂的爱国主义高作。

二、郑成功的文

郑成功所撰之文，有北征檄文、报父书及《与荷兰守将书》《告诸将士屯田书》等多篇，热血满腔，笔力万钧，或慷慨激昂，或恳切悲壮，读之令人鼓舞，真乃宇宙鸿文！试以《与荷兰守将书》为例：全文不上400字，对荷兰守将晓之以义，动之以情，笔锋犀利，高屋建瓴，步步进逼，层层深入，既表现了对侵略者的仇恨和蔑视，又充满着扣人心弦的人情味，极富震慑力和感染力。再如《告诸将士屯田书》，全文不上500字，现摘录部分原文，与大家共欣赏：

为政之道，在于足食；足食之后，乃可足兵。今赖皇天之灵，诸将之力，克有兹土，岂敢为宴安之计？然而食之者众，生之者寡，倘一旦匮饷，师不宿饱，将何以图强？台湾土厚泉甘，膏壤未辟，当用寓兵于农之法，以期足食足兵，然后庶可观时而动，逐鹿中原，光复神州也。

为今之计，莫善于屯田。屯田者，古制也。夫法古者，可以制宜；明时者，可以图治……

今台湾新复，僻处海边，安可一日忘战？爰师古制，而行屯田之法，仅留勇卫、侍卫二旅以守安平、承天，余镇各按分地，分赴南北开垦，使野无旷土，而军有余粮。三年之后，乃定赋税。农隙之时，训以武事，俾无废弛。有事则执戈以战，无事则负耜而耕，然后兵精粮足，可以图长治而谋进取也。

立论明确，中心突出，条理分明，层次清楚，引经据典，层层推进，言简意赅，说服力强，既是极具号召力之文告，又是极有逻辑性之论说文。

三、郑成功的书法

郑成功的启蒙老师曾其五写得一手好字，他在教郑成功学诗习文的同时，也教他书法，所以郑成功的书法也是训练有素的；加上他灵性颖慧，融会贯通，勤学苦练，于是写得一手好字。铁画银钩，遒劲有力，龙飞蛇舞，婉转流畅，且具战略家布局，观之令人拍案叫绝！其字行、草均佳，尤以草书见长，颇得王羲之三昧。从现存的几幅郡王遗墨来看，《咏山》诗（“只有天在上，而无山与齐。举头红日近，回首白云低”）和“养心莫善寡欲，至乐无如读书”可视为其行书的代表作，字形饱满，笔迹雄杰，显得端丽而稳健。《礼乐衣冠第》诗（“礼乐衣冠第，文章孔孟家。南山开寿域，东海酿流霞”）和“无极而为”条幅等可视为其草书的代表作，心手相应，变幻无穷，结体谨严，洒脱豪放，“极飞扬处无骄态”“欲倾东海酿流霞”，令人叹为观止！

四、郑成功复台后于宝岛重文兴教功不可没

郑成功于1662年2月驱逐荷夷收复台湾后，仅隔四个月，即因积劳成疾于6月不幸逝世。但就在这短短的四个月中，郑成功却马不停蹄地策动台湾的各项建设，如建立郡县制度，实行寓兵于农的屯田制，奖励移民，发展农业，推广商业等。他虽因注重开垦，发展经济，无暇直接振兴文教，但对不少寓居思明州的文人如徐孚远、曹云霖、王忠孝等随其移居台湾者，极为礼遇。尤其对沈光文更加尊重。沈氏浙江人，出自黄道周门下，明亡随鲁监国从事抗清运动，兵溃赴广东肇庆依附永历帝，官太常寺卿。两广再覆，走金门遇飓风漂泊至台湾，教读为业，使台湾文教开始萌芽。对于郑成功喻之“今之卧龙”的陈永华，郑成功更是“与谈时事，终日不倦”，并对其子郑经说：“陈先生当世名士，吾

遗以佐汝，汝其师事之。”[①]陈永华，字复甫，福建同安人。台湾光复，永华建议在台建圣庙兴学校，以达到收人才，育贤士，固邦本理想。时又令各社广设学校，凡民年满8岁须入学，课以经史文章，并举行科考，设学院，地方为府学及州学，采取学校与科举合一制度，使学校的普及与文化的深根厚植。中华文化得以在台日进，陈氏深为用心，而郑成功重文兴教功不可没也。

厦门大学台湾研究所研究员朱双一说："如果认真回顾一下，就可发觉，郑成功在整个台湾文学中，确实是一个重要的存在；甚至在整个闽南文化中，都是一个重要的存在。似乎无法设想，没有郑成功的台湾文学，会是什么样子，特别是在传统诗文方面。”[②]所以不仅从历史的角度，从“武”的角度，也从“文”的角度来认识郑成功，是很有必要，也是很有意义的。当然，拙文仅从郑成功本身的文化禀赋和创作来谈“文”的郑成功，若按朱双一研究员的说法，“如果从文学的角度切入郑成功研究的话，至少有三个方面的内容值得关注，可供选题。这三个方面就是：第一，郑成功本身的创作；第二，后人歌咏郑成功的传统诗文创作；第三，以郑成功为题材的一些现代文学作品”[③]。但愿拙文能成为一块引玉之砖，引出更多从“文”的角度研究郑成功的佳作。

① 朱双一：《略谈从文学的角度研究郑成功》，《泉州晚报》（海外版）2001年12月18日。

② 朱双一：《略谈从文学的角度研究郑成功》，《泉州晚报》（海外版）2001年12月18日。

③ 朱双一：《略谈从文学的角度研究郑成功》，《泉州晚报》（海外版）2001年2月22日。

浩气写胸襟

——略谈郑成功书法艺术的意义

黄亦生*

2002年，是民族英雄郑成功收复台湾340周年。回望340年前郑成功高擎民族义旗，金戈铁马，气吞万里地征战在东南海疆，他以弹丸两岛之兵抗拒清朝大军的打击，艰苦撑持东南半壁江山；他挥师东渡收复台湾，驱除荷兰殖民者的豪情壮举，使之成为中国历史上名垂千古的民族英雄。郑成功的爱国精神和民族气节，三百多年来一直得到人们的讴歌与赞颂。

显然，当我们追忆郑成功短暂而灿烂的人生历程之际，我们会清楚地理解郑成功的两大业绩：抗清复明与收复台湾。借此，我们眼前会展现出一名叱咤风云、驾驭烈火战车的武士形象。其实大凡中国历史上的名将、名师、名帅，都是文武双全的人。郑成功少年从日本归国，就开始接受中国传统文化的熏陶。他读《春秋》，赋予他忠君爱国的思想；读《孙子兵法》，使他日后成为一名卓越的军事指挥家。他对骑马射箭很有兴趣，用在骑射的时间很多，这为他日后漫长的戎马生涯打下雄厚的基础。他在战争生涯中给我们留下了饱蘸浓墨挥毫写下的《复台》诗篇：“开辟荆榛逐荷夷，十年始克复先基。田横尚有三千客，茹

* 作者系中国美术家协会会员。

苦间关不忍离。”面对拓印黑白分明的郑成功手书，我们的心扉被砰然撞击，跃动的黑色线条（实际是白色）如金蛇狂舞、剑影刀光诉说着书家的胸襟怀抱，有着一种非同凡响的感人力量。也许，郑成功的书法艺术对于塑造他的杰出才能、过人胆识以及成就他的丰功伟业，有一种内在的文化基因吧。笔者试图就目前所能见到的郑成功墨迹（碑刻），略述对郑氏书法艺术的看法。

一

诗言志，书法亦言志。郑氏少时师承儒学。其父郑芝龙把时已7岁（1630年5月）的郑成功从日本接回郑家府第，延以重金聘名师授课。正统的儒学经典以及中国历代名将贤相治国平天下的故事，给郑氏注入了忠君报国的思想。1644年，郑成功21岁之际，辞父别妻到南京太学深造。其时，郑氏拜金陵诗人钱谦益为师。饱读诗书的钱谦益亦非常赞赏年少风华的郑成功。师生论诗说道，各抒胸襟，可以理解为郑氏在这里铺垫下诗情、理想和操守的坚实根基和大气磅礴的报国济世宏愿。

郑氏自幼习帖挥毫，练武习文便成为自身的功课。在以后的征战、操练之中，郑成功都会自然选择遒劲、开朗的书法作为一种标准与号召。厦门大学校园发现的演武亭“练胆”石刻，就是郑氏的一种艺术取向“致中和”的契合。大哉，高哉，别有天地者也。“练胆”，此胆何胆，即家国心复明志。这里，我们发现，明代后期的大书法家傅山（字青主，1607—1684年）的胸襟抱负，是与郑氏有着默然的契合。

在郑氏看来，清兵入关，国已不国。当我们颂吟郑氏的诗句：“故园山河在，孝陵秋草深。寒云自来去，遥望更伤心。王气中原尽，衣冠海外留。雄图终未已，日夕整戈矛。”相信在脑际内将会浮现郑氏正展纸蘸墨，在纸上挥写的形象。而“练胆”正是郑氏这种民族气节精神的外化。

我们研究一个历史人物的内在精神个性的时候，总会去寻找造成其为“人物”的历史条件和社会根源。当这些人物把精神付诸笔墨转化的“痕迹”呈现在世人面前之际，我们就会把他们的行为和这些人的道德文章有机地联系在一起，“文墨俱采”“天人合一”的书法精神，使诸如岳飞、苏轼、毛泽东这些历史与现实中的诗词和书法家在历史的书坛上留下了特殊的地位。一代英雄郑成功留下的书法艺术也更能体现郑氏一生的理想价值和人格精神。郑氏信手一挥，流泻出的才情洋溢着人格力量和激情：“只有天在上，更无山与齐。举头红日近，回首白云低。”充盈着线条冲击力的书法艺术已经传递出诗人的境界。

二

如何深入地研析、解读郑成功书法艺术的形成，根据近几十年史料的发现和整理，其中仅凭借石刻拓印文本的研究是很难得出准确的结论。当然，从字体的行笔、结构分析我们可以逐步地理解郑氏的书法艺术。

显然，郑氏的书法是以师法前贤，以“学古”为起点的，他的中锋起笔、点、捺、横、竖都隐约蕴含着右军的体意和黄道周“遒媚”之意，更多的是有着黄道周的起落承转的笔意，亦现王铎、过庭的草书章法，由于他的个人才思，故其结体有其独特之处，打破了前贤的平稳结字法，在感情的支使下书法的线条有险峻峭拔之势，于斜正之间求得平衡与稳定。明代中兴之期，书家辈出，承袭元代之妍媚柔婉之气，故“只是徒有顾盼自喜之乐而无后发为雄之概”（康南海语）。所以，从碑拓本大略可以看到，像《至乐帖》《昨夜帖》和《刘琨帖》大约是郑氏30岁前之作品，笔力和字体的结构都略嫌不足。而《复台帖》可以较为确定为1662年郑氏收复台湾时的抒怀之作。在这些行世的郑氏书法作品中，可以体验到郑氏创作的情绪。书法家的心情境况是导致作品面貌形成的重要因素。正是郑氏的这种国破家仇的“激愤”，而使之驱其笔而抒其怀，方有庄子所谓“有大悲方有大觉”的激烈诗章和书法作品。很明显，由于笔墨与心境起伏流转，故通幅书法布局疏密有度，不时透出疏朗的气息，全卷洒脱奔放，如大海波涛不息，跃然于纸上（石碑）。当然《至乐帖》也同样呈现出书家心畅神怡，挥毫泼墨的酣畅神思，字里行间，体现着大将军沉着丰韵和指挥若定的神采。我以为此两帖，实乃郑氏兴来而书的神来之笔，为其代表之作。

三

郑氏的书法艺术，虽然目前发现的拓片仅有几件，它却如同抖擞的蜡梅绽放在历史的峭壁之缝，特别应该引起我们的观照。我们阅读古今前贤的墨迹，会为颜鲁公《裴将军诗》、苏东坡《寒公诗帖》、黄庭坚的《松风阁》、岳武穆的《满江红》、毛润之的《沁园春·雪》等作品所扣动心弦。石破天惊，婉转流畅，古朴沉雄，刀削斧砍的书法艺术宣泄着人性的情感。正者气自清，污者流自浊，雄深雅健的作品，舒展了中华民族的灵魂，是五千年文明古国的顶天立地的风骨。

郑氏英年早逝，未能在更长的一些年月里完成他的理想，其中包括开台的各种谋略、思想的实现。即便是书法艺术，也只是他军旅生涯中的一支浅唱的牧笛，随着时光的流逝，人们对郑氏的诗文、书法，将会有更深一层的理解。

郑成功与泉州

王洪涛

当郑成功抗清、复台的时候，泉州原辖有七个县。由于设治于晋江县城内（即现在泉州市内），因此民间往往狭隘地把晋江县称为泉州。本文所指的泉州亦即依此范围，地域上即仅限于今日泉州市和晋江县所管的地区。

一、泉州是郑成功抗清首义之地

郑成功原籍南安石井。石井和泉州的东石、安海，仅隔一水，明代时候这两地区很热闹。成功的父亲郑芝龙受明朝招抚后，即在这两地广置第宅。东石所建之宅，“纵横数里”（《赐姓始末》），置第安平（安海）则“开遍海道直至其内，可通洋船，亭榭楼台工巧雕琢”（《台湾外记》）。郑姓族人太师郑香亦营第宅于安平。成功七岁时从日本返国，据传说居住于安平。少时读书处，即在现在的星塔村，现第宅已倒塌无遗，旁尚存一塔。成功十五岁进秀才，二十一岁入南京太学。从七至二十岁这段时间，主要生活于安海与石井。

明末的安平不仅是郑成功的第二故乡，也是芝龙的海军根据地。隆武二年（1646年）九月，清兵入福建，芝龙约降，事前把前线的兵力撤回“退屯安平，楼船尚五六百艘”（《赐姓始末》）。时成功从福州回安平谏父拒降，不纳。一度暂离安平，表示与其父亲，各走不同的政治道路。芝龙投降后被挟北去，郑成功义愤焚青衣入海。但他的焚青衣处在于何处？对郑成功历史有研究的人士有着不同的看法。据《福建通志》记载："……携衣巾焚于奎星阁前，为文祭孔子欷歔再拜而去。"《南安县志》卷二十五称："福州破芝龙约降，成功与芝龙恸哭谏不听乃走金门，旋归里，携青衣儒巾焚于奎星阁前，为文祭孔子欷歔再拜而去。"现在泉州市西郊外（即旧南安孔庙前）有郑成功焚青衣处，不过有人认为郑成功焚青衣处可能在安海，因为安海亦有奎星阁。但是亦有人认为成功"走金门、旋归里"，既归里，当系返南安故里，那么焚青衣极可能在南安了，奎星阁在孔庙前焚青衣处当在是处，因此前代的人便把它说在那里了。到底郑成功的焚青衣在安平还是在泉州西郊（旧南安孔庙现属于泉州）的焚青衣处？这个问题尚待研究确定。但以上两地都属泉州范围，总可以说郑成功的焚青衣处是在泉州而无疑吧。

从历史文献记载，郑成功抗清首义亦在泉州。

顺治三年（1646年），郑芝龙被挟北去后，据《台湾外记》，当时郑成功"从浯州（金门）回安平，会阁部路振飞、曾樱、万年英等择日起兵"，誓师有"本藩乃明朝臣子，缟素应然，实中兴将佐，被肝无地，冀诸英杰伸天义"，可见郑成功的誓师起兵原始于安平，且以此为最初根据地，往后亦经常驻军于此。如永历元年（1647年），郑成功筹措兵饷，亦首取于平安，"委黄恺于平安措饷，识者知其可与有为"（《海上见闻录》）。永历七年（1653年），清统治者妄图以"海澄公"的爵位为饵，诱取郑成功投降。八月，派内院学士叶成格，理事官阿山和成功弟郑渡入闽，郑成功即把这几个清使安置于安平的报恩寺。

从以上历史事迹看，郑成功在泉州的时间相当长，不仅为他青少年时的生活之地，亦为他抗清首义之区，也可说泉州是郑成功第二故乡。

二、郑成功在泉州的军事活动

郑成功起义后，以安平弹丸之地，无险可守，而于顺治三年（1646年）七月，和其叔郑鸿逵合兵围攻泉州。在桃花山败泉州清提督赵国祚，破溜石水寨（有的说是炮城），斩参将解应龙，当时乡绅沈佺期、林侨升、郭符甲、诸葛斌都起兵响应。同时，城中守将杨义，乡绅郭必昌之子郭显皆做内应，惜事败未成，后又因漳州清军来援而退兵。但这战役，至少有如下两点值得注意：

第一，泉州为闽南重镇，向驻重兵，成功起兵之初即围攻泉州，并斩将败敌取得一定胜利，不只是给予泉州的清统治相当重大的打击，使闽南震动，更主要是对于振奋闽南的人心，对鼓舞人民的反清斗争也起一定作用。

第二，乡绅的纷纷起兵响应和杨义、郭显的谋做内应，也很有力地反映当时民心未死，大家都能慕义而举，郑成功虽初揭义旗，但大义所在，已得人心归附。

成功起义后，活跃海上，泉州沿海的白沙、围头、蚶江，都是当时郑成功水师重要的据点。特别是白沙，与东石、安海相连，和南安石井相对，为郑成功水师根据地之一。永历九年，郑成功令“冯工官筑白沙城，以援剿前镇守之，委监纪武大盛管理晋南地方，住白沙城”（《从征实录》）。现在白沙城虽已废，但在几年前我们还可以在那里的海边看到排列成行的“大贡”，看到一块块的城墙夯土。今年十一月晋江专署文化局组织一批人发掘这一废城遗迹，还掘出一些极可能是当时“铁人”的铁甲残片、废兵器残片，捡到了炮子，也揭露了当时一部分营房的建筑遗址。这一切都可以帮助我们对白沙城当日情况的进一步了解也提供了研究资料。

围头在泉州沿海的最南端，为郑成功水师重要据点之一。在那里经常驻扎重兵，它和白沙正成犄角，和金门遥遥相望。历史告诉我们，郑成功在金厦海上的抗清活动，驻师围头即为堵截清军从泉州海面直扑金厦的要枢。好比永历十年（1656年），郑成功的水师就在这里大破清军。当时，清军分两路来犯，一路水师由韩尚亮带领，想攻思明州（厦门）；一路陆军屯扎石井寇攻白沙城。四月十六日，清水师齐出泉州湾欲攻金厦，郑成功的水师左右军和援剿右镇黄昌信、武营陈泽等船出围头外截击，在海上大破清师，取得很大胜利，使得带领清军的满洲世子，不得不叹服“渡海之难”(《从征实录》)，而收拾败兵残船，仍龟缩到泉州城去。

蚶江位于泉州湾内，为泉州湾出入必经之地。郑成功在此驻有水师，并在前垵和后垵之间的烟楼山建筑营寨，现山上尚有残迹可寻。在后垵沃内垵底尚留有当时水师的“铁锚”。

还必须指出，郑成功在抗清斗争中，虽没有拿下泉州城，但泉州的沿海除白沙、围头、蚶江，比较长期为他所占领外，其他若干港湾，甚至可以说几乎整个海面，都为他的水师所控制。距离泉州城最近，为泉州城咽喉之地的泉州湾，它的外围为崇武、獭窟、石湖等地，也经常为郑成功水军进驻，使得在泉州的清军，难能出海活动。

又据泉州沿海的民间传统，郑成功进兵台湾的时候，许多水师的船舰，是从晋江沿海的梅林、祥芝、深沪等港出发的。当时沿海的渔民舵公，因为熟悉航往台湾航路，有许多人是接受邀请而为郑成功水师掌舵的。据一般文献记载，先以为郑成功进军收复台湾是从金门料罗湾出发的。其实通过深入泉属和漳属地区调查之后，就觉得郑成功并不仅从料罗湾一地出军，而是在泉漳所属沿海地区若干港湾的海面上众船齐发的。而揆之现实，也完全有这样的可能性。

另外，郑成功在泉州海面的活动并不仅是抗清的军事斗争方面。众所周知，郑成功军队的军饷，主要是依靠海上贸易和海外东西洋贸易来取给的。他用于贸易的船，民间称它为“国姓爷船”。据传说，当时主要的出口商品为丝绸、布匹、瓷器、铁器等物，这些输出品都非出于金厦，而是来自内地。泉州是这些东西来源之一，沿海的安平是主要出口地，因此在郑成功与清朝的经济斗争战线上，泉州也是这一战线上的一个前哨。

三、郑成功和泉州人民群众的关系

泉州民间称郑成功为“郑国姓”或“国姓爷”，一般群众对他很崇敬。这并非偶然，除了他一生抗清复台反侵略复故土的光辉英雄事迹感动人心外，他和人民群众的密切关系，也是主要原因之一。

郑成功在泉州揭起抗清大旗后，泉州人民慕名参加他的起义军的不少。在民间传说即有招贤桥和蚶江人民踊跃投军的故事。而从沿海流传下来的“相招去当兵，跟着郑国姓”和“石井郑国姓，安海来招兵，西桥放柴草，共同去抗清”的民谣，特别是“乞丐不做，国姓当兵”这两句民谣就可以看出当时泉州沿海人民绝不甘在满洲贵族统治压迫下，忍辱偷生地做乞丐以求活命，而愿相招到郑成功的义军那里当兵。这一些都很能说明郑成功的起义，是泉州人民所拥护的，但是，泉州人民的拥护郑成功，参加起义队伍，可不止抗清一面，而跟他东渡收复台湾、开发台湾的人也不少。

郑成功以金厦为根据地抗清，绝大部分物资，如“粮食衣甲器械船料俱一一取给于内地”(《安溪县志》)，换言之，都仰给于内地人民接济。据郑成功叛将黄梧向清廷讨好提出的平海五策，即明白指出当时泉州的福前所的人民（在永宁刘澳附近），即以油、麻、钉、铁等物接济郑成功。泉州海岸线很长，当时，人民支援郑成功的物资当不仅仅有油、麻、铁、钉等品。从泉州湾的蚶江和与石井对峙的东石、白沙，及其附近的海里所发现为数不少的“国姓瓶”，据传这种东西即为郑成功的火药战器，它一方面是为铳枪兵装火药的瓶子，另一方面也是在战地上用以投掷敌人的爆炸品。以这种瓶子的瓷质来鉴定，有的人认为和当时泉州磁灶窑场所产的器物有许多相似之处，很可能是这里出品的。再说，对于国姓瓶除上述两种用途的说法外，还有人传说，这是当时泉州方面的人民私用火药接济郑成功，为了避开清军的耳目，把它装入“国姓瓶”，密封后瓶口扎了细绳，数十个为一结，沉下海里，结首钉在船底，这样船在水面行驶，船底下却拖着一堆装满火药的“国姓瓶”到海中交给郑成功的军队。不管从上面哪一种传说看来，总可以相信，国姓瓶这项东西也是泉州人民接济郑成功的物资之一。

但反过来说，郑成功对泉州的人民群众也是关心爱护的。特别是每当清兵来犯，大战即将爆发的前夕，郑成功总很关心人民群众的安全。如永历九年（1655年），清朝合贝勒世子罗托，统满汉官兵来闽“平海”，清军到达之前，郑成功眼看敌人来势凶猛，为了军事上的需要，他先将安平家资尽移过金门安顿，毁其居第、坠其镇城，又下令坠惠安、同安诸城为平地。同时“令杜辉传谕泉属土民，有愿相从者悉渡金厦两岛居住，令黄昭拨船接应；如不愿者，速避山中”（《台湾外记》）。隔年（1656年）四月，清军犯白沙，成功也是下令把“兵、民，家眷，搬移过海”（《从征实录》），使人民群众得以避免清军的屠杀蹂躏。成功收复台湾的时候，清朝在沿海五省“迁界”，绝内地人民和郑成功的关系，成功听到这一消息说：“沿海居民，以吾之故，备受异族凌虐，流离失所，今日而极矣！”遂招致漳、泉、惠、潮失所流民渡海安置。当时泉州被迁界迫得无家可归的人民，冒险越界渡台的为数也很不少。清初台湾有许多泉州人在那里居住成村成族。据作者在东石调查，乡人说在台南的布袋庄布袋尾有“东石寮”，这地方，就是当时泉州人民跟郑成功到台湾聚居而命名的。根据上面这些历史事实，那么郑成功与泉州人民关系的良好是用不着多说了。

总的来说，泉州和郑成功的关系是很密切的，双方的感情是深厚的。郑成功生平的英雄史迹，留给泉州人民深刻的印象，而泉州这个郑成功的第二故乡，抗清首义之地，也长期为郑成功所念念不忘。所以收复台湾之后，即宣布改热兰遮城为“安平镇”，这一点不就很好地表现他对泉州的眷念吗？

郑成功一生的心路历程

黄清源

郑成功是收复台湾、驱逐荷兰人的民族大英雄。南明永历十五年，郑成功率领大军进攻台湾，驱逐荷夷，迄今已经三百四十周年。虽然他以三十九岁的寿命英年逝世，但是他在台湾立郡县、制法度、定职官、兴学校、修文德，对中华民族的贡献，其功绩是不可磨灭的，郑成功一生的心路历程也实在是我国近代史上表现民族精神最辉煌的一页。如今，台湾有延平郡王、开山圣王、开台圣王等神庙五十七所（小祠庙无数）。日据时代，虽改称开山神社，庙貌常新，典祀不衰，可见日本人也是十分崇敬郑成功。台湾同胞永远纪念，尊称他为国姓爷，因为其人的确是一位造时势的大英雄，他的忠勇坚贞，比起文天祥、史可法，毫无逊色；而规模之闳阔，影响之深远，则又在二人之上，唐景崧曾有题郑氏庙联云：

由秀才封王，柱撑半壁旧山河，
为天下读书人，顿生颜色；
驱外夷出境，开辟千秋新世界，
愿中国有志者，再鼓雄风。

这些话语真正道出了我们每一个人对这位民族英雄的敬佩之心！

然而从近代史上，中外历史学家的研究和记载，郑成功一生的遭遇却有许多无奈，他的事功昭昭在目，而所给人感伤的是英年早逝，真是："壮志未酬身先死，长使英雄泪满襟！"

一个人的人生心路历程，从生到死，自幼到长，斑斑点点自有其欢乐与哀伤。郑成功于明朝天启四年（1624年）的8月27日，生于日本长崎河内埔的千里滨。他家世居福建南安县石井镇，是当地的大族。他母亲是日本平户田川氏的女儿，所以郑成功禀赋着日本袭自中国"忠君爱国"的尚武精神；他父亲郑芝龙是一个海上冒险家，从海洋商人变成了海盗，从海盗变成了海上镖客，纵横在福建、浙江沿海、台湾以及日本、琉球一带，受明朝的招抚，担任海防游击，成了当时东南的海王，所以郑成功又得海国思想的遗传。郑成功七岁的时候，回到南安石井镇的老家读私塾，十五岁进南安县学作生员（科举时代凡是在学肄业的通称为生员），二十一岁到南京国子监深造（国子监又称国学，相当于现在的大学），是有名的学者钱谦益的高足弟子。钱谦益虽在后来有贰臣的丑名，但对郑成功非常热心教导，在他的《有学》集中也处处表现出民族大义。郑成功读圣贤的书，认识了夷、夏的大防，义、利的分辨，成仁取义的真解，养成了国士的风度。起了一个别号叫大木，意思是国家已经像一所快要倒塌的大厦，自己要做一根大的木柱，来支撑它。他喜欢写的几句诗是："只有天在上，更无山与齐。举头红日近，回首白云低。"可见他憧憬着海阔天空，独往独来的境地，也暗示着他立志做第一等人物。清顺治二年（1645年）八月，郑芝龙带郑成功见隆武帝，隆武帝是郑芝龙等人所拥立的。隆武见郑成功少年英俊，丰采精明，赐姓"朱"名曰"朱成功"，并封他"忠孝伯"。这就是后来人们称郑成功为"国姓爷"的原因。当时郑成功二十二岁，年轻血气方刚，心中自然感动，这件事对郑成功"反清复明"的决心，有重要的启示，有荣誉感，望以国家兴亡为己任。

明崇祯十七年（1644年），李自成攻破了北京，崇祯皇帝自缢于煤山，满洲人乘机南下，明朝山海关总兵吴三桂首先开门揖盗。郑芝龙也受了清将的诱惑，不听他和家人、朋友的劝告，献仙霞岭迎降，终于被清兵拘禁起来，解送到北京。打入安平的敌军，还逼死成功的母亲。二十三岁的郑成功领略了天崩地陷国破家亡的惨痛，内心的悲愤可想而知。经过沉默抉择，忍受亲情割裂的痛苦，前往文庙，对孔子神位行过礼，脱下儒衣儒冠，一火焚毁，伏地哀告说："我从前是一个学士文人，现在是一个孤臣孽子，我此后当戴盔披甲，与清兵决一死战，争取国家民族的生存！"这时候郑成功"反观自照"，建立了正知正见的人生方向。

从此，郑成功便以鼓浪屿、南澳岛为根据地，立起"招讨大将军"的旗子，开始招兵买马，不到三四年编练了五个军，有铁的纪律，有钢的意志，采用机动的游击战术，屡次举兵进攻福建、广东、浙江等地，打得清兵应接不暇，疲于奔命。后来又统领海、陆军十几万兵冲入长江，攻陷镇江，直达南京，亲自祭扫明孝陵。前锋挺进到芜湖，先后收复了四府三州二十二县，全国都在欢欣震动。可惜连战连胜之后，因为轻敌，因为想以最少的牺牲收得战果，不幸几十营大兵在南京城外被各个击破，只得痛苦退兵，仍回福建，重新稳定金门、厦门的桥头堡。这时候，郑成功内心岂不悔恨，悔恨自己大意，坐失良机未迅速攻城直取金陵，以致功败垂成。

永历十五年（1661年）的春天，郑成功应台湾通事何斌的请求，决定收复台湾作休养生息的地方。这种决定是在南京一役失败后迷惑时更勇敢的决定，是生命中的触动，这叫作感动，心灵会通的碰撞。台湾原是中国的领土，不过在明朝末年，这地方荒芜不堪，为欧洲的荷兰人所占据。郑成功算好了海潮时日，用战船三百，载精兵两万五千，堂堂开进了鹿耳门禾寮港，受当地人民及番社头目热烈欢迎。先占领赤崁城，继续围攻安平。9个月以后，荷兰终于投降，结束了三十八年的暴横政治。中华民族开拓的台湾，仍然归还中国的版图，郑成功此时非常感动。写下一首诗云："开辟荆榛逐荷夷，十年始克复先基。田横尚有三千客，茹苦间关不忍离。"

郑成功于清顺治十八年四月一日登陆台湾鹿耳门，至康熙元年五月八日病逝，在台湾只有一年又一个月。郑成功一生虽满腔忠义，但是他的遭遇却有许多无奈，军旅生活煎煎熬熬，沸沸腾腾；事功昭昭在目，以狮子奋迅的精神要驱满复明，但辛劳难免，因为过度操劳，加于水土不服病倒了。他的病症像肺炎，病了又不休息，所以越来越重。临死的时候说："起义以来，血里泪里，过了十六年。驱满不成功，死也合不上眼。天啊！天啊！！教我这时候死，可对不起祖宗国家！"他用自己的手把脸都抓破了，心中的痛苦可想而知。郑成功自二十三岁至三十九岁这十六年中的心路历程，笔者归纳以上"悲愤""悔恨""感动"三点。他的孤忠大节传宇内，壮烈英魂在人间，有关他生前身后的传说也就获得人们的报答和纪念。

郑成功与惠安的文缘

柳影中

据《惠安县志·文苑篇》载：“张若字伯羹，英德令字孙，少孤，母李孺人鞠育之。九岁能文，宫詹庄际昌召试，奇之，目为神童。十岁进泮。郑成功为诸生时，每自南安来惠，住若濠濮斋（书斋名），论文赋诗，风雨连床，不少间也。”

这节县志记载提供如下史实：第一，张若是曾经任过广东英德县令张宇的孙子。当时惠安张氏家族是书香门第、官宦之家，称为望族。早在明朝正德和嘉靖年间，该族张岳中过进士，官至右都御史，谥为太子少保、“襄惠”（俗称“襄惠公”），曾编纂过《惠安县志》和多种理学书籍。现在列为福建省和泉州市历史名人。张若由母亲抚孤读书，应该有家学底子。第二，张若“九岁能文，十岁进泮”已属于县学诸生，其才华必在同俦之上，因而能引起泉州府状元庄际昌的赏识，并且召试后被称赞为“神童”；这种评价和殊荣，其知名度必为泉州府属各县士子折服和仰慕。第三，郑成功为“诸生”时，估计郑是在南安县丰州县学读书时，耳闻张若才华萌生结友之念，因而“每自南安来惠”与张若会晤，并经常住宿在张若的书斋——濠濮斋，“论文赋诗，风雨连床，不少间也”。可见两人情谊非泛泛之交，而且探讨学问应是相当认真的。古代读书人为扩大眼界，切磋学问，不管是同学或非同学，相识或不相识，往往由于仰慕和志趣相投而建立友谊，联结文缘。

但是，郑成功与张若“论文赋诗”却不知论何文赋何诗，未见留下痕迹。幸亏老友郑国梁生前遗下一则有关郑成功和张若共赋诗的笔记。郑老一生任中学文史教师，在20世纪60年代初期，他退休后，协助惠安县志搜集整理史料，范围甚广；有关郑成功与张若交往之事可能是当时记下的。笔记原文：“据云，郑成功常与张若共赋诗。有诗云：‘月在水中发，水清光不灭。游鱼数百头，争抱半轮月。’今日三复斯篇，词采清婉，寄兴高逸，其襟怀风度，如见其人。”郑老善诗亦能评诗，对郑成功与张若共赋之诗确为好评。此诗以比兴手法，抓住月夜咏游鱼题旨，遐想联翩，既有物趣，也有象征寄意。想当时大明朝末年风雨飘摇之际，或有感悟寄兴。

20世纪90年代初期，政协螺城镇学习组（联络组）庄澄甫老友建议我把郑成功与张若交往的文缘撰写为短文：“……追思往事，缅怀人杰，咏绝以志之：嘤嘤求益友，百里乐驰驱；书剑知肝胆，文缘奕代殊。”

我把诗文写成条幅，并署以政协惠安文史委员会和螺城镇政协学习组名义，用镜框装潢，乘游览参观南安石井郑成功纪念馆之便，持赠该馆作为纪念；既是郑成功与张若一段文缘的史录，也是惠安与南安再续文缘之举。

郑成功后半生的英雄业绩，素为人知，而前半生——青少年时代读书，为人和志趣等逸事少为人知，不妨提供一些资料，借以观照他短短一生的风貌。

郑成功的父亲郑芝龙，南安石井人。貌奇伟，强臂力，好拳棒，善应变，熟知水性。该地水域宽广，与厦门、金门、安海近在咫尺，海路直达澎湖列岛和台湾。芝龙早年参与海上走私活动，青年时代的郑芝龙曾投奔到其母舅黄程处，帮他经管商务，学会葡语。后来舅父有货运往日本，命芝龙押船到日本长崎，并待在日本与平户市女子田村松结婚，生下郑成功（1624—1662年），名福松。田村松是泉州商人翁翌皇与日本女子结婚生的女儿。按中国传统习惯，应该姓“翁”。又按血统论，福松（郑成功）有四分之一的日本人血统。郑芝龙早年就受到泉州海商李旦和漳州颜思齐的重视，对李旦“以父事之”。因得到李、颜的重用，大搞海上走私，海域扩至日本、菲律宾以及安南等处，抗击明朝廷围剿，被视为海盗。李、颜死后，郑芝龙被奉为头领，兼并了其他海盗集团如李魁奇、杨六、杨七等，成为海上霸主，也与荷兰争夺海上据点，财雄势旺。郑成功五岁时，郑芝龙受明朝福建巡抚熊廷灿招安，委为海防游击，进而参将、潮漳副总兵、总兵，郑芝龙在安平港（晋江安海）建了府第。

郑成功七岁时，郑芝龙托堂弟郑芝鹗到日本接回郑成功来安平港府中。因母亲仍在日本，福松年幼语言不通，思母心切，孤独自处，不与伙伴交往。郑家望子成龙，特聘家庭教师曾其五任教席。曾年三十五岁，晋江九都苏厝（现属安海镇）人。曾其五家遭变故，放弃科举应试，多处富家官商争相聘请。他为人敦厚笃实，学问渊博，涉猎诸子百家，能文善书。曾其五字福祥，而郑成功幼名福松，“福祥”与“福松”闽南语音谐音，有犯老师名讳之嫌。郑芝龙授意曾老师为郑成功改名。曾见郑成功天庭饱满，耳聪目明，甚得人爱，就以“福松”之意，取名为郑森，字明俨，祝愿如林之盛。曾老师颇有一套教书育人方法，在识字教学中，兼从汉字六书特点，教会其辨别形、音、义的文字衍化和词性，以加深理解，因而郑森学习进步很快。九岁读完四书五经，十岁能学写文章，十一岁能熟读春秋、左传、战国策诸书；曾其五常在讲述古代英雄人物时启发郑森，使其较早接受了中国传统的为人立世的宏愿和儒家哲理。

郑家是航海起家的。郑森的叔父郑鸿逵是武士出身，看到侄儿相貌非凡、身体结实，和曾老谈论，采取“文武兼进，学用并重”方针，在课程中安排了武术和游泳。时常派来郑芝龙水师中熟谙水性的将士当教练，教习郑森游泳技术，学会在海中潜水和“立泳”窍门，以浮游立泳，动作敏捷并能胸部露出水面为限；同时又请咏春拳师练鹤拳猴拳以及创狮等训练，甚至能持盾操刀作战，经常到船上学习掌舵、张帆、抛锚、投缆、过帆、转向、乘风、避浪一系列基本功功夫，还有举行游泳潜水比赛，水中摸物等等，其中又授以兵法和作战布阵等知识。

郑森学武学文，勤学苦练，领悟快，进步也快。在良好的学习环境中，加上名师指点，武艺大进，文章也大进。有一次老师以“洒扫与进退”为题，郑森学作策论，开篇写道：“有汤武之征诛，一洒扫也；有尧舜之揖让，一进退也……”承题发挥，借喻得体，议论宏发，老师惊叹立论奇警，非常人所能道出。又一次，曾老师回家，郑森随行，路过一座寺庙，以即景写对联，曾老师以“紫云”为冠顶，命郑森撰冠顶楹联，他就撰出：

紫极焕璇玑，笙歌锦绣观音阁；
云轮开宝相，日月照耀莲花台。

能以奉祀神明之意写出冠顶楹联。曾老师常以指事借物，启迪学生，提高写作能力。有一年秋天，师生同游灵源山，见到山涧流水潺潺，崖上有两块巨石状如公婆，曾老师脱口道：“公婆有心，天荒地老看乡土。”郑森联想到家乡石井海景有“五马不移”的传说，即对道：“五马不移，石烂海枯守海门。”老师称赞其应对敏捷。

郑森师受曾其五督导教育有八年，十五岁时以优异成绩考取博士弟子员进入南安县学为廪生，学业总列前茅。估计郑森与张若缔结文缘应萌生于这阶段。

郑森二十一岁时以优异成绩进入南京国子监（太学）深造。国子监是国家最高学府，全国只有北京和南京二所，都配备一流鸿儒为师资。郑森入学后拜鸿儒钱谦益为师。钱见郑森器宇轩昂，曾试郑森诸种经籍，对答如流，知其学养厚积，并为郑森起了个号叫“大木”，寄望他日后成为国家栋梁。有一次钱老师邀郑森和几个学生到金陵（南京）名胜剑门游览，见西山兀峙，长江浩荡，气势万千。归后郑森写《游剑门》一诗：

西山何其峻，巉岩暨苍穹。
藤垂涧易步，竹密径微凉。
烟树绿野秀，春风草露香。
乔木倚峰高，流泉挂壁长。
仰看山岭碧，俯视菜花黄。
涛声移众眼，松风吹我裳。
静闻天籁发，忽见林禽翔。
夕阳在两岭，白云渡后梁。
巇嶍争突兀，青翠更苍茫。
兴至方下山，归鸟宿池旁。

钱老师批语为“视野开阔，下笔不俗”。

此时明朝正处于风雨飘摇之际，李自成民军在京都，清朝大军压境，吴三桂引清兵入关，明末皇帝崇祯自缢，清兵挥师南下，明朝宗室和遗臣纷纷逃到福建，拥立唐王朱聿键在福州称帝，改元“隆武”，郑芝龙因拥立有功，被晋封为平国公兼有八闽军事指挥大权。郑森感到时局紧张，不知其父拥有重兵大权作何打算，便告别国子监师友，结束了约有一年的学习回到福建。隆武帝召见郑森，见其英姿俊伟，遂赐姓名为“朱成功”（明朝系朱姓），以示恩宠，也是维系郑芝龙能为明室效忠。因而史上和民间称“朱成功”为“国姓爷”。

郑芝龙权重财雄，拥有重兵据有闽海地盘，对时局萌生异心，又受洪承畴（明末降清，南安人）和清朝大员贝勒博格的许愿封王的诱惑，郑成功看出苗头写信劝告其父“大人不顾大义，……投身虎口，……从来父教子以忠，未闻教子以贰，今吾父不听儿，后倘有不测……”但是郑芝龙爵令心迷，利令智昏终于降清，结果被召离福建到北京实同软禁。而清兵南下安平港，芝龙之妻也受污辱而死。当郑芝龙降清之日，郑成功正高举抗清之旗，父子决裂，分道扬镳。郑成功表达坚定抗清之心，到文庙焚青衣立誓：“昔为孺子今为孤臣，谨谢儒服，惟先师鉴之！”又派人送信给启蒙老师曾其五，申明为国难家仇，愿与诸英杰共伸大义，焚儒冠，着戎装，投笔从戎，已难静心研习文事……并将屏风、八仙桌、文房四宝、榕树盆景等送与老师纪念。

郑成功抗清复明义旗一举，得到各方响应。以厦门（思明）为据点，泉州、漳州等地为后应，1647年在鼓浪屿建水操台练水军。1661年命儿子郑经率部留守厦门，自己亲率二万五千名将士，数百艘战船赴金门、澎湖列岛，经八个月苦战，驱逐荷兰侵略者，收复台湾，并着手设置府县，继续招徕大陆沿海移民屯田垦荒，派“农师”向高山族同胞传授先进农业生产技术，加速台湾社会经济发展。但是，郑成功因患疟疾病逝，享年三十九岁。郑成功复台后写了一诗：“开辟荆榛逐荷夷，十年始复克先基。田横尚有三千客，茹苦间关不忍离。”豪情壮志跃然纸上。郑成功纪念馆中存有其书法作品如对联“养心莫善寡欲，至乐无如读书”等不少墨迹，甚有功底，武功文事，相互辉映。

郑成功与惠安的文缘，既有青少年时代的张若，也有后半生的王忠孝（1593—1667年）。忠孝字长儒，号愧两，惠安县南埔镇沙格村（现属泉港区）人。崇祯元年（1628年）进士，授户部主事。隆武帝时擢光禄寺少卿。郑成功起兵后，忠孝入佐军政事务，备受郑成功推重，在抗清复台的筹谋决策中出力甚多。郑成功在厦门设立储贤、育胄两馆，广纳明朝遗臣、贤士。王忠孝年长郑成功三十岁，两人意气相投成为知己，经常对弈。在一幅郑成功与王忠孝对弈图上，王忠孝亲书《百字赞》：“俨乎其神若有思，蔼乎其容若可即。盖其气吞湖海，胸藏甲兵。自为秀才，便以天下为己责。而况遭时艰，能不奋然一击！睹公雄姿，直欲一蹴而抵黄龙府！为何有半壁，无忘淝水之捷；足快人心，偶托墅以自适。公之胜算早在局中，是岂寻常所能测识！”对郑成功的宏图大志，运筹帷幄推崇备至。

郑成功与王忠孝之交是忘年之交，与张若之交是青少年之交，都是志趣相投之交。郑成功与惠安一少一老之交，堪称古人文缘结谊的历史佳话。

郑成功用兵方法研究

蔡成祖

郑成功是我国历史上一位伟大的民族英雄，也是一位杰出的军事家。他敢于斗争，与强大的清廷抗争十几年；他不畏强暴，把“海上霸王”荷兰殖民者逐出台湾。他枕戈浴血17年，大半生是在战斗中度过的，历经大小战斗70多次，用兵打仗是他的主要活动。他具有高超的军事指挥才能，又有过人的胆识和谋略，在实战中创造了许多克敌制胜的战法。郑成功用兵方法，归纳起来，主要有以下几个方面：

（一）抓住战机，主动进攻

郑成功的作战方针是以攻为守。从他指挥的一系列战斗可以看到，郑成功主动进攻的斗争精神始终占主导地位，不管是在战略上，还是在战术上，都体现出这一点。即使是在防御作战中，也往往能够化被动为主动。

郑成功起兵，开始时积极进行募兵筹饷，发展实力。从1646年起，他就主动进攻，先后发起攻打海澄、泉州、同安、云霄、诏安、潮阳、漳州、潮州诸战役，取得了一系列胜利。1650年夺取厦门建立了根据地。从1657年至1659年，郑成功3次举兵北伐，都是主动出击。1659年5月，郑成功亲率水陆甲士10余万，铁人8000，战船数千，挥师北伐。一路上过舟山，攻崇明；战瓜洲，阵斩清游击左云龙，败清兵马数千，迫降清操江军门朱衣佐；夺镇江，在银山大破清江宁巡抚蒋国柱、水师提督管效忠派来的援军，迫使清镇江守将高谦献城投降；进围南京，使清廷为之大震。

郑成功在清军进攻面前，能冷静巧对，化被动为主动。永历十年，清济度集大军于漳州，准备进攻厦门。郑成功避其锋芒，变防御为进攻，乘福州省城空虚之机，挥师攻打福州城，迫使济度撤兵援救福州。郑成功此举既解厦门之危，又得粮饷辎重甚多。

郑成功在失败面前，也能保持清醒的头脑，化被动为主动。1659年北伐失利，折兵过半。但郑成功还是锐气不减，认真吸取教训，实行战略转移，又主动率军东征，驱荷复台。郑成功的战略转移，并不是消极退却，而是一种积极进攻，其斗争对象是号称“海上霸王”的荷兰殖民者。主动进攻，这是郑成功的战斗作风，也是郑成功斗争精神的表现。

（二）集中优势兵力，各个歼灭敌人

郑成功作战，大多是采用集中优势兵力，各个歼灭敌人的战法。清郑两军，在总兵力上是清多郑少，相差悬殊。成功对清军作战，在战役上往往是集中优势兵力于一点上，以多胜少。

郑成功初期在闽南地区作战，就是寻找清军兵力防守薄弱的城镇，然后集中优势兵力，一个县、一个镇地攻打，各个歼灭，不断取胜。

1661年郑成功驱荷复台，在战略上是采取集中优势兵力，各个歼灭敌人的战法。成功出兵，首程25000人，而当时岛上荷军只有1500人，郑军是荷军的10多倍。从兵力上看是占绝对优势。郑成功登陆以后，不是分兵进攻，全面出击，而是集中优势兵力，先攻取普罗文查城，然后占领大员市区，最后集中兵力围攻热兰遮城，采取了各个击破的战法。

在战役上，郑成功也是采取用优势兵力，以多胜少的战法。1661年4月30日，郑军在禾寮港登陆。5月1日，荷军开展阻击，其中一路由贝尔德上尉率领240名士兵，在北线尾南端登陆，企图夺回这个控制南北航道入口处的小岛。成功令将领陈泽率3000名士兵正面迎敌，再

派800名士兵迂回敌后，前后夹击，速战速决，一举歼灭荷军118人，贝尔德被击毙，其余荷军逃入热兰遮城。成功以绝对优势兵力，首战告捷。

（三）围攻结合，围困待降

郑成功用兵，围困待降是一种常用的战法，也是成功用兵的一个特点。他在一些重大战役上，对重镇一般不攻坚，多用先围困，断其供应，待敌疲惫，然后进攻，迫其投降的战法。

1652年漳州战役，从4月包围起至9月止，其围困达6个月之久。郑成功在永历九年围舟山、十二年围乐清、十三年围镇江，都是以强兵围困，迫使清军投降的战例。

1661年4月，郑成功东征在鹿耳门登陆后，迅速包围普罗文查城，断其水源，仅围困4天，荷军就投降。5月5日，郑军占领大员市区后，即兵分三路，包围荷军最主要的据点热兰遮城。这是荷军的最后一个据点，城堡坚固，兵力集中，火力强大，易守难攻。郑成功集中兵力发动进攻，不能得手。即调整部署，令马信领兵继续围困达8个月之久。此时城堡内荷军被困，疲惫不堪，元气大损，死亡相继，难以支撑。1662年1月初，荷军1名军曹和3名士兵出城投降，向郑军透露城堡荷军情况，建议改围困为进攻。郑成功采纳建议，于1月25日用重炮轰击一天，摧毁乌特利支堡。在郑军的打击下，荷军不得不献城投降。

（四）善用天时地利，灵活机动作战

郑成功作战善于利用天时、地利，如地形、地物、风浪、潮汐等自然条件，战胜敌人。

永历五年（1651年），清提督杨名高统兴、泉诸营进剿郑军。麾兵进到小盈岭，忽成功营连发三炮，岭左右伏兵齐起，杨部队大乱，战死者甚多，遂退驻泉州。郑成功在永历五年的漳浦之役、护国岭之战，都是利用山岭伏击清军，取得胜利。永历六年（1652年）三月，郑军围困长泰，清福建总督陈锦率“马步数万来援”，成功在九龙江江东桥“据险设伏”，大败清军。

永历七年（1653年）五月，清将固山金砺调集水陆官兵攻打驻海澄的郑军。清军集中兵力猛攻郑军阵地，损失严重。成功乘夜派人将大量炸药埋在清军进攻的来路上。天亮后清军全面进攻，郑军即点燃导火索，沿路炸药相继爆炸，清军大部被炸死、炸伤。郑将甘辉率部乘机进攻，清军大败，逃回漳州。郑军化被动为主动，取得了战斗的胜利。

1659年郑成功北伐失利回厦门。清军欲乘其喘息未定攻取厦门。永历十四年（1660年）五月初十日，清军分二路进攻厦门。一路从同安渡海至厦门北部和西部滩头登陆，被击退。另一路主力从海澄发水师进攻厦门郑军水师。十日早上八时，清军水师300余艘船乘潮落顺流而下，向厦门港进击。郑军处于逆流迎战的不利局面。郑成功料定，待潮落趋平后，港口东南风即起。所以不急于全面迎战，等潮流平而风起时才出击。开始时成功只派前哨船舰应战，清军小胜。待潮平风起时，郑军即顺风全面出击，压制清军。等涨潮时郑军乘潮势合击，横攻焚杀。清军逆潮顶风应战，船舰互撞，战死不少，全面溃退。郑成功巧用潮汐、风势，择机出击，取得胜利。

（五）军事打击为主，政治瓦解配合

郑成功还采取军事打击和政治瓦解相配合的战法。即在优势兵力的打击下，适时对被围困或战败的敌军，开展政治攻势。如战场喊话、送书信、发文告，利用投降的官兵做劝降工作等，起到分化瓦解敌军的作用。

1661年郑成功东征复台，4月27日在澎湖候风时，他就写了一封给在台荷军长官揆一的信。5月1日这封信就送到揆一和描难实叮手中，并用布告公之于众。信中说明台湾是中国的领土，指出“必须明白继续占领别人的土地是不对的”。并声明只要交出城堡，生命和财产安全将受到保障。5月3日，荷军初战失利，郑成功在谈判时再三发动政治攻势，指出：“该岛一向是属于中国的”，荷军“自应把它归还原主，这是理所当然的事情”[①]，指出交城投降才是唯一的出路。

① 《郑成功收复台湾史料选编》，福建人民出版社1982年版，第153页。

郑军对热兰遮城进行围困时，郑成功曾于6月27日、28日、30日3次写信给城里的荷军官兵，指出他们不可能坚持很久，也难以得到援兵，只有交城投降，才能得到宽待。郑成功还请一位在赤崁城投降的夷长，用荷兰文写信给揆一，叙述他投降时受到的宽容待遇，劝揆一献城投降。成功还派手下的“乌番兵”（黑人士兵）同荷军中的“乌番兵”联络，策动他们投降，结果不少“乌番兵”出城投降，编入郑军。在郑成功的政治宣传和优待俘虏政策的感召下，一些荷军纷纷出城投降。

（六）利用贸易网络，探取军事情报

郑成功十分重视情报工作，做到知己知彼。他不但对清廷的动向能及时掌握，而且对东南沿海的军情也能了如指掌。

郑成功搞情报，主要是利用隐布在大陆与沿海的商业网络渠道，建立“耳目”。一面经商贸易，另一面试探军情。这是郑成功搞情报的一大特色。据《伪郑逸事》说：“成功又遍布腹心于内地，凡督抚提镇衙门，事无巨细，莫不报闻，皆事早为之备。”郑成功叛将黄梧在检举五商案中也说：“成功山海两路各设五大商，行财射利，党羽多至五六十人。”“近且其子弟营钻举人、生员，阴通犯禁百货，漏泄内地虚实，贻害最大。”“内曾定老分得本银七十两，每与伪国姓作耳目，惯伺内地虚实——如王师入泉、固山出师，屡行密报下海。”[①]利用商人兼做情报工作，能隐蔽不被发现，也容易潜伏。这是郑成功长期不断获取情报的一种巧妙做法。

此外，郑成功还根据需要，派遣间谍获取情报。永历九年（1656年）郑成功听说郑芝龙被害，为打探消息是否属实，派家仆丘贤假扮成卖烟商人赴京打探。康熙元年《高景等题为审拟郑成功奸细侯观朗事本》曾载：侯观朗是郑成功直接派往广东打探靖南王耿精忠的细作，假扮一游方僧，自称是外藩的喇嘛，还有当今皇帝所赐金牌，出入地方无阻。后因形迹可疑被抓，侯承认是成功所派。顺治十四年（1657年）

① 许在全主编：《郑成功研究》，中国社会科学出版社1999年版，第154页。

成功派兵攻打潮州鸥汀寨时，事先派左格、毛二等人混入寨内，侦探内情，潜伏内应，一举破寨。[1]郑成功搞情报，连小孩也要利用。荷兰东印度援救福摩萨舰队司令考岛在日记中曾记载：1661年10月21日，有两个黑人小孩进入热兰遮城里，一个是荷兰副司库的奴隶，一个是郑成功部将马信家中的黑小厮。他俩进城是国姓爷派来侦察城堡的。可见，郑成功搞情报是无孔不入，不择手段，十分出色。

（七）使诈迷惑，伺机进攻

兵不厌诈。自古以来，兵家争斗，惯用使诈。郑成功在军事斗争中也使用诈术，取得成功。

永历四年（1650年）八月，郑成功想在厦门建立根据地，假中秋之夜，带兵进入中左所，设宴请郑联喝酒，将其灌醉，在郑联回家的路上，设伏兵将其杀死，巧取厦门，为统一郑芝龙旧部，发展实力打下基础。

永历七年（1653年），清廷军事主力进军西南，因怕郑成功与孙可望、李定国勾连得逞，决定采取东抚西剿之策。清廷通过郑芝龙诱降郑成功。成功则“将计就计，权借粮饷，以裕兵食”[2]。从顺治九年（1652年）到十三年（1656年）间，清廷曾先后4次派人与郑成功和谈。成功早在顺治三年就反对郑芝龙降清，自己当然也不会降清。当时成功为什么要与清廷和谈？其目的是要利用和谈之机，袭击沿海诸县，筹集粮饷，扩充兵源。当时成功还处于弱小地位，羽翼未丰。倘若公然抗拒不谈，将被清廷扼杀在摇篮中。郑成功假戏真做，一面与之和谈，讨价还价，拖延时间；一面积极攻占漳泉诸属地，并占仙游，威逼福州，获取粮饷，壮大实力。直到清廷发觉他无投降之意时，成功已扩大了占领地，又有雄兵10万，能与清廷相抗衡。这说明，成功这一步棋是走对了，是一种斗争艺术。

1660年9月，荷兰东印度公司因怕郑成功进攻台湾，曾派出战船12

① 许在全主编：《郑成功研究》，中国社会科学出版社1999年版，第157页。

② 许在全主编：《郑成功研究》，中国社会科学出版社1999年版，第262—263页。

艘，官兵1453人，组成一支援部队到台湾。荷军为摸清郑成功的真实意图，派遣使者到厦门试探军情。郑成功了解使者来意后，盛情款待，甚为亲善，表示为“恢复国土，戎马倥偬，焉有余暇对此草莽丛生之小岛如台湾者采取敌对行动”①。郑成功对荷军的迷惑和麻痹果然奏效。荷兰侵略者认为郑成功已无意攻台，来援之部队即留下600名士兵，一些军官和其他人员离台返回。五个月后，郑成功即进攻台湾，打败了荷兰殖民者。可见，成功的使诈手段是很高明的。

（八）招降纳叛，优待俘虏

招降纳叛，优待俘虏，这是军事斗争的一种策略，也是瓦解敌人的一种手段。郑成功对来降之将不仅不予加害，而且量才录用，并予重赏。不少降将成了郑军的骨干。

永历五年十二月，清海澄守将赫文兴来降，成功赏其士兵银万两；赫文兴五千两，委任为前锋镇，挂破虏将军印；其他官员也得到升赏。郑成功举兵北伐途中，台州总兵马信率兵投奔，即受重用，封建威伯。马信成了郑军的要将，郑成功收复台湾，马为先锋，由于成功善于招降纳叛，清军、荷军官兵常有来降。据杨英《从征实录》载，从永历三年十月至十三年间，计有清将50余员、官吏20余员前来降附。许多降将成了郑军的主要骨干。

郑成功对清军士兵来降，也一样纳用。对有才干和立功者，照样提拔和奖赏。永历二年（1648年），清军士兵唐邦杰自同安归降，当时仅为清兵一骑兵。成功见他善骑射，即纳用受赏。唐作战勇敢，被提为北镇副将。永历九年（1655年）又升为英兵镇镇将。

郑成功对俘虏也很宽待。成功攻打云霄港时，清中军姚国泰死守阵地，双方伤亡很大。破城后，国泰战伤被俘，成功不仅没有杀他，还派人给他治伤，并以挽留，给予纳用。成功优待俘虏的政策，起到了瓦解敌军斗志，削弱敌人力量；减少自己的伤亡，争取战斗胜利的

① 《郑成功收复台湾史料选编》，福建人民出版社1982年版，第139页。

作用。

（九）依靠群众，争取人民支持

郑成功坚持“民为邦本”的思想，认为“自古做大事，以得民为本”，兵民是胜利之本。他在战争中紧紧依靠群众，得到人民的大力支持和帮助。

郑成功起兵时，其兵源大多来自福建、广东和浙江沿海；军队所需粮饷，也是来自这些地区。尤其是福建沿海航运业发达，渔民众多，他们习水性，有航海技术；常受倭寇侵扰，有着传统的斗争精神和实战经验。《明史·兵志》记载：“泉州、永春尚技击，漳人习藤牌，漳泉人善水战。”东南沿海人民在郑成功“中兴”的召唤下，云集一处，参加抗清、驱荷斗争。1647年8月22日，郑成功与郑鸿逵会师于泉州桃花山，当地乡绅沈佺期、林乔升、郭符甲、诸葛斌等相继起兵响应。南安石井御踏埔村就有20多人加入郑军。永历十二年（1658年）正月十九日，晋江赤店乡曾闻忠受成功蒙师曾其五密授，在紫云庵集赤店等十八乡武林同道38人，商议为国姓爷招募义勇。经月余动员，共招募255人到厦门加入郑军。[①]永历十五年（1661年）初，成功在月港（今海澄镇）招兵，白礁有数百人应召入伍。这些人英勇作战，屡立战功。

郑成功在收复台湾的战斗中，也得到台湾人民的支持和援助。入台之前，成功就派人到台湾与在台的泉籍乡亲联系，请他们支援。郑军在禾寮港登陆时，“随即有几千中国人出来迎接他们，用货车和其他工具帮助他们登陆”[②]。《被忽视的福摩萨》书中说：“还有全体中国侨民数约25000名壮丁做他（郑成功）的后援”，“以致好些惊恐而绝望的台湾土人也都归附了敌人，与全部‘华侨’都成了危害我们的人了”。郑军在普罗文查城取得胜利，台湾人民闻讯即爆发大起义，用锄头、棍棒、标枪作武器，自发地同荷兰人展开斗争，暴动地点10多处。据荷兰殖

① 许在全主编：《郑成功研究》，中国社会科学出版社1999年版，第19页。

② 《郑成功收复台湾史料选编》，福建人民出版社1982年版，第142页。

民者在《热兰遮城日志》中所述："好些居住山区和平原的居民和长老，还有几乎所有住在南部的居民，都投降了国姓爷……他们听了国姓爷来了的消息，就杀了一个我们荷兰人，像往日处理被打死的敌人一样，把头颅割下来，大家围着跳舞、狂欢。"台湾民众欢迎郑成功收复台湾，成功到蚊港时"四社土民男妇壶浆，迎者塞道"[①]。不少台湾民众为郑军送情报，带路去消灭敌人。有的还主动配合郑军筹粮，搜查荷军仓库，捐卖自己节余的粮食，给郑军以很大的支援。

（十）寓兵于农，常备不懈

郑成功收复台湾后，面临着两大问题：一是需要巩固复地，搞好战备，防止敌人进攻；二是急需解决军需给养问题，尤其是粮食问题。为此，成功提出寓兵于农的办法。

1662年2月间，郑成功召集各提镇参军计议，提出要寓兵于农。他对诸将说："大凡治家治国，以食为先，苟家无食，虽亲如父子夫妇，亦难以和其家；苟国无食，虽有忠君爱国之士，亦难以治国。"[②]"今台湾乃开创之地，虽僻处海滨，安敢忘战？"成功既不敢忘战，又要解决军粮问题，"寓兵于农"是最好的办法。"按镇分地，按地开荒。"[③]做到"农隙则训以武事，有警则荷戈以战，无警则负耒以耕"。军队"仅留勇卫、侍卫二旅以守安平、承天，余镇各按分地，分赴南北开垦，使野无旷土，而军有余粮"[④]。军队分地屯田，按平战结合的原则，把各镇垦屯与当地地域名一致起来，称为"庄"。每个庄名一般冠以镇主将的姓名，也有冠以镇、营的名称，这样使垦屯区域与军队番号一致起来，平时便于组织生产，战时利于组织指挥，使军队保持常备不懈。

总之，郑成功用兵，方法甚多。这些用兵方法是我国古代兵法的

① 许在全主编：《郑成功研究》，中国社会科学出版社1999年版，第302页。

② 江日昇：《台湾外记》，福建人民出版社1983年版，第168页。

③ 许在全主编：《郑成功研究》，中国社会科学出版社1999年版，第200页。

④ 许在全主编：《郑成功研究》，中国社会科学出版社1999年版，第264页。

一份宝贵遗产，具有很高的军事价值，值得我们认真地去研究、总结和学习。这不论是过去、现在以至将来都有借鉴的意义。

郑成功安平遗迹浅探

方圆

明朝姑墓

晋江安海星塔前村有三合土古坟一座，墓身呈圆形，宛如一倒覆之大锅，没有墓牌。村民世代相传，称之为“明朝姑墓”。每年古历三月初五和十月十五日，都要焚香祭祀。明朝姑究竟是何人？据说是郑成功之母田川氏在安海郑府居住时的婢女，她在田川氏遭清兵迫害自尽后殉主自尽，其姓名籍贯不详。

南明隆武二年（1646年）十一月，清兵突袭安平（今安海镇），烧杀奸淫，整个安平镇十室九空，郑成功的母亲田川氏因不堪忍受清兵之辱而自杀身亡，这位婢女为效忠主人，也随之自尽了。田川氏去世后，原葬于安平，清康熙三十八年，郑成功之孙克塽将郑成功夫妇墓从台湾迁葬于南安橄榄山（又名覆船山）之郑氏祖坟内时，即将田川氏墓从安平移去，一并附葬在郑氏祖坟内。因此，安平仅存留此婢之墓葬。

这座明朝姑墓现在已是在一村民宅内之天井中，天井十分狭小。笔者询问此宅主人，为何明朝姑墓建造在此小天井中？主人解释说：这一带地方在解放前叫“坑岬大榕脚”，是星塔村近郊的空旷地带。这里原有好几棵高大的百年老榕树，绿荫匝地，每到夏天酷暑，村民都经常在此榕树下乘凉。附近山野间有不少古墓葬，这座明朝姑墓是其中的一座。解放后，这一带逐渐有居民兴建住宅，到现在已经成为十分拥挤的住宅区了。原有的大榕树被砍伐殆尽，古墓葬亦多迁徙夷平了，只有这座明朝姑墓仍然被村民原地保存下来。此墓原有规模多大，墓身多高，已不得而知。随着村民建房，地面填高，现在我们所看到的这个明朝姑墓，说不定仅是原墓的墓顶尖而已。

关于明朝姑墓的来历，只是在安海当地群众的口头传闻，至今尚不见有文字记载。这种民间传闻，往往是事出有因，查无实据。按“明朝姑”三字的意思来做一番推敲：“姑”字似是对未出嫁姑娘的尊称，与婢女身份相符，而冠以“明朝”国号，则此“姑”应非普通民妇，其身世当有不平凡的来历。是不是当年的安海人为了崇敬郑成功，弘扬民族精神，将这位坚持民族气节而为主人殉难的婢女的坟墓一直保存下来，以便世代祭祀怀念呢？依笔者之见并非没有可能。但究竟是否属实，尚有待今后对此墓进行发掘考察，或许可能从中发现一些佐证。

深埋地下的一门古炮

安海西河境大巷有一户姓林的居民，于1988年翻建楼房深挖地基时，在距地面六七市尺深的地下烂泥中，发现一门古炮，这门古炮现在存放在林家旧大厝的院子中。

此炮炮身已严重生锈，是否铸有文字无法查究。炮口外直径20公分，内直径10公分，厚5公分，全长212公分。炮的尾部甚是奇特，一般炮身头尾都呈圆形，而此炮之尾部却呈扁形，像是“炮柄”，“炮柄”长36公分。据考古专家鉴别，此炮不是陆地炮，而是安装在船上的炮，其尾部扁形部分，是用来把炮身紧固在船上的。现在的问题是：这门古炮是哪个朝代的东西？炮的主人是谁？为什么深埋在这里？

有人认为，这门古炮很可能是郑成功的遗物！

据史记载，郑成功在安平住在一座十分豪华的府第，是其父郑芝龙于就抚后的崇祯二年兴建的，其规模宽广宏大，“亭榭楼台，雕龙画栋，极尽豪华”。郑芝龙还“开通海道，直至其内，可通洋船”，也就是说，船只可以通过他开通的河道，直驶到府内；另据记载，郑芝龙在拆城建府时，还在桥西铺外辟建水关，开挖西河沟，使梢船可以沿西河沟直至城中心的镇官署。西河沟在什么地方？据《安海志·西河沟》记载：“西河沟在文公祠前直港，广深不知，通海水，小舟得到院前两旁余地，今为富民侵占盖屋，沟填塞将平，水自祠前南至后山土地宫前，西折出柯厝巷……西流末至西宫而入于海，今尚云西河沟。”至今这条西河沟仍残留在西河境大巷水关一带的地下。而位于西河境大巷的林家，于1988年从地下挖到的这门古炮，正是深埋在此西河沟中，据当年目睹挖炮现场的林家主人林阿海先生告诉笔者，这门古炮是横放在西河沟的烂泥土中，周围土质全属海土格，充分证实这一带原本是海沟，而不是陆地。且据有关文史工作人员称，此炮的外形与其他地方发现的郑氏古炮模式完全相同。如此看来，这门古炮很可能是郑氏船上的炮，它为考证西河沟与郑成功府第的关系，提供了一件十分重要的实物佐证。

但也有人持不同看法，他们认为，这门古炮究竟是清朝炮或是明朝炮，应该先弄清楚，不能凭主观推测判断；另外又有人认为，明朝炮与清朝炮会有什么区别？朝代改变了，兵械枪炮的形制不一定立即跟着改变。这个问题，希望对古兵械有研究的专家前来鉴定，得出合乎科学的结论。

两件郑成功遗墨

郑成功传世遗墨甚为稀少，其中手书古诗“只有天在上，而无山与齐，举头红日近，回首白云低”一幅及“养心莫善寡欲，至乐无如读书”对联一副，据笔者所知，都是安海人所收藏。

清末民初年间，曾任厦门市商会会长的安海乡贤蔡德远先生，在天津经营糖业，是当年天津糖业界的“家长”，他在经商之余，兴趣收藏古字画，上述“只有天在上……”一幅，是他当年向驻天津的八国联军士兵购来的，售价银圆2元。这位八国联军士兵手中为何有此墨宝，不言而喻，是直接或间接从北京圆明园等宫殿中偷走或抢走的。

蔡德远先生对此墨宝自是视若拱璧，便带回老家安海珍藏。有传闻说，此字幅曾一度悬挂在厦门其胞弟蔡德荣经营的裕昌行客厅中。有一天，安海旅日乡侨陈清机先生路过厦门时，见到此字幅，曾对蔡德荣说："这是民族英雄郑成功手书，十分珍贵，将来会很值钱。"大约过了不久，此字幅便收回安海家中珍藏了。

蔡德远有一邻居好友名叫郑拱照，祖籍南安石井，算起来与郑成功是同乡同祖的宗亲，有一天他在蔡家看到这幅郑成功遗墨，实在爱不忍释，蔡德远为人慷慨，便将此墨宝赠予郑拱照。民国二十年，石井乡乡长郑选卿结婚时，特向郑拱照借去此幅墨宝，悬挂于厅堂上，以增添婚礼光彩。有人看见郑选卿的结婚照片，据说是用郑成功此幅墨宝做背景的。

抗战前的某一年，郑拱照的好友黄乞（黄乞家住曾埭村，是安海泉安汽车公司总经理吴警予妻弟之孙）前来郑家，对郑拱照说：日本皇族某要人近日将在厦门的台湾银行举办一个展览会，欲求借此郑成功墨宝供展览，展后当即奉还。郑即将此墨宝让黄乞带走，黄乞究竟有没有将它带去厦门，最后此墨宝落在谁手？终于杳无音讯。从此这幅由安海人珍藏多年的郑成功遗墨即宣告失落。以上是笔者采访郑拱照之堂侄郑家楚老先生时，由家楚先生提供的情况。另据安海文化界老前辈柯盘石先生回顾说，当时安海人对此墨宝的下落甚是关注，有人说安海人××将此墨宝卖给厦门市台湾公会会长曾厚坤，售价约在200—300银圆之间（据称曾厚坤也是一位文物收藏家）。不久，曾厚坤又将此墨宝转卖给一个日本古董家，日本博物馆获悉后，即以华币20万元购去此件，据说这件郑成功遗墨现仍收藏在日本东京博物馆中。

对于此件墨宝的流失，厦门《江声报》于1935年6月12日曾有一篇简略的报道，现将全文及标题照抄如下：

（标题）郑成功手迹

廿万元为日人购去

只有天在上 流入异邦去

（报道全文）泉属缙绅之家，收藏珍贵古玩书画，为数颇多。前此常有日人来泉，收买古瓷书画，如属珍贵稀奇之物，一经发现，即不惜重资，务必购买而去。近常有厦门台籍洋行经纪人，来泉搜求，或托由当地人士转购。如南安石井乡郑某家，其先代遗下民族英雄郑成功手迹一帧。上书五言诗一首，诗云："只有天在上，而无山与齐。举头红日近，回首白云低。"书法雄壮，诚为稀世之珍。虽至亲深交，轻易不与阅览。民国十八年，上海《大陆报》曾载记之，对此珍品，极加称扬，后为日本在朝某权贵所悉，乃遣人来泉。经多次之接洽，近已成交。议价为20万华币。此项珍品，遂流为日人所有矣。惜哉，闻郑将物售后，即离晋他去，做富家翁去矣。

此则报道，没有署名，从语气看，似是泉州人写的。报道内容与安海郑家后辈及当年文化界人士所言有出入，但有一点却是一致肯定，即此件墨宝是被日本派人来我国搜购去了。笔者认为，郑成功墨宝属国家级珍贵文物，如果此墨宝现在仍藏于东京博物馆，则我国文物管理部门是否可按有关规定，向日本政府提出要求，赎回此一墨宝，使物归原主，完璧归赵。

郑成功另一遗墨"养心莫善寡欲，至乐无如读书"对联一副，原收藏者为安海咸德境王开肯先生。

王开肯之父王青山，早年在安海经营"三益"香港郊，是当时安海街的富商，此对联是王青山在世时所珍藏，但其来历至今未详。王开肯家在抗战前因家道中落，此墨宝即被售出，售于何处何人，至今亦不详。现王开肯及其儿子王嘉种（原养正中学体育教师）都已去世多年，故有关此遗墨之去向甚难了解。

笔者获悉王开肯早年有一同事名叫吴温其，今尚健在，家住安海西宫。便抱一线希望，前往造访。吴温其先生现年已逾80，但精神矍铄，脑力亦佳，承他告诉：在60多年前，他与王开肯同在安海泉安汽车公司任职，两人往来甚是友好。吴先生曾在王开肯家亲眼见过此对联，据吴回忆，此对联系红纸黑字，亦即用的是红笺纸书写，而不是用宣纸书写。王开肯平时都将此对联卷起收藏，舍不得悬挂于壁间，恐有损伤。经询及此联去向，吴老先生也说不清楚。

既然此两件遗墨均告流失，则现在收藏于各地郑成功纪念馆、文物馆中的这两件遗墨的复制品又是怎样复制出来的？没有原件，如何复制？笔者又带着这个问题造访复制者柯盘石先生。柯老先生早在50年代，就开始复制郑成功遗墨。

柯盘石先生说，郑成功此两件遗墨从安海流失，实在令人感到十分遗憾。但幸亏郑拱照的儿子郑士美先生在青年时代就有较高的文化修养，他对郑成功的遗墨也非常珍视，所以不但把自家收藏的这件“只有天在上……”遗墨拍成照片，而且还向王开肯借来那副郑成功手书的对联拍成照片，并把底片珍藏起来。（柯盘石先生说，当时还未发明胶卷，所谓底片是用玻璃做的。）柯先生就是根据郑士美先生收藏的底片来复制郑成功遗墨的。

柯先生又补充说，那幅古诗原件，在古诗两旁还有题跋数行，是清代泉州知府高鸿飞所撰题，内容是叙述郑成功书写此诗句的经过，以及此遗墨收藏者与他高鸿飞的亲密关系。这些题跋，在复制时一般都予以删去，只留下郑成功的手书真迹，但有时也偶为保存，一并复制。那副对联的下联“至乐无如读书”的“书”字，原件已破烂不堪，几难于成形，经柯先生精心补缀然后再复制而成。现在不少地方的郑成功纪念馆、文物馆所收藏的此两件郑成功遗墨，大都是由柯先生复制的，柯先生为保存郑成功遗墨所作的努力，功不可没。

塔碑与亭碑

安海有郑氏所立碑刻两块，一是郑成功叔辈郑芝鹏所立的塔碑，一是郑成功父亲郑芝龙立的亭碑。此两块碑刻，都掩埋深藏了300余年，直到新中国成立后才陆续被发现。

塔碑位于安海星塔村之方形砖塔——星塔的第三层上。行人路过此塔，只要翘首仰望，即可隐约见到这块嵌在塔上的青石碑。唯历来无人攀登细察其碑文内容。1957年，安海旅菲归侨郑川田先生等人，出于对故乡文物古迹的关心，特邀请几位年轻人帮助，架接了三张竹梯，直攀到该塔的第三层，将此塔碑拓下，这才真相大白，碑文如下：

重建星塔小引

桐郡之南五十里而遥，距安平数百武，有乡星塔，以其地去水之处，有塔曰星塔，而乡因名焉。夫乡以塔而名，则塔与乡，所由来旧（久）矣，乃年久颓废，未有鼎而新之者，甚非所以壮方隅而耸诸乡之形势也。不佞近者避市之嚣，侨寓于兹，幸而群乡之人，习而安之。闻者流览其山川风景，慨然有鼎新斯塔之意。夫塔以星名者，言其高达接星辰，文明炳星日，其为文笔卓立，则儒学因之标题；其为砥柱水势，则民物因之康阜。昔人取此塔以名乡，不为无意，而气运未至，递兴递废，有能光旧物而开采美，岂非其无事哉。但事难独适，而功易众建。但一乡之胜，一乡共成之，当不遗力而让财。因会集诸长老，议设一册，随其家丰志趣，乐输题助，则力小功多，兹举固易易也。今夫安平文物甲郡邑，而此地盘居其上未里许，分余绪足陶铸。而天地变化，草木自蕃，则诸乡之吉祥善事，固未可量也，诸长老咸以为然，而命不佞为之弁其端。

皇明崇祯癸未（1643年）秋八月吉日，石井里人郑芝鹏书。

此碑石高约30公分，宽42公分左右，文后有两印，其上者为阴篆文“郑芝鹏印”四字，下者亦为阴篆文“石井郑”三字。按此碑文甚关重要，它不但提供了明末安平的情况，而且纠正了原来《安海志》“星塔”条文中的某些谬误。据《安海志》“星塔”条载：“星塔在市东北坑岬宫前。崇祯二年已巳（1629年）年间，太师郑香筑圃于其处，衣服每常蛀烂，识者谓其巽方稍旷，因造砖塔五层四角以镇之。今郑太师圃中榕树山石犹存，坑岬人因以星塔名乡。崇祯十六年癸未，因塔颓废，郑芝鹏鸠众集资重建之。郑成功少年曾读书其间，是以称星塔为‘郑成功少年读书处’。”按此说星塔原系太师郑香所建，后因塔颓废，才由郑芝鹏纠众集资重建，而现在所发现的这块郑芝鹏所书碑文，却十分清楚说明此塔由来已久，郑因避闹市喧哗才“侨寓于此”的。而文中提到的太师郑香究是何人？由于清代柯崇璜纂修《安平志》时阐述含糊，后人误认郑香就是郑芝龙，并由此推认星塔村是郑芝龙所建府第的地点。现在由于此碑文的发现，引起地方文史界对原有说法的诸多质疑，并做进一步考证，证实太师郑香就是郑芝鹏本人，星塔村是郑芝鹏寓居的地方，而郑芝龙的府第则是建在安平桥西铺一带。

此碑文下款署“郑芝鹏书”，而不署“郑芝鹏撰书”，是否说明还有另外一位撰写碑文的人呢？如果有的话，此人又是谁呢？这篇碑文文字简练，辞藻典雅优美，会不会是郑成功代撰的呢？当时郑成功正处青少年时代，经常来郑芝鹏这座幽静的园圃中读书，郑芝鹏对这位聪慧灵巧、才思敏捷的侄辈郑成功，肯定十分赏识，当星塔重建竣工时，叫郑成功代撰一篇碑文，并非不可能。这个推论，自是一种假设，希望今后会得到佐证。

郑芝龙撰书的亭碑，在安平桥的中亭。崇祯年间，安平桥水心亭（也称中亭）年久倒圮，郑芝龙倡捐集资重修，并立碑为记。大约在郑芝龙于北京被清朝诛杀、安海又惨遭“迁界”之祸的时候，此碑刻便被推倒毁弃于亭侧，从此掩埋于地下300多年，无人发现。直到1980年晋江地区文管会派员前来重修安平桥时，才把此碑从地下掘起。如今此碑与中亭其他亭碑并立在该亭西侧，供人观赏考究，碑文内容如下：

重修水心亭记

桥成于宋绍兴年间，渴①虹欧②流，蜿蜒五里许，中翼以亭，祀大士像于上，往来便之。岁积就圮，风雨飘摇，余不胜蒿目③。夫一笠盖佛，昔犹美谈。使山行者歇力疲于经树，而利涉徒步之众，触热冲飔④，莫觅片席少憩地，大非津梁初意矣。然独为君子不敢也，乃谋之商人吴寰宇、曾希止等，捐资以倡，跻宇等亦乐于输工，石之倾侧并葺而新之。是役也，举以众劳，力省功倍，糜金钱仅二百有奇，阅四月而告成功云。

崇祯十一年正月　日

钦差管协守潮漳副总兵事前军都督府带俸右都督郑芝龙奖倡

题缘弟子蔡奎，督工弟子史伯贞，谢玉。

石匠黄重　镌。

注：①渴——古通竭，意不尽也。

②欧——美且长也。

③蒿目——喻忧也。

④飔——暴风。

清政府挟仇推毁掩埋郑芝龙亭碑，使此碑文深埋地下达300余年不见天日，自是一件憾事，然有时坏事反而成为好事。现在安平桥中亭许多清代碑刻皆因年久风化而字迹剥落模糊，甚至其中有些段落的刻字已难于辨认。而这块郑芝龙碑刻却因深埋地下，避免风化，所以至今碑文完好清晰，为现在文物考古人员提供很大方便，这大约是当年清朝政府所没有料到的。

沙堤董氏坟山之谜

距安海镇东北郊约20公里，有一座晋南名山——紫帽山，山中文物古迹甚多。1990年6月间，笔者曾偕同泉州市文史界老前辈陈泗东、吕文俊、傅金星，中新社记者李建成诸先生，应紫帽乡政府之邀请，前往该山进行访古考察。我们一行在乡人带领下，沿南麓蜿蜒而上，未及一里许，见一处涧水潺潺，奇石嶙嶙，荒草间有一巨石，横刻楷书“洞门”二字，径方尺余，下款署“飏先书”三字，在山涧另一旁，有一碑石，上刻“沙堤董氏圹山”。经陈泗东先生考证，知郑成功的夫人董氏，名酉姑，晋江永宁沙堤人。其父董飏先是明朝进士。陈泗东先生说，关于郑成功岳父董飏先的墓葬，史无记载，“沙堤董氏圹山”很可能就是董飏先的圹山。当时我们一行对陈泗东先生的考证和说法，都没有什么异议，认为这里就是郑成功岳父董飏先的圹山了。

近日偶阅有关郑成功资料，发现有些历史记载对董飏先与董酉姑的关系说法不一。如《永宁乡土资料汇编》说，董飏先生有四女，“长女名酉，配郑成功为夫人……”，明确指出董酉姑是董飏先的长女。可是郑成功之孙郑克塽所撰立的《郑氏附葬祖父墓志铭》中却说：“祖母董（酉姑）系明进士……董飏先公胞侄女”，陈伯萍《延平郡王郑成功》一文中亦称：“郑成功十八岁，奉父母之命与礼部侍郎董飏先的侄女董氏成婚。”按乡土史料与墓志铭，都属较为可靠的第一手资料，可是一说是“长女”，一说是“侄女”，孰是孰非，尚有待进一步考证。

关于董飏先的圹墓是否就在紫帽山南麓，看起来也有疑问。《永宁乡土资料汇编》中《国姓夫人之父——明代进士董飏先》一文中称：“董飏先……因宦海生涯，最后定居于同安县。清顺治丙申年（1656年）九月二十八日辰时逝世，享年六十有六，葬于同安县十九都许坑乡湖南，坐申向寅，墓碑上书‘沙河子归真处’。”（注：董飏先号沙筑，又号沙河子。）这段记载十分清楚，应该是可信的。

那么，紫帽山中的沙堤董氏圹山又是谁的墓地呢？会不会是郑成功夫人董酉姑的墓地呢？肯定也不是，因为董酉姑的晚年是在台湾度过的，她是在辛酉年（1681年）六月十六日病逝于台湾安平古城里的，其墓葬当亦在台湾。

董飏先为什么会在紫帽山中这十分静僻的山涧旁题刻“洞门”两字？什么时候题的？其含意又是什么？“沙堤董氏坟山”是谁的墓地？这些问题，尚待文史考古工作人员去做进一步的考察，得出合理的结论。

八仙桌　墓地　遗像　书房

郑成功童年时代，有一位家庭教师，名叫曾其五，是安海镇赤店村苏厝人。不久前，笔者拜读曾华衡先生所写的《郑成功与蒙师曾其五》一文，得知郑成功于清顺治二年投笔从戎离开安平故乡时，曾赠物若干给这位启蒙老师留念，其中有文房四宝一套，九折屏风一件，八仙桌一块，百叶榕景一盆。他把这几件东西附函一件，遣家院带到赤店苏厝，送给休养中的蒙师曾其五。据说，这几件东西至今还保存在赤店村苏厝曾其五的后裔家中。中秋节前两天，笔者在曾华衡先生陪同下，驱车前往赤店村查访这些遗物，以及曾其五故居的遗迹。

华衡先生是赤店村人，是一位知名的民间藏书家，对此亦知之甚详。据他了解，这几件遗物中的文房四宝及榕盆，已经遗失多年，现仅存九折屏风和八仙桌各一件。

这两件遗物的保存者是曾其五的第十代裔孙曾国生。当我们造访其家时，适逢他外出，只有其女儿在家，可是他的女儿对此毫无所知，华衡与她打招呼说明来意后，便带我到放置这块八仙桌的大厅中。这块八仙桌放置在正厅中，被作为普通家具使用，因长期无人细心保管，显得又脏又黑，桌面近边处似有裂缝，桌上摆了一个小香炉，一束香，还放了一些杂碎用具。如此珍贵文物，遭此“冷遇”，实在令人觉得十分可惜，十分遗憾！

这块八仙桌高85厘米，桌面四方等边长94厘米，宽93厘米。桌边四周镂有简朴花纹图案。前年厦门郑成功纪念馆及省博物馆工作人员前来参观时，经鉴定认为此桌是用稀有珍贵木材制成，其木质十分坚硬，遇火几乎不能焚烧。此种木材的产地是在台湾阿里山云雾遮盖的山顶，他们推测，这块八仙桌很可能是郑成功之父郑芝龙从台湾选购运回安平府中的，从此桌的形制看，亦属明末清初时物，与郑成功生活年代相符。

看过了八仙桌，准备再参观那件九折屏风，但华衡先生说，这九折屏风是藏于曾国生旧厝的楼阁上，九片屏风被拆开平放在楼板上，屏风上面还叠上一些颇为笨重的家具，主人不在，我们不便随意搬动探看，只好留待以后另找机会再参观了。后经托人探看，屏风九块长240厘米，宽45厘米，四边有框，上黑油漆，屏风上有诗配画，但因年代久远又保管不善，字画均已模糊不清。

在华衡先生带领下，我们又同往鼓亭埔看曾其五的坟墓。

据清嘉庆年间《赤店乡土志·村贤卷》载：曾其五生于明万历二十三年（1595年），他“性端重敦笃，志节崭然，博学能文，善书法，气骨森竦严整”。19岁那年，经朋友推荐，入安平郑芝龙府第为家学塾师，专门教小公子郑森（即郑成功）的学业，曾其五是一位忧国忧民的文人，他经常把我国古代英雄志士的诗篇拿来教郑森诵读，他讲文天祥、岳飞的故事给郑森听，历史上英雄们的民族气节和英雄气概，在郑成功幼小的心灵里，留下了深刻的印记。

曾其五在郑府做郑成功的老师，前后共七八年，直到郑成功15岁时考取泉州传士弟子员后方才离去。但师恩难忘，郑成功每告假归家，必先叩见曾其五恩师，汇报学业，聆听教诲，师生之情甚笃。清顺治十八年（1661年），曾其五接到郑成功收复台湾的喜讯后，不禁欣然赋诗祝贺。谁知五个月后，便惊悉郑成功不幸去世的消息。曾其五自此忧郁成疾，于康熙五年（1666年）病逝，享年71岁。

曾其五的坟墓位于赤店、坑边两村交界处的鼓亭埔，鼓亭埔原是一片荒野赤土埔，“文革”时由“知青”们开垦成“安海茶果场”，但现在无人管理，举目所见，草木丛生，虽然附近建了几家合资厂，显得有几分生气，但依然有荒凉的感觉。我们走近曾其五墓地，见墓丘上荒草离离，连墓碑也被掩盖了。华衡先生借来一把锄头，把杂草除掉，才显出墓碑上的楷书文字，上端“皇清”两字，接下来中间两行墓主姓名，一边为“考其五曾公”，一边为“妣 黄氏”，下端中间“佳城”两字。原来是曾其五与其夫人黄氏的合葬墓。据说，此墓自葬后至今300余年，没有迁移过。我们拍照后，流连片刻，便踏上归途了。

在归途中，又巧遇曾其五的另一裔孙，名叫国照，他十分热情地带我们到他家中，从一个长圆形的铁盒中拿出两幅画像，原来这是他家历代珍藏的曾其五夫妇画像。此两幅画像边幅裱褙处虽有破损，但画像本身仍然完好清晰。华衡先生十分高兴地说：“我虽是本村人，却至今还没有见过曾其五的遗像呢，我也不知道国照至今还珍藏着曾其五的画像。”在曾其五这幅全身像下面，还画了几个学童在嬉戏，我们拍了照片，国照先生又带我们到曾其五当年教学的“书房”参观。这座书房为砖瓦结构，已经破旧不堪，因无人居住，大门紧闭，断墙倒壁，遍地杂草垃圾瓦砾。国照翻过墙头，从里面把大门弄开，但见大厅中农具杂物零乱，不知还有谁家养了一群小鸡在厅中，笔者暗想，曾其五在村中也该算是一位“历史人物”吧，可是如今他的遗迹如此破损荒凉，无人关照保护，大约再过几年，亦将无处寻觅了。

郑成功出征时赠送其蒙师曾其五留念的物件，除上述4件外，还随物附上信函1件，此信函原件现已流失，但其内容在史料中保存至今。从这一函件我们看到：作为一代民族英雄郑成功伟大风范的另一个侧面，这就是他的尊师重教精神，作为明朝遗臣的郑成功，在国难当头之时，不得不焚弃儒服，戎装事武，但他对少年时代培养教育他成长的启蒙老师，却依然十分敬重。史书记载，郑成功在军务缠身，无暇与恩师见面叙旧的情况下，依旧“常通尺素”，沟通师生间的感情。今天我们重谈这封洋溢着凛然正气与师生深情的信件时，也不禁受到感动，并且从中获得很大教益，这封信件内容如下：

其五曾先师钧鉴：学生成功原为生员，本应习经修文，只因国难当头，兵连祸结，皇上遇难，家父被劫，成功乃大明之臣子，缟素应然，实中兴之将佐，披肝无地。成功愿与诸英杰共伸大义，投笔从戎，弃家复国，从今焚弃儒冠，戎装事武，尚望恩师鉴谅！但愿后会有期，兹便附上吾师执课所需之物及所爱之榕盆，聊表寸忱！伏乞哂纳。贵体新痊，诸唯珍重……

郑成功祖籍在南安石井，故居却在晋江安平。他自7岁从日本回国，便定居在安平府中，他的大半辈子都在安平度过，因此，这里肯定留下了许多郑成功的遗物。但由于清朝政府的“迁界”及其对这座郑氏故居安平镇怀着深刻的憎恶，当清兵进占安平后，便一举把这座繁华的安平镇市焚毁一空，夷为平地，连那座规模广阔、豪华一时的郑成功府第，也从此湮没沉埋，其遗址几百年来都无从寻考，使我们的探索、研究工作产生很大困难，然而折戟沉沙，终究有被发现的时候。只要我们用心查访，深入探寻，必将有更多的遗迹遗物被发现，为研究民族英雄郑成功提供更珍贵的资料。

郑成功史迹在禾山

何丙仲

民族英雄郑成功于1646年在安平起师抗清后不久，即在鼓浪屿扎营练兵，并在闽南的同安、云霄、东山、漳浦和粤东北的潮州、揭阳等地与清兵辗转作战。1650年，始由计诛杀郑联，并取郑彩的军队而建立厦门、金门基地，开创其抗清复明的千秋大业。至今厦门岛上仍保存着不少郑成功的文物遗址。今之湖里区所辖范围乃古之厦门岛禾山的一大部分，曾经是郑军驻扎练兵，并与清军发生过激战的地方，这些郑氏遗址，是湖里区重要的历史文化遗产。这里，根据文献所载结合实地调查，将其主要的遗址介绍如下。

高崎寨

高崎在厦门岛之正北偏西端，与集美隔海相对，古称交通与军事的冲要之地。郑成功据金厦两岛后，旋即南下勤王，1651年农历二月，清军马得功部乘虚攻陷厦门，郑军守高崎的“水师镇阮引不战而逃”(《海上见闻录》)，嗣后郑军主力迅速回师，郑成功之叔郑鸿逵亦引兵前来增援，“分发水师犯截五通、高崎等处”(《先王实录》)，始打败清军，收复厦门。1655年，郑成功在厦门设立六官，改名思明州的同时，在岛上筑造一批城寨以加强防守，其中便有高崎。据《先王实录》所载：“(四月)，筑丙州新城并高崎、五通、湖连等寨，拆运高浦所城以成之，俱委冯工官督就。”高崎第一次建有城寨的时间、督造官员和材料来源均很具体翔实。

近年，笔者在高崎万寿宫前认真辨读一通碑额题为《颂崇明伯甘老爷功德碑》的古碑，该碑文字已漫漶殆尽，撰文者乃郑成功部属、同安进士郭贞一，“崇明伯甘老爷”即郑成功的得力部将甘辉，从残存的文字还能发现“去岁大师北伐，赐姓（即郑成功）出……”和高岐（即崎）等“五澳”的渔民、船民对郑军的支持等字句，足见当时驻守高崎的将领正是郑军大将崇明伯甘辉。甘辉于1655年8月后至1659年，几乎年年参加北征，立碑时甘辉尚未阵亡，故该碑可能立于1656年至1658年间。除此碑外，高崎村中还有两口驻地郑军与当地群众，共同掘砌，并共同饮汲其水的“国姓井”。

高崎寨真正发挥作用是在1660年农历五月清军达素的围攻厦门之战。是时清廷乘郑军南京之役受挫退守厦门之际，发水陆重兵前来进攻。郑成功在金、厦各个战略要地派兵布防，严阵以待，高崎尤受重视，“（四月初三日），派游兵镇胡靖、殿兵镇陈璋为陆师，守高崎等处，援剿后镇张志为水师，抛泊高崎应援”，月底，激战前夕，又再调整，“拨右虎卫陈鹏守五通、高崎一带，拨援剿前镇戴捷守高崎寨”（《海上见闻录》），“仍委戎政王秀奇督守高崎”（《先王实录》），守将的级别与兵力显然是提高和增强了。可见高崎在郑成功心目中之地位何等重要。农历五月初十，清军被郑成功杀得片甲不留，大败而逃。事后，郑成功将这场惨烈的厦门保卫战称作“高崎之捷”。

清初之时高崎寨已毁，乾隆二十二年（1757年）在原址新设“石炮台一座”（《厦门志》）。此地确为郑成功的重要营寨遗址，现为厦门市文物保护单位。

五通寨

五通在厦门岛的正北端，与同安的澳头隔海犄角相望。宋代以后五通是厦门与内陆的主要渡口，相传宋帝赵昰由此登岸。因为位置险要，明初洪武二十七年（1394年）在厦门岛上建城时，同时还建东澳、五通二寨，“徙永宁卫中、左千户所官军守御”（《厦门志·分域略》）。郑成功据金、厦抗清时期，五通更被视作要地，1655年农历四月，派工官冯澄世拆运高浦所的城垣筑造一批营寨，其中有五通寨。1660年清军大举进攻厦门，郑成功在军事布防做了调整，“令右虎卫镇陈鹏防守五通、高崎东一带”（《先王实录》），厦门全岛均有严密的布防，准备与清军“邀击高崎、五通等处”（《先王实录》）。五月初十日，清朝水师“虏船大小四百余号，乘潮直犯”。是日，因郑成功指挥得当，将士用命，清军几乎全师覆没。郑部宣毅后镇吴豪、后冲镇黄昭、援剿后镇张志并陈广、吴裕水师在五通、高崎等处配合全军的英勇作战，发挥了很大的作用。事后，郑成功评价吴豪、黄昭、陈广、吴裕等在五通、高崎一带作战的将士“应先后次勋”（《先王实录》），可见五通寨在郑军驻防厦门、保卫基地的作用之大。

清初，五通寨已圮。五通除仍为交通和邮传的要地之外，还列为“五营汛地”之一，驻有兵力，由“提标左营弁兵防守”（《厦门志》）。郑成功所筑的五通寨遗址当在现今驻军的营区内，笔者曾多次到那里进行调查，发现田野里分布有明清陶瓷用品的残片和部分建筑石构件。

湖莲寨·蟹仔寨·东渡寨

1655年，郑成功在禾山筑造一批城寨，驻兵以增强基地之防卫，其中有湖莲寨。其筑造时间、督造官员和材料来源和高崎寨、五通寨一致。湖莲，闽南语作“乌蓝”“乌林”，位于今厦禾路江头与莲坂之间，原为一村庄，现已经旧城改造，旧貌变新颜矣。此地近海，在筼筜港之滨，扼控进入厦门城区的交通枢纽，甚为重要。

蟹仔寨有文献载为蟹保寨，估计在厦门市县后村海滨之蟹仔屿，乃渡口，设“小渡船，往同安”（《厦门志》）。现已填海，为厦门机场的一部分。东渡寨在今东渡，原与厦门城区隔着筼筜港，旧有“牛家村澳”，元、明时期设有官渡，号东渡，清朝废圮。此两寨当时郑军都设在冲要之处，建造时间不详，估计均在1655年前后。1659年底，郑成功获知清军“达素带满汉万余骑前来剿海”（《先王实录》），翌年正月，郑成功立即加紧练兵、布防，安排得力部将驻守军事要地，“拨正兵镇杨富代前提督右镇叶伯防守思明东渡”（《先王实录》），四月底激战前夕，郑成功又令“殿兵镇（陈璋）、前冲镇（刘俊）、智武镇（颜望忠）防守蟹仔寨并赤山坪，游兵镇胡靖防守东渡寨”并令“协理戎政杨朝栋总督东渡等处，临期商酌调遣”（《海上见闻录》）。五月初十日，郑军大败清师。事后郑成功表彰驻防蟹仔寨并积极参战的陈璋为“首勋”，刘俊等“奋力追杀，虏尽死水中，应先后次勋”（《先王实录》）。虽然湖莲寨、东渡寨在这场战役中发挥的战斗作用尚缺乏文献记载，但在全岛的防卫、配合作战的作用不可低估。

赤山坪古战场遗址

赤山坪在湖里区县后村的北端海滨。

1660年，清军达素率“披甲万余前来剿海，并今三省水师合剿”（《海上见闻录》），此乃关系郑成功军队生死存亡之战役。郑成功在指挥金厦两岛的防守方面，特地命令殿兵镇（陈璋）、前冲镇（刘俊）、智武镇（颜望忠）三镇的兵力“防守蟹仔寨并赤山坪”。五月初十日，清军大举进犯，郑成功亲自“驻舟中，督师海门”（《先王实录》），清朝水师船只“乘潮直犯海门”，双方在海上展开激烈的战斗，“一股（清军）由同安南北港来犯，圭屿炮响，拥挤驾至牟尼屿，从赤山坪登岸。彼地水浅泥深……虏即拥挤而上”（《先王实录》），陈璋立即率部死战，戎政王秀奇随督右虎卫镇官兵赶来助战，刘俊、陈蟒和刘雄等将领从右边或海边抄出，“同至赤山坪往来拒战”，“时水将涨，虏下水者为我师堵杀，不得一齐登岸”。继而郑部水师“宣毅后镇（吴豪）船又追至……其先登岸之虏，大半在水泥中，被我师所杀及淹死者不计”（《先王实录》），并“具生擒吕马喇及披甲三百余人，皆断掌放回。达素率残兵回省。数日，尸浮（赤山坪一带）海岸万余”（《海上见闻录》)。赤山坪战役是1660年厦门保卫战之关键，此役之胜利，使郑成功第二年的东征台湾，收复领土的大业得以实现。

时过境迁，赤山坪海滩已经填海成为厦门机场的一个部分。

郑成功阅兵处——金山

金山在后坑村与湖边村之间，今湖边水库一侧,《厦门地名志》载其海拔高程58.9米。1960年元月在桥头社与下湖社之间筑坝而成湖边水库。清代的官路由五通铺经昭塘铺（今田头），再从金山下经过钟宅湾上的黄水桥到蔡塘，然后至金鸡亭铺、莲坂、文灶、溪岸，再经过北门外街入厦门城。从京城而来的全程驿铺至岛内禾凤宫铺为终点，然后再由禾凤宫铺启程渡海至台湾。金山是固守在古钟宅湾一侧的战略要地。《厦门志》记载，“金山在城东北，近洪（又作黄）水桥。山赤色，无草木，故名。桥近处有山原宽坦，郑氏尝阅兵于此。中有资福院，俗称后院”。

郑成功一向注重兵士的操练，经常亲自阅操，令将士“照五梅花操阵法，如对敌赏罚军令”，兵士每日操练二次，“早晚日令穿带披挂……一日考试武艺，一日弓箭”(《先王实录》)。1655年，郑成功因考虑“日夜出督操练，往还殊难”，才命冯工官建演武亭，“以便驻宿，教练观兵”(《先王实录》)。但郑氏其后的督操、阅操，往往不局限在演武亭。金山不远的五通寨、高崎寨、湖莲寨，均驻扎有重兵，郑成功前往督操、阅操，颇符合情理。因此，民间关于金山乃郑成功阅兵处之说，绝非空穴来风。今后如果能从文物、文献方面多获得证据，金山这个郑氏遗址必然会得到社会进一步的重视。

陈泽墓

台南《霞寮陈氏族谱》记载，郑成功重要部将陈泽的墓葬在厦门市“禾山西藩社蔡坑山”。蔡坑属今西潘社。

陈泽（1617—1674），字濯源，海澄县霞寮乡人。明末清初投郑成功抗清队伍，作战勇敢，历任郑军信武营统领、护卫中镇、宣毅前镇等职，1661年随郑成功渡海东征收复台湾，在台南北线尾痛歼荷军，一举击毙荷军首领“拔鬼仔”（Thomos Redel）以下官兵180多人，旋即率师协助围攻台湾城（遗址在今台南），9月18日在北线尾一带击退从巴达维亚（今印度尼西亚雅加达）赶来增援的荷军卡乌率领的船队，迫使荷兰人在1662年2月1日向郑成功签字，投降，退出台湾。同年，陈泽擢升右先锋镇，嗣后率兵到安平（今台南）的营盘山“边练兵，边屯垦”。

1674年，三藩之变，陈泽随郑经带兵到厦门，同年因病在厦门逝世。陈泽夫人郭氏死后葬于台南大东门外的永康里。

1981年，我因工作关系曾经到过陈泽墓葬所在地进行调查，该墓在今湖里区西潘社的后山。据村中父老介绍，该墓葬原无封无树，1958年因农田建设需要已被挖掘，墓穴为三合土结构，内有陶质动物俑等明器，还有水银。墓葬地点当还存在，宜加以复原修整，列为文物点予以保护，俾台湾陈泽的后代子孙寻根谒祖。

郑成功第三夫人墓

郑成功第三夫人墓在云顶岩西南山腰的东山水库旁边，朝北偏东。该墓从前未见诸史料记载，但民间颇有传闻。1958年厦门市文化处和厦门大学人类博物馆组织人员，配合东山水库建设，对这座墓葬进行清理。

该墓墓碑为“井江郑氏封茔”，三穴，左中两穴各置一口棺木，出土文物有银头簪、小铜镜、“万历通宝”铜钱和水银等殉葬物品。

1983年夏天，我因调查有关郑成功文物史迹，和曾莹同志（现任郑成功纪念馆馆长）一起，在市农科所陈式漏同志的导引下，再次找到这个墓址，可惜当时水库蓄水已将墓葬淹没，仅见到“井江郑氏封茔”墓碑，旁边另有一高约1.2米、宽1.5米的白色花岗岩质无字墓碑，底部没于水中，在水边还摸到墓碑与墓坑之间的一个竖井。据水库老管理员称，原有墓志铭碎片，已无法觅见。1990年夏，“井江郑氏封茔”墓碑经市文物管理委员会同意，运至市郑成功纪念馆收藏陈列。

据《郑成功族谱三种》记载，郑氏有妻妾五人，其妾庄氏生子郑明、郑睿、郑智。书中的《郑氏家谱》又载，郑智之妻洪氏，“同姑庄氏祔葬于厦门云顶东山”。因此，此“郑氏封茔”所葬者当即郑成功妾庄氏和媳妇洪氏。

东澳与郑氏后裔

东澳在何厝村前香山下的海边，现已填海成陆，南邻厦门国际会展中心。为古代交通与军事要地，明洪武二十七年（1394年）建厦门城的同时，还建造五通、东澳两寨为犄角。《厦门志》的“防海略”称：“东澳汛，城东二十里许，提标右营兵防守。东临海，以槟榔屿为界，远望金门烈屿。”该文献的《分域略·津澳》又说其“离虎仔山五里，有天后庙”。

郑成功建立金门、厦门抗清复台基地时，东澳这个津渡因与金门对渡最为直接，故颇为重要。

东澳社原有郑氏族人聚居。故老郑水君先生（迁居五通）曾对笔者说，该郑姓系郑成功之子郑经于永历十五年（1661年）随郑成功率师复台，翌年春在厦门与陈氏所生之子在东澳村定居繁衍的后裔。

史迹尚待钩沉

郑成功在禾山的遗址一定还有不少，值得今后进一步深入调查。比如禾山旧辖的曾厝垵，当亦郑成功据金、厦时的重要屯兵之一，追随郑成功抗清的明朝故老王忠孝、卢若腾等人皆居于此，多有诗歌咏怀之。1651年，因施琅叛变一事，郑成功杀其父于市，杀（其弟）大显于曾厝。(《先王实录》) 当年二月清军攻入厦门，曾樱在厦门城中的寓所上吊自尽，遗体亦是由一位和尚和门生抬到“曾厝垵下船，付其家人”(《海上见闻录》)。可惜曾厝垵只见诸文献屡有记载，却无法在当地找到具体遗址。又比如《厦门志》记载，郑成功部属林壮猷（郑部同安守将，1648年殉难）、纪文畴（同安诸生，唐王时任翰林院待诏，后依郑氏）、纪许国（文畴子，明举人，依郑成功，居“吴庄”，即梧村）等的墓葬均在禾山范围内（纪文畴墓后迁葬同安龙窟西村），现已无迹可寻。当然，随着厦门城市的发展，日后也许还有相关的历史文物将被发现。

谈台北地区的郑成功信仰

管志明

国姓爷郑成功（1624—1662年），幼名福松，后改名为森，号大木。父亲郑芝龙，母亲是日本人田川氏。生于日本平户，7岁时回到中国，接受中国之儒家教育。23岁时投笔从戎，展开反清复明的事业，38岁时率领军队由厦门来台，赶走当时殖民统治台湾的荷兰人，建立在台的第一个汉人政权。39岁，时值壮年卒于今日的台南市，死后受到台湾民众的祀拜，被称为“开台圣王”。

郑氏开启了台湾历史的新页，其人其事在台湾有不少的事迹流传。郑氏死后，民众很早即把他视为神明加以祀拜。信徒称他为“开山王”“开台圣王”或是“延平郡王”。除了民间庙宇祭拜郑成功外，台南市开山路上的“延平郡王祠”则是官方建立的祀庙，清末以来即已存在。郑氏对台湾的历史发展、民族融合，甚或是国际贸易的影响皆有一定的地位，在台湾史的重要性不言而喻。郑氏逝世之后虽被视为“神”供人祭拜，然其神格地位却随历史时空背景诸要素的影响，终远不如台湾的妈祖信仰。

郑成功信仰的地位与价值终究如何？民众把郑氏当成神明看待，其所产生的宗教信仰情绪，是否与居民生活产生互动的关系？在某些概念上，郑氏立庙一事，与孔庙的意义，或许多所相似，对地区民众而言，其亲近或认同的精神意义应远高于宗教性的寺庙实质宗教信仰的意义。

一、郑氏研究的背景

研究郑成功的学者相当多，至于有关信仰问题探讨面向的论著实则并不多，有蔡相辉所撰之《清代台湾之郑成功祠祀考》、许嘉明与蔡金蓉合撰之《云林县“国姓公过股”之研究》、朱荣贵《台湾延平郡王信仰初探》、董芳苑的《开台圣王“成”为神格“功”在汉人》、江锾萍《郑成功信仰的成立与发展》等。另外在社群互动关系的研究有林政逸《庙宇文化空间与社群互动之关系——三峡清水祖师的个案研究》。当然在文学、历史或是其他的领域，也有部分的研究以郑氏为中心探讨相关问题，但是以宗教信仰的角度剖析的文章，或许由于其背景为发生在近代的史实，所以立庙祭祀的做法，有其区域性的差异。

“郑成功庙”的设立在台湾地区，约略分布全省。但是在数量上及所受到的重视，或说各地香火兴盛的状况不一。南部由于是郑氏登陆、开台的驻地，所以普遍为当地民众感觉亲近认同而所津津乐道。北部地区则较少受到社会一般的重视。不过北部地区虽然郑氏未曾亲自到过此间，但却由民间野史或是流传的民间故事，支撑着许多郑氏的事迹，广为流传。例如台北市的剑潭，相传即为郑氏以宝剑平定鱼精、水怪的故事为基底而命名，郑建忠亦以专文论文[①]，但是皆为神话式的故事背景。

明末历史上的郑氏，因肩负反清复明的使命，故被视为民族英雄。他的史实尤其是赶走荷兰人的事迹，为当时或之前赴台的移民带来不同的感受及意义。他在台湾两年的时间中，偏安的政局，为时并不久，但是流传在民间传说中的郑成功，天命安排下的传奇一生，以及为民斩妖除魔、开辟水井、禽鱼护持、创生天地等种种诡奇的附会情节，成为人们闲话家常的最佳话题。

① 郑建忠：《台湾郑成功神剑传说主题研究》，东吴中文研究集刊1995年版，第75—89页。

郑成功驱荷据台以抗清，台湾移民也因郑成功的带领，得以突破外族和开垦自然的双重压力，对于这样一位开创性的人物充满敬畏，遂视他为神的化身，并且透过传说将之神格化，进而将他升华为神明，作为护台佑民的“开台圣王”。即使史料中并不曾记录郑氏有亲赴台湾北部的事略，但是传说依然在台湾北部或者说台北地区流传。不过或许由于郑氏家族来自泉州的地缘认同，这些传说在台北地区仍然有其地位。

二、郑成功信仰的台北地区

“郑成功庙”的分布，在台湾奉祀开台圣王庙宇数量的统计，依台南安平天后宫最新出版品的资料计算[①]，在台湾地区各县市的情形，在台北市仅有一座“台北护国延平宫”，位于内湖区的台北盆地边坡上。

县市	宜兰县	台北市	台北县	桃园县	苗栗县	南投县	台中市	台中县	彰化县	云林县	嘉义县	台南县	台南市	屏东县	花莲县	台东县	总计
数量	18	1	6	2	2	2	1	5	6	4	3	3	3	2	8	1	67

（资料来自何进忠、谢进炎：《郑成功传奇性的一生》）

一般不认为郑氏曾到过台湾北部，但是之后在郑经经营期间，却有记录说明其时部队在台湾北部活动的迹象。依清代范成咸修撰的《台湾府志》卷十九《杂记》记载：

鸡笼城贮铁炮，明崇祯三年铸，兵部尚书何乔远监造，郑成功得之镇江者（《赤嵌笔谈》）。康熙庚申十月，伪郑毁鸡笼城。鸡笼系海屿，隶台湾北山，居淡水上游，其澳堪泊百余艘。先时，吕宋化人裔占据此城，与土番贸易，因出米稀少，远鬼不给，禀去。后红毛及郑成功

① 何世忠、谢进炎：《郑成功传奇性的一生》，世峰出版社2001年版，第284—288页。

据台湾，皆不守。癸卯，总督李率泰召红毛合攻两岛，约复台湾后许贡，就闽省交商。红毛于乙巳年重修鸡笼城，图复台湾。丙午，郑经令勇卫黄安督水陆诸军进攻，伪镇林凤战死。红毛虑无外援，随弃去。至是有传我师欲从北飞渡，恐踞此城，乃遗右武卫北哨，密令督兵将城拆毁。辛酉，令伪镇何祐等北汛鸡笼，驱兵负土，就旧址砌筑，并于大山别立老营，以为犄角。(《海上事略》)

康熙庚申年间为1680年，乙巳年为1665年，丙午年为1666年，如果依照上段文字的时间来看，郑成功此时早已于1662年逝世。不过整个事情的发展，却无法否认明郑后时期郑氏部队在台湾北部活动的事实。

台湾东部地区宜兰、花莲县的郑成功庙数量之多，本文未深入探讨，但有深入了解的价值。北部地区在台北市立庙虽一处，但是地方有关传说却不少。据前郑建忠收集的五则郑成功神剑传奇，其中有三则位处大台北地区：台北剑潭、大稻埕小剑潭及芦洲九芎传说。芦洲的部分，主要有关于涌莲寺的传说背景，温振华引述有关资料①，论证芦洲与三重同属鹭洲庄，同安祖籍人口占97.5%，其地以超越血缘的新地缘意识结合，在漳泉械斗中，乡民以得郑成功神助逐退漳人，遂成三年一次国姓醮的祭典。

另外北投地区，郑成功本人虽没有到达北投地区，但地方父老仍流传一些有关郑成功的传说，如丹凤山的猪哥石。这类传说在北部虽流传，但却没有形成宗教性的狂热。所以在台北地区而言，传说有，但是立庙却未形成风气，有别于其他民间信仰的做法。或许郑氏生前儒将的形象，使人对他儒家思想的印象，超越了神怪的传说力量。

郑成功来台，其目的是要建立一个安定的根据地，但大军开到澎

---

① 温振华:《庐洲涌莲寺——一座乡庙的形成》，台北县立文化中心1996年版，第4—9页。

湖时粮草缺乏。明永历十五年（1661年），郑成功率领两万五千大军，在鹿耳门登陆上岸后，粮食问题仍然没能获得解决，情况相当危急、恶劣，为解决这个棘手的问题，唯有在台湾进行拓垦，力求增加粮食的产量，以供应军队所需。由鹿耳门登陆，先后攻陷荷兰人所建筑的普罗民遮城，以及热兰遮城，荷兰人不敌投降，于是展开了郑氏三代22年的反清复明基业，也开启台湾历史新的一页。郑氏一系，在台湾实行大规模的辟土屯地，且设官署，制礼乐，兴文教，将汉民族的文化一一移植到台湾来，替台湾一隅奠下了文化的基石。因此，台湾民间才有私谥郑成功为“开台圣王”之情事，也有尊其为“延平郡王”或“国姓爷”者；其中，“国姓爷”即因为南明隆武皇帝赐姓郑成功以当时国姓“朱姓”而得名。这段功绩或史实，虽说在南部地区较为彰显，但是在台湾北部，并未因此而排斥，不过在民间信仰的发展上却不显明。

三、结语

在清代，官方曾经严格禁止台湾百姓祀郑成功，但民间感念其开台之恩，私下以“开山王”或“开台圣王”的名义偷偷祭祀。

日本人占领台湾后，推行“皇民化”运动，逐步消灭汉文化的影响，将延平郡王祠更为开山神社，但始终无法根除台湾人对于开台圣王的感念之情，可见民间对郑成功的敬仰，已由历史人物转变为宗教信仰的神格人物。

明郑统据台湾，企图恢复朱明皇朝，反清复明，将其势力中心置于南部，而郑氏三代的功业之一，如拓殖屯田开发的事业，也以南部较密，北部则较少开拓，其中稍可见的地方，为淡水河流域一带的平原，由淡水港口南岸的八里坌，溯河入台北平原，再由芦洲推及至海口附近。然根据史料记载，郑成功在台湾时间仅只一年多，本人并未涉足北台湾，至于他的部将宗族是否曾经营北台湾，则是史载不清颇多争议，但民间因为感念郑氏一族开台之功，因此有诸多传说及逸闻以口耳相传的方式，在民间社会流传，以感念“开台圣王”功绩，同时也祈求延平郡王能够在当时艰辛的拓垦生涯中庇佑时人。

仔细追究起这些传说，不难发现和史料文献记载有着一定程度的契合。特别是在北台湾的开发过程，以及地方发展和宗教社会化的过程中，亦扮演着极为重要的角色。例如相传台北市士林“剑潭”一地地名由来，就是郑成功当年行军至今日圆山中山桥一带时，当时水中有巨龟（鱼）兴风作浪，因此郑成功立刻拔出腰间宝剑，掷刺潭内的巨龟，于是从此风平浪静，而剑潭之名流传下来，也一直沿用至今。

台北县芦洲市，境内有九芎宫和德宫两座祭祀国姓爷郑成功的庙宇，而三年一醮的国姓醮祭祀仪式，其由来亦与郑成功关于芦洲的逸闻有关。九芎宫的由来，说法各家不一，相传距今已300多年的明朝永历年间，延平郡王郑成功赴台攻伐荷兰军，率领部众路过芦洲时，曾于芦洲的中路西隅地带埋藏大批军火，并于该处植树一株以为记，名曰九芎。尔后居民以此树为纪念郑成功功绩之膜拜对象，并尊之为“九芎公”；另有一说为：明永历时，郑成功派遣一远征军队，由台南北上征讨，抵达芦洲时，一座大炮故障无法使用，指挥官遂指示将之埋于地上，并种一棵九芎树为记，后人且兴建“九芎宫”，即今芦洲市九芎街八十七号前“九芎宫”庙，在众人瞻拜下，神灵显赫，香火鼎盛。然今人所见之九芎树，并非300年前昔人所植，原树早因焚烧纸钱而不慎烧死，后因年久虫蛀及风雨摧残等故而三度倾倒，目前所存为第四代神木。

清嘉庆十四年（1809年），新庄、淡水发生大规模的漳泉械斗，泉民胜利荣归，从此漳客不复图谋侵犯洲境，而泉籍洲民咸以为此役仰郑成功神灵庇助。

道光十九年（1839年）乃由芦洲长老卜卦得寅、巳、申、亥之岁为三年建醮之期，自此从每隔三年即为建醮年，以谢国姓爷恩。特别是据传保生大帝（或称“大道公”，为泉州同安人之守护神）曾显圣芦洲，告之国姓醮之祭拜仪式，因此国姓醮时需恭请保生大帝。而十多年前国姓爷郑成功曾经在涌莲寺旧庙出坛，要求祭祀典礼需隆重盛大。

芦洲国姓醮的另一个特点，则是连小孩子都可以模仿大人，随处竖立招引孤魂野鬼的登篙，而不怕引来好兄弟作祟。芦洲地区虽然外来人口众多，常被视为新兴的都市，事实上芦洲地区的发展历史颇早，且别具特色。

郑成功生前是抗清的明朝遗臣，是驱逐荷兰人、开辟台疆的英雄人物，死后受到台湾人民的崇拜成为神灵。明郑以后统治台湾的三个政权——清、日本及国民政府，利用台湾民众对郑成功的崇拜，为了强化对台控制的政治目的，以各种冠冕堂皇的理由，将郑成功供奉于官方祀庙（神社）中。因此，他去世之后尽管台湾在300年间经历了三个不同政权，他的声望和评价依然高高在上，这是他为不同政府提供不同的时代任务得到的报酬，却也是身为历史人物无言的悲哀。尽管如此，“开台圣王”信仰仍然与居民的生活有着密切不可分的关系，是不容置疑的。

台湾有关崇拜郑成功的名胜楹联

沈玉水

楹联（也称对联）是我国特有的文学艺术形式。它源远流长，雅俗共赏，讲究排比对称，发挥鞭恶扬善功能，具有极强的生命力，是中华民族优秀传统文化之一，历来为群众所喜闻乐道。

20世纪80年代初，中国楹联学会和中国民间文艺出版社，联合主编《中国名胜楹联丛书》，分省、市、自治区，单独或合册编成20多本相继出版。其中《台湾名胜楹联》由常江、苏民生编著，于1985年出版。该书的《前言》写道："名胜楹联，作为楹联的一大分支，还具有门类繁多、意义广泛、感情浓烈、色调和谐的特点。"并指出名胜楹联可分为：能为河山增辉的"胜迹联"和"山水联"；含有哲理意趣，能引人缅怀敬仰的"寺庙联"；引人欣赏风光景观的"园林联"；加强宗乡亲情的"祠堂联"和"会馆联"等。总之，都"各有独到的纪念意义和艺术效果……因此，名胜楹联在历经了无数次惊涛狂浪之后，不仅没有被淹没，反而愈加显示出独有的光彩"。

在《台湾名胜楹联》中，记述与郑成功有关的名胜有10处，收录的楹联共36对。这些名胜从始建年代和所题楹联看来，充分显示台湾民间对郑成功驱荷复台功绩的缅怀；对郑成功为团结台胞、建设台湾制定和施行了有效法规的敬仰深情；同时也体现了民间对郑成功崇拜的深化。

拙文引录该书所记述的有关景点和收录的有代表的楹联，以显示台湾民间对郑成功的敬仰和崇拜。

在台南市北的赤嵌楼，是明永历七年（1653年），窃据台湾的荷兰侵略者建造的，故俗称“红毛楼”。郑成功东征复台时，于永历十五年（1661年）五月初二改赤嵌地方为“东都明京”，设承天府（以此为府署），下置天兴、万年二县（后又改热兰城为安平镇），成为明郑时期台湾的政治、经济、军事、文化的中心。该楼后毁于地震，至光绪五年（1879年）才在遗址分建文昌阁和海神庙。该书录存楹联两对：“登炘楼一空色相，拜山佛尽属儿孙。”又，咸丰年间（1851—1861年）任台湾县知事郑元杰的楹联写道：“赤嵌楼高，西天不远；白衣道广，南海来同。”——这就表明当时民间已将郑成功奉为神明而加以崇拜。

郑成功复台后，仍奉明朝正朔。当时有些明宗室也随迁台湾。该书收录建在台南市赤嵌楼旁的大天后宫时指出：该宫是“台南最大的妈祖庙……清康熙二十三年（1684年）就明宁靖王宅邸始建”。宁靖王是明太祖九世孙辽王的后代，明亡后避乱台湾，清军攻台时自缢。

宁靖王有五妃也自缢，葬于大南门外桂子山，称为“宁靖王从死五妃墓”，康熙二十二年（1683年）在墓旁建庙，称“五妃庙”。大天后宫祀的虽是妈祖，但其中有一对楹联写道：“赤嵌壮璇宫，奉英灵为海外砥柱；皇朝隆祀典，钦慈济本湄岛渊源。”这就隐含着岛人对郑成功的缅怀和敬仰深情。

郑成功在台湾设置一府二县的同时，还先后制定了一些治理和建设台湾的措施，包括团结高山族同胞的政治措施，发展农业、手工业的经济措施等。其中在发展农业生产方面，根据台湾土地膏腴饶沃，而高山族人耕种未得其法的情况，在积极推行屯垦制度，招集东南沿海人民至台湾开垦的同时，又注意帮助高山族人提高生产技术，教以犁耙制作、钩镰收割之法，在郑经继位后仍大力推行，促使台湾农业生产大获丰收。台湾人民对郑成功发展农业生产的功绩，永怀不忘。乾隆二十一年（1756年）在台北县三重市五谷里，建了一座“先啬宫”［按：啬，通穑，表示稼（播种）穑（收获）]，祀神农大帝、文昌帝君和郑成功，把郑成功也尊奉为农神。先啬宫的宫门联写道："神惠无疆，荨麻四野炊鱼萝；农工罔极，香火千年护鹭洲。"

闽台民间对郑成功都是十分崇敬的，早在清代，就把郑成功奉为神明而加以崇拜。在台湾的不少著名的宫寺中，也供奉着郑成功的神位。如台南市的开元寺，是台南的四大古刹之一，原先是郑经为其母建的别墅，称"北园别馆"。康熙二十九年（1690年）改为海会寺，后又改称石榴禅寺、海靖寺，最后定名"泉州开元寺"，祀奉以来，也供奉郑成功神位。又如台南市建于清初的安平天后宫，祀天上圣母、延平郡王、水仙王和四海龙王，另祀郑成功部将石将军，该宫有对楹联写道："永护郡王宁社稷，长随圣母保平安。"把郑成功与天上圣母并列奉祀。再如建于乾隆十五年（1750年）的台南市三老爷庙，祀朱（指郑成功）、曹、魏三王爷。该庙山门联写道："三爷庙貌震南郡，上帝神威镇北方。"这就表明民间早已把郑成功列为王爷崇拜了。

南投县竹山县的沙东宫建于嘉庆七年（1802年）。永历十五年（1661年）二月初一日，郑成功誓师东征，初七日午后船队到达台湾鹿耳门线外。该处是台湾外沙线，此港路泥沙淤积，平时大船都难出入。第二天淤水加涨一丈有余，郑军船队顺潮而入，进攻赤嵌城。该宫取"威镇水沙连东都"，取名"沙东宫"，专祀郑成功，宫联写道："沙碧泉甘，田野嘉禾沾圣泽；东峰北岫，万竿修竹绕王宫。"

宜兰县白石山山脚有一座昭惠庙，建于1934年，祀开台圣王郑成功，俗称"国圣庙"。其庙联写道："昭显神威，祥征鹿耳；惠封国姓，德耀龟峰。"

特别是台南市市区东部的"延平郡王祠"，始建于清初，就是祀奉郑成功的。为了避免清王朝的制约，初建时名为"开山王庙"，民间则称为郑成功祠。该庙历经多次拓建，至同治十三年（1874年）秋，清王朝正式下令为郑成功建祠时，乃改用今名。该书指出：延平郡王祠"在全台五六十座纪念郑成功的祠庙中，以本庙历史最久，祭礼最隆"。

该祠设有正殿、左殿、右殿、后殿。正殿祀郑成功；左殿又称宁靖王祠；右殿礼郑克臧（郑经子，立为世子监国）称监国祠；后殿祀郑成功生母翁氏大祀。《台湾名胜楹联》中，收录各名胜的楹联以延平郡王祠为最多，共22对（其中正殿联16对、左殿联3对、右殿联1对、后殿联2对）。撰联的有清代台湾知府或知县、福建船政大臣和巡抚、台湾学者，以及民国期间的国民政府官员。摘录其中较有代表性的14对如下：

袁闻柝（光绪时任台湾知府）联写道："毗舍之间开一域，崖山而后矢孤忠。"——原注：毗舍，指宋元时期台湾东部的岛国毗舍耶，曾被误指为台湾。崖山：是广东新会县的崖门山，宋末张世杰守此，败于元；陆秀夫负宋幼主帝昺沉于海。

吴延华（清台湾邑令）联写道："钟河岳之灵，为胜朝绵正朔；遵海滨而处，知中国有圣人。"——原注：胜朝，旧时一般称前期为胜朝，即指明朝。绵，延续。

沈葆桢（福建船政大臣，林则徐之婿）联写道："开万古得未曾有之奇，洪荒留此山川，作遗民世界；极一生无可如何之遇，缺憾还诸天地，是创格完人。"——原注：遗民，指不愿归顺新封建政权的人。

丘逢甲（台湾彰化县人，爱国诗人）联写道："由秀才封王，主持半壁旧河山，为天下读书人顿生颜色；驱外夷出境，开辟千秋新事业，愿中国有志者再鼓雄风。"

王凯泰（清福建巡抚）联写道："忠节感苍穹，大海忽将孤岛现；经纶关运会，全山留与后人开。"——原注：经纶，原意是整理丝缕，引申为处理国家大事。又有一联写道："孤臣秉孤忠，浩气磅礴留千古；正人扶正气，莫教成败论英雄。"

陈谟（清台湾学者，任崇文书院山长）联写道："纵绝岛别开生面，移山填海，三百年社稷系以存亡，仿箕子，比田横，志士苦心，特向胶痒留气节；是胜朝第一完人，起敝扶衰，十七载勋猷明同日月，填滇海，连浙水，英雄无命，长悬肝胆照波涛。"——原注：箕子，商代贵族，官太师，因劝谏纣王而被禁，周武王灭商后才获释。田横，齐国贵族，楚汉战争中汉灭齐时，田横不愿称汉臣，逃亡海岛，不受汉高祖诏令而自杀。

夏献纶（清同治年间任台湾道台）联写道："天地间有大纲，耿耿孤忠，守正朔以挽虞渊，只自完吾气节；古今来为创局，茫茫荒岛，启沃壤而新版宇，犹思当日难艰。"——原注：虞渊，指日落处，借喻明亡。

张其光联写道："生为遗臣，殁为正神，独有千古；今受大名，昔受赐姓，谅哉完人。"——原注：遗臣，指郑成功收复台湾时，明朝已亡。

方祖荫联写道："土宇辟沧溟，移孝作忠，天为孤臣留片壤；血诚矢皦日，原心略迹，帝颁旷典报馨香。"——原注：矢皦日，"矢"通"誓"，指对明亮的太阳发誓。略迹，撇开表面的事实。旷典，稀有难逢的大典。

刘铭传联写道："赐国姓，家破君亡，永矢孤忠，创基业在山穷水尽；复父书，辞严义正，千秋大节，享俎豆于舜日尧天。"

何如瑾联写道："当河山破碎之时，百折不回，天命有归标大节；处骨肉分离而后，移孝思作忠荩，千秋共谅，此心无愧即完人。"——原注：荩，忠诚。

白崇禧（国民党桂系首脑）联写道："孤臣秉孤忠，五马奔江，留取汗青垂宇宙；正人扶正义，七鲲拓土，莫教成败论英雄。"——引者按：汗青，指史书。宋文天祥《过零丁洋》诗："留取丹心照汗青。"

许世英（曾任国民党政府外交部长）联写道："东海望台澎，风景不殊，举目有河山之异；南天留祠宇，雄图虽渺，称名则妇孺皆知。"

王懋官联写道："英雄应厄运而生，赤手擎天，存故国四十年正朔；开辟在神州以外，红毛避地，启遐荒百万众提封。"——原注：神州，此专指大陆。

该书收录的台湾名胜还有郑氏家庙和郑家祠堂两处的楹联，引录如下：

郑氏家庙在台南市忠义路，始建于明郑时期，其正殿称“昭格堂”，有以下3对：

“昭烈显宗坊，疆开毗舍；格诚兴祖庙，派衍荥阳。”

“昭代伟人，不愧千秋俎豆；格天烈士，直堪万世馨香。”

郑以成（郑成功四世孙）联写道：“昭德启孙谟，经文纬武；格言成祖训，移孝作忠。”

郑家祠堂在新竹县，建于道光年间（1821—1850年），有以下3对：

“虎踞龙盘，永奠文绍武穆；蛟腾凤起，端推人杰地灵。”——引者按：昭穆，是古代宗庙之制，太祖之庙居中，二世四世六世居左谓之昭，一世三世五世居右谓之穆。联文寓意是要继承先祖延平郡王的文韬武略遗风。

“祗父恭兄，即是祖宗肖子；光前启后，便成天地完人。”——原注：祗，即恭敬。肖，就是贤。

“祖有德，宗有功，渊源一脉；修其庙，陈其器，俎豆千秋。”

综上所录的台湾有关名胜和楹联，表明了郑成功驱荷复台的功绩，和制定一套团结高山族同胞，开发建设台湾的得力措施，深受台湾人民的敬仰和缅怀；连清王朝的官员也通过撰联的形式，来表示他们对郑成功的崇敬之情。清穆宗在同治十三年（1874年）还正式下令要为郑成功建祠堂，表明了在帝国主义者加紧向中国侵略的清代末期，封建统治者对这位在200多年前，就能把被称为海上霸王的荷兰侵略者赶出台湾的国际英雄，给予了正确的评价。并寄望通过为郑成功建祠这一形式，来鼓舞人民反抗侵略的爱国精神，这是应该理解的。

附录一　郑成功诗歌选摘

春三月至虞谒牧斋师同孙爱世兄游剑门

西山何其峻，嘎岩暨穹苍。
藤垂涧易陟，竹密径微凉。
烟树绿野秀，春风草路香。
乔木倚高峰，流泉挂壁长。
仰看仙岑碧，俯首菜花黄。
涛声怡我情，松风吹我裳。
静闻天籁发，忽见林禽翔。
夕阳在西岭，白云渡石梁。
嗽腭争峡虮，青翠更苍茫。
兴尽方下山，归鸟宿池傍。

越旬日复同孙爱世兄游桃源涧

闲来涉林趣，信步渡古原。
松柏夹道许，瞻盼无尘喧。
清气荡胸臆，心旷山无言。
行行过草庐，瞻仰古人园。
直上除荆棘，攀援上桃源。
桃源何秀突，风清庶草蕃。
仰见浮云驰，俯视危石蹲。
拭石寻旧游，隐隐古迹存。
借问何朝题，宋元遑须论。
长啸激流泉，层烟断屐痕。
遐迩欣一览，锦缔罗江村。
黄鸟飞以鸣，天净树温温。

远色夕以丽，落日艳危墩。
顾盼何所之，洒然灭尘根。
归来忘所历，明月上柴门。
孟夏草木长，林泉多淑气。
芳草欣道侧，百卉皆郁蔚。
乘兴快登临，好风袭我襟。
濯足清流下，晴山绿转深。
不见樵父过，但闻牧童吟。
寺远忽闻钟，杳然入林际。
声盈白云飞，谁能窥真谛？
真谛不能窥，好景聊相娱。
相娱能几何？景逝曾斯须。
胡不自结束，入洛索名姝。

龙海桥头观江潮

神州鼎沸横胡虏，
禽兽衣冠痛伪朝。
十万健儿天讨至，
雄心激似大江潮。

克长江重镇镇江

春风得意马蹄轻，
满目青归细柳营。
横槊赋诗曹孟德，
词锋先夺镇江城。

登岘石山访古祠

黄叶古祠里，秋风寒殿开。
沉沉松柏老，暝暝鸟飞回。
碑帖空埋地，社阶尽杂苔。
此地到人少，尘世尚堪哀。

出师讨满夷自瓜州至金陵

缟素临江誓灭胡，
雄师十万气吞吴。
试看天堑投鞭渡，
不信中原不姓朱。

复台

开辟荆榛逐荷夷，
十年始克复先基。
田横尚有三千客，
茹苦间关不忍离。

附录二 郑成功年谱

公元	明纪	清纪	年岁	记事
1624	天启四年		1	诞生于日本肥前平户，幼名福松。
1630	崇祯三年		7	自日本回国居福建省晋江县安海镇，就师肄业，取名森。
1638	崇祯十一年		15	补南安县学生员。
1644	崇祯十七年	顺治元年	21	入南京太学。
1645	隆武元年	顺治二年	22	唐王（朱聿键）称帝于福州改元隆武，召森入见赐国姓改名成功封忠孝伯；自此中外均尊称为“国姓爷”，母田川氏自日本回安海。
1646	隆武二年	顺治三年	23	清兵入仙霞关，隆武帝败亡，父郑芝龙降清，成功苦谏不听，乃诣孔庙告先师，焚儒服起兵抗清。
1647	永历元年	顺治四年	24	屯兵鼓浪屿训练，勤王者远近响应，攻海澄、泉州。
1648	永历二年	顺治五年	25	收复同安，知永历称帝于肇庆，遣光禄寺卿陈士京等奉表朝贺。
1649	永历三年	顺治六年	26	收复漳浦、云霄，明主晋封成功漳国公。
1650	永历四年	顺治七年	27	杀郑联，统其师，遂据厦门、金门两岛为抗清基地；进取潮州。
1651	永历五年	顺治八年	28	南下勤王，清兵乘虚袭厦门，成功回师，清兵败退。入漳州南溪，清提督杨名高来援，成功败之于同安小盈岭。
1652	永历六年	顺治九年	29	入海澄，攻长泰，复平和、诏安、南靖，清总督陈锦来援，成功大败之于江东桥，遂进围漳州。
1653	永历七年	顺治十年	30	遣定西侯张名振率水师攻复浙属州县。清固山金砺率精锐来援漳州，攻海澄，成功亲督兵还击，金砺大败而遁。

续表

公元	明纪	清纪	年岁	记事
1654	永历八年	顺治十一年	31	清使持“海澄公”印勒来招降，拒之。遣林察等率师南下勤王。
1655	永历九年	顺治十二年	32	克仙游。承制设六官，设储贤馆、育胄馆，改中左所为思明州，遣洪旭、陈六御等北上，攻取舟山，温、台等地。
1656	永历十年	顺治十三年	33	清定远大将军庶子王入闽。攻金厦，成功败之于泉州港，遣甘辉等攻闽安镇。克之，进攻福州，斩清骁将阿克襄于宁德。父芝龙再遣人劝降不从。
1657	永历十一年	顺治十四年	34	台湾荷兰人遣使求通商，许之。以洪旭等守金厦两岛，自领舟师北伐，进克台州。
1658	永历十二年	顺治十五年	35	筑演武亭于厦门港，操练兵马，准备大举。五月，与张煌言会师大举北伐，舟次羊山，遇飓风，收泊舟山修理战舰。明主晋封成功为延平王。
1659	永历十三年	顺治十六年	36	成功率大军长驱直入长江，克瓜州、镇江，进围南京，因中敌缓兵之计，为清将梁化凤所败，部将甘辉等俱战死，乃退回厦门。
1660	永历十四年	顺治十七年	37	清以成功南京挫败，遣将军达素及郑氏叛将黄梧、施琅等合攻厦门，成功击败之于海上，达素羞愤自杀。
1661	永历十五年	顺治十八年	38	成功率大军进攻台湾荷人，围热兰遮城。颁布屯垦条款奖励所部圈地开垦。永历帝败亡。

续表

公元	明纪	清纪	年岁	记事
1662	永历十六年	康熙元年	39	荷兰人战败乞降，撤离台湾。成功改台湾为安平镇，赤嵌城为承天府，总曰东都。设天兴，万年两县，惩办贪污，澄清吏治，因积劳成疾，五月初八日卒于台湾，长子郑经继承其遗志。

（李龙抛整理）

附录三 郑王复台赞

鲲岛本禹域，饕鳄西来踞。
郑王行天讨，海峡麾师渡。
鹿耳荡舟穿，赤崁降幡竖。
荷酋乞生还，列强皆震惧。
殖民锋顿敛，东亚并翼护。
疆土既恢复，置县且开府。
徕民自漳泉，垦殖予薄赋。
懋贩通远洋，文教化黎庶。
礼制依中原，汉风煦布濩。
敦睦原族群，山胞尽来附。
望霓数十秋，于斯降霖澍。
嗟夫业初创，遽然驭龙去。
两岸立百祠，香烛奉万炷。
雄风播寰宇，后辈当踵步！

王仁山
壬辰二月初九
二〇一二年三月一日

附录四 泉州赠立郑成功雕像于台南碑记

夫地以人而名世者众矣，以人而缔缘者希。有之，盖在台海两涯焉。其地乃泉州、台南，其人即明延平郡王郑成功也。

延平祖籍泉州南安，其壮举勋业,史乘所载备矣，特以驱荷开台，厥功至伟：非唯补阙金瓯，捍我主权，且令西方列强为之辟易，其东亚殖民之锋铓而久顿。是则郑氏以驱荷英雄称世而四海咸钦焉。

永历十五年二月，延平亲统水师数万，跨海东征而直诣台南。旌麾所向，鹿耳门穿，赤崁城下，热兰遮降，荷酋就范于城下之盟而西返。台湾既取，延平即以远见大略，开府置县、垦殖薄赋，广兴文教、通洋懋贩，徕民泉漳、敦睦族群。凡其开发经营诸举，皆肇于台南。尔乃岛内政制同于大陆，狉榛之地悉为膏腴，中华文明播于海东，而台民亦祇郑为“开台圣王”也。

延平奋翮建功之地，庶几在乎泉州、台南耳。嗟夫天不假年，先基始复而将星遽陨。原瘗于台南洲仔尾，后归葬泉州水头覆船山，殆亦遂其夙愿哉。初，改热兰遮为安平镇者，得非藉寄故乡乃泉州安平之思欤？

郑王已逝三百余载矣，而海峡两岸铭篆弥深，俎豆绵延。凡建祠庙奉祀者，数以百计，唯泉州、台南各有延平郡王祠最盛，善信往来，香火相映，其渊源一也。

迩者泉人于市区大坪山立一延平铜像，万众瞻睎，仰之弥高。兹复雕其石像以赠台南，立于开山路其祠侧，盖为彰王沛然台海之遗烈，且增两市系于英雄之夙缘也。夫斯祠也穆穆，斯像也谡谡，惟我同胞瞻谒之际，其得无肃然而思有以缵绪者哉！是为记。

泉州人民于戊子年桐月赠立

温陵　王仁山　撰文

图书在版编目（CIP）数据

民族英雄郑成功 / 泉州市政协文化文史和学习委员会编. — 北京：中国文史出版社，2019.11
ISBN 978-7-5205-1586-3

Ⅰ. ①民… Ⅱ. ①泉… Ⅲ. ①郑成功（1624–1662）— 人物研究 Ⅳ. ①K825.2

中国版本图书馆CIP数据核字（2019）第252406号

责任编辑： 张春霞　高　贝

出版发行：**中国文史出版社**
社　　址：北京市海淀区西八里庄路69号院　邮编：100142
电　　话：010-81136606　81136602　81136603（发行部）
传　　真：010-81136655
印　　装：北京温林源印刷有限公司
经　　销：全国新华书店
开　　本：710mm × 1010mm　1/16
印　　张：17.5　　字数：235千字
版　　次：2020年1月第1版
印　　次：2022年8月第2次印刷
定　　价：58.00元
